幼儿园问题式学习丛书

# 幼儿园
# 问题式学习课程
## 家长工作篇

YOU'ERYUAN
WENTISHI XUEXI KECHENG
JIAZHANG GONGZUO PIAN

池丽萍等 ◎编著

北京师范大学出版集团
BEIJING NORMAL UNIVERSITY PUBLISHING GROUP
北京师范大学出版社

**图书在版编目（CIP）数据**

幼儿园问题式学习课程：家长工作篇 / 池丽萍等编著. —
北京：北京师范大学出版社，2022.7
ISBN 978-7-303-26826-9

Ⅰ．①幼…　Ⅱ．①池…　Ⅲ．①幼儿园-家长工作（教
育）　Ⅳ．①G616

中国版本图书馆CIP数据核字（2021）第026050号

营 销 中 心 电 话　　010-58802755　58800035

出版发行：北京师范大学出版社　　www.bnup.com
　　　　　北京市西城区新街口外大街12-3号
　　　　　邮政编码：100088
印　　刷：三河市兴达印务有限公司
经　　销：全国新华书店
开　　本：787 mm × 1092 mm　1/16
印　　张：13
字　　数：260千字
版　　次：2022 年 7 月第 1 版
印　　次：2022 年 7 月第 1 次印刷
定　　价：48.00 元

策划编辑：刘晟蓝　　　　责任编辑：张瑞军　郭　瑜
美术编辑：焦　丽　　　　装帧设计：焦　丽
责任校对：郑淑莉　　　　责任印制：陈　涛

## 以问题式研究探寻问题式学习课程

十多年前池丽萍园长来我办公室，跟我谈他们的问题式学习研究。那是我们的第一次见面，我的印象是池园长很执着，也很钻研，看了不少书。当时问题式学习主要是中小学在研究，幼儿园还很少有研究的。我感觉这是一个很有研究价值的课题，值得深入研究。

此后，与池园长的联系慢慢多起来。概括一下我们联系的特征，就是"问题牵引"。我查看了一下我们的微信信息，绝大部分内容是在讨论池园长提出的问题。实事求是地说，有些问题我也没有答案，只是在谈自己的想法——我怎么看这个问题，如果是我面临这个问题，我会怎么做。讨论的过程，是我们相互成就的过程。我在与池园长的讨论中，除了给他们提供一些思路和方法，自己对学习和课程领域的一些问题的认识更加深入了。

很惭愧，有的时候，工作一忙，头绪一多，就把池园长提出的问题忘了，池园长会用一些方式提醒我。回想一下，我对深圳十一幼儿园的了解基本上是在陪伴他们思考的过程中实现的。后来有机会去了一趟十一幼儿园，感觉跟我想象的状态差不多。

池园长的团队持之以恒研究问题式学习，不为"潮流"所动，难能可贵。问题式学习在他们的思想深处扎了根，不只是有理念，而且有了信念。也正因为如此，他们才能克服多重困难，奋力前行。问题式学习首先不是为幼儿园提出来的，没有一个现成的幼儿问题式学习模型，幼儿的学习不同于中小学，那么幼儿如何进行问题式学习呢？答案只能在实践之中，通过多样化的尝试来构架和提升幼儿问题学习基本模型。池园长带领大家做到了。在此基础上，十一幼儿园的老师们向着一个更高的目标迈进——构建问题式学习课程。这是一项更加艰巨的任务，要将幼儿的全面发展与问题式学习结合起来，用问题式学习支撑幼儿的全面发展。功夫不负有心人，池园长的团队做到了。

大概2021年9月，池园长给我发信息，说问题式学习将进入4.0版，还给我发来了新的提纲。我感到这是他们踏上的又一个新台阶，真的为他们高兴。我也用更高的要求对他们的提纲提出了一些意见和建议。提完意见，我有点犹豫，要求是不是太高了，会不会为难他们。我不知道池园长看到意见的感受，但我看到了答复：只要给我们方向，我们去努力。最近这几个月，我可以想象池园长团队的艰辛和努力。看到最新一稿《幼儿园问题式学习课程》，我终于松了一口气，对这个团队又多了几分敬佩。

世上没有不费力气的成果，只有坚持不懈的努力才能换来赏心悦目的甘露。期待十一幼儿园的5.0版，我会继续陪伴。

虞永平于赴湛江航班

2022年1月5日下午

## 以问题式学习改变概念式思维

认识池丽萍园长有十多年了。缘于她主持的一场市规划课题开题报告会,我刚来深圳不久就有机缘与其相逢。那次会议给我留下了深刻的印象,现在依然记得当时研究的主题就是幼儿园问题式学习。

我们都知道幼儿教育至关重要,学前教育课程建设至为关键。问题在于我们是否真正体会到幼儿学习的本质并付诸实践。人们对外部世界永远充满着好奇,此乃学习的原生动机;教育不过是一种唤醒和激发,问题式学习就是一种好的动机激发方法。问题式学习通过调动幼儿的身心参与,促进其身体体验、感官意识体验的发展,回归真正的学习,改变概念式思维。这难道不应是我们需要去探索的吗?我们的教育存在的主要问题就在于太多的知识传授,我们可能忘记了知识产生的来源,遗忘了具有普遍性、抽象性特点的知识其实来源于生活中的问题。体系化的知识其实隐藏在具体的问题、实验、情境以及微观叙事中,而不是依赖于直接灌输教给孩子。任何知识的真实建构都是在具体情境中获得的。选择问题式学习作为幼儿园的教学实践,正是深刻认识到了其中的价值。

但问题是,我们对问题式学习的概念通常浮在中小学校问题探究式学习上。或者说,探究式学习通常在中小学获得实践模式。能否以及如何在幼儿园推进问题式学习,不好想象,至少当时没有现成的经验模式可参考。这需要一种勇于探索的精神。池园长及其团队采取实证研究,在实践中进一步修订一般意义上的问题式学习相关指标,使其更加符合幼儿学习的特点和实际,较早探索出幼儿问题式学习教学方式;并且,深入探索不同问题类型下的学习方式,整体构建起幼儿问题式学习课程体系、教学方式及其相应的空间建设体系。10多年的实践研究,形成了一套操作性的实践模型,即将出版成书,实为幸事。

池园长给人的印象,主要表现为对科研的热爱和执着,可能有时候还有些较真。但我更欣赏的是她对科研的热爱,一种无功利的热爱。有几次我鼓励她用这些成果去申报一些荣誉或奖励之类的东西时,她似乎没有太大的兴趣。在做事中找到快乐,或许是一种境界。

　　这本书对问题式学习的探讨，走在了教育教学改革的前沿，也或许不是前沿，而是回到本质性的地方。我比较喜欢西方一位哲学家说的话，"有的人走远了，而我就在原地"。这对研究而言还是很重要的。固然，教学改革是需要鼓励的，但我更想说的是，其对研究的热爱和耕耘精神对我们来说都是一种教诲。

　　是为序。

深圳市教育科学研究院　潘希武

2022年4月3日

幼儿园问题式学习（Problem-Based Learning，PBL）课程是把学习置于复杂的、有意义的、真实的问题情境中，通过让幼儿自主或合作解决真实的问题，学习隐含于问题中的知识经验，形成解决问题的技能，并发展思维能力、学习品质及生活能力的一种课程模式。问题引发幼儿的学习动机，也是幼儿学习向前发展的推动力，幼儿在发现问题、解决问题以及对问题解决过程的反思中促进各类有益经验的生长。

家庭作为幼儿生活的微观系统之一，是幼儿最亲切、最真实的生活环境，是问题式学习课程在幼儿园向外延伸、与幼儿园互补的理想场所。课程充分重视和发挥家庭在问题式学习课程中的重要作用，通过各种方式开展家园共育以形成家园合作共同体。在对家长工作不断探索的过程中，我们将问题式学习的精髓运用于其中，逐步开发、形成支持幼儿园问题式学习课程的家长工作坊。家长通过问题式学习提升对课程的理解，转变教育理念，改善教育行为，产生有意义的学习，与幼儿园建立强有力的合作关系，最终提升问题式学习课程的质量，促进幼儿的优质学习与发展。

## 一、家庭在问题式学习课程中的重要作用

"推动摇篮的手是推动世界的手。"家庭作为幼儿成长环境的微观系统之一，对幼儿的发展有着不可估量的作用。幼儿入园后，家庭与幼儿园的相互作用又构成了幼儿发展的中观系统。家庭与幼儿园有效合作成为影响幼儿学习与发展的重要因素，问题式学习课程重视并通过各种措施发挥家庭及家园合作的价值。

### （一）家庭对幼儿学习与发展的影响

家庭是幼儿成长发展的重要场所，与家长的交流是幼儿社会化的第一步。在与家长互动的过程中幼儿学习如何与人交往，表达情感，关心他人，在与家庭环境的互动中有了对世界的初步了解。积极的亲子关系会使儿童感受到爱与被尊重，对自己、他人和周围环境有积极、乐观的认识和期望，乐于与父母以外的人交往，形成的同伴关

系和师生关系也较为积极。[①]美国心理学家西尔斯明确指出：儿童的发展与其说是在个体的心理范围内产生的单一行为体系，不如说是在亲子相互关系的双维行为体系中发生的。[②]

　　社会竞争的加剧、家长工作压力的加重等，都对家庭教育产生了一系列影响：幼儿与父母共处时间减少；父亲在幼儿教育中参与不足，由此引起母亲育儿压力的增加；父母育儿精力减少；等等。这些现象都要求父母能掌握科学的育儿观念和高效的教养技巧，在精力有限的条件下更好地胜任家长职能。[③]在这样的背景下，亲职教育成为帮助家长做有效能的父母、成功扮演父母角色、担当父母职责、促使儿童健康成长发展的重要途径，是最能有效预防、介入、减少学前儿童家长教养不当与儿童问题行为的策略。[④]此外，学龄前期也是儿童社会性、行为、语言等发展的最佳时期，是培养儿童良好行为习惯的最好时候。

### （二）家园共育对幼儿学习与发展的价值

　　《幼儿园教育指导纲要（试行）》中指出："家庭是幼儿园重要的合作伙伴。应本着尊重、平等、合作的原则，争取家长的理解、支持和主动参与，并积极支持、帮助家长提高教育能力。"幼儿园作为专门的教育机构，幼儿教师作为专职的教育工作者，在日常工作中需了解幼儿身心发展的特点和规律，并掌握科学的知识与方法，在教育幼儿的过程中能够及时发现幼儿成长中出现的问题，有针对性地给予家长指导与帮助。有许多家长仍然以幼儿掌握了多少文化知识来衡量幼儿的发展水平，认为除传统学习外的活动都是无意义的。一些幼儿园课程在实施过程中也就产生了让家长不理解、不认同、不配合的地方，导致幼儿园教育与家庭教育背道而驰。寻求家长的理解、认同和支持，形成教育合力而不是阻力，显得尤为重要。因此，幼儿园开展亲职教育工作的出发点就在于通过多元的方式引领家长树立正确的教育观念，从科学育儿的角度引领家长掌握有效的教育策略与方法，从而促进家长更好地参与家园共育，共同提高幼儿教育的质量。

　　家庭与幼儿园是儿童发展环境中最重要的中观系统。中观系统可能以各种形式存在：与儿童直接作用的两个微观系统中的人（非儿童本身）之间的相互作用；微观系

---

① 叶子、庞丽娟：《论儿童亲子关系、同伴关系和师生关系的相互关系》，载《心理发展与教育》，1999（4）。

② 洪秀敏：《儿童社会性交往的生态学分析》，载《学前教育研究》，2003（4）。

③ 盖笑松、王海英：《我国亲职教育的发展状况与推进策略》，载《东北师大学报》（哲学社会科学版），2006（6）。

④ 许璐颖、周念丽：《学前儿童家长亲职教育现状与需求》，载《学前教育研究》，2016（3）。

统环境之间正式与非正式的相互交往；一个环境对另一个环境的了解程度、态度和已有的知识。[①]例如，家庭对幼儿园的了解程度，有关幼儿集体生活的知识等。对于幼儿来说，家庭和幼儿园是他们生活中最重要的两个场所，他们不断往返于这两个场所，将家庭的经验带到幼儿园，又将幼儿园的生活扩展至家庭。如果家庭与幼儿园总是缺乏了解，难以合作，甚至敌对，幼儿会在环境氛围、与成人的互动中感受到这些消极的信息，在两个场所的生活中感受到割裂的、矛盾的经验，幼儿的成长就会受到阻碍；如果家庭和幼儿园能以正向的、积极的、互相尊重的方式合作，幼儿就会在这往返的过程中感到安全，尽管幼儿的生活有空间的区别，但幼儿在精神和经验体验上则是连续的、统一的、互补的。所以，幼儿园只有与家庭一起努力，建立真正的伙伴关系，构建发展共同体，才能产生一加一大于二的效果，支撑幼儿有益经验的全面生长。

### （三）问题式学习课程中的家园合作

家庭是问题式学习在幼儿园外的重要延伸场所。在我们看来，幼儿一直都在发现问题，问题解决过程是持续的、无处不在的。家长对幼儿问题解决的支持体现在三个方面：一是家长理解问题式学习思维模式下幼儿的学习与发展，认可问题式学习活动的理念与价值，家庭的精神支持是问题式学习活动顺利开展的重要条件；二是家长带领幼儿一起搜集信息，一起在家练习与操作，一起参访相关场所，等等，这些都是支持幼儿问题解决的方式；三是家长作为专家为小组问题式学习活动提供支持，幼儿的学习和游戏材料有很多来自家庭，如废旧的纸箱、矿泉水瓶等。

在问题式学习课程中，家园合作的形式多种多样，例如，家长委员会、家长开放日等。家长委员会是由家长组成的志愿组织，家长可以通过家长委员会参与幼儿园的事务，加强与幼儿园的紧密合作，促进双向沟通，整合优秀的家长资源，补充课程需要，幼儿园也会听取家长委员会的意见调整和完善课程内容，使得幼儿园和家庭真正成为发展共同体。家长开放日是让家长参观问题式学习活动教育现场，了解问题式学习活动的组织形式以及幼儿真实的表现。幼儿园通过家长微信群、幼儿成长档案袋等方式向家长介绍问题式学习活动进展以及幼儿的学习，让家长参与问题式学习活动开展的全过程，更深刻感受到幼儿在问题式学习活动中的成长。家长义工充分发挥家长的不同特长，在参与课程实施的过程中深入了解、体验问题式学习课程的精髓。

问题式学习家长工作坊是开展家长工作、进行亲职教育的创新方式。通过工作坊，幼儿园向家长介绍问题式学习的来源、价值、目标、内容、评价等方面的信息，帮助家长加深对问题式学习的认识与理解，在精神层面与幼儿园和教师达成一致。通

---

① 洪秀敏：《儿童社会性交往的生态学分析》，载《学前教育研究》，2003（4）。

过工作坊，家长们就关心的教育问题进行学习研讨，提升教育水平，改善教育行为。通过工作坊，教师与家长之间、家长与家长之间形成积极、和谐的合作关系，在幼儿教育之路上携手同行，形成教育合力，与幼儿共同成长。

## 二、问题式学习家长工作坊的内涵

工作坊（workshop）起源于教育与心理学研究，一般是以一名在某个领域富有经验的主讲人为核心，20~40人的小团体在主讲人的引导下，通过活动、讨论等方式共同探讨某个话题。20世纪60年代，美国的劳伦斯·哈普林（Lawrence Harplin）将"工作坊"的概念引入都市计划之中，工作坊因突出的创新模式、新颖的交流方式以及卓越的产出成果，被欧美诸多企业竞相引入，逐渐演变成以解决问题为导向、以达成共识为目标、以创新实践为驱动，促使不同环境、立场的人思考、探讨及分享和解决问题的有效方式。

工作坊形式与问题式学习课程理念有共通之处，二者都强调以学习者为中心，激发学习者的内在动机，学习者高度参与，团队合作解决问题。我们将工作坊引入问题式学习课程对于家长的教育中，并将问题式学习课程的精髓与工作坊结合，逐步发展为独具特色的问题式学习家长工作坊。

问题式学习家长工作坊通过活动的形式，以问题式学习为核心，在教师的引导下，让家长通过团队合作、自主学习等途径解决问题，在互动的过程中研讨相关教育问题。

问题式学习家长工作坊具有以下几个特点。

第一，以问题为核心。在问题式学习课程中，问题是幼儿智慧发展的动力，幼儿在发现问题、解决问题的过程中获得成长与发展。在问题式学习家长工作坊中，我们同样重视问题的价值，将问题作为工作坊的核心，围绕家长在育儿过程中遇到的问题开展工作坊，以提出问题为起点，以运用策略解决问题为终点。通过问题和问题解决，家长在参与过程中体验问题式学习，扩展教育经验，改善教育行为，最终提升家园共育的质量，促进幼儿的发展。

第二，家长主动学习、交流与合作。目前如育儿讲座、座谈会等基本上都是由专家或教师先行报告，家长在台下单方面聆听，或会后发问讨论，家长在整个过程中参与性小，不能充分发挥主动性。家长工作坊是以活动带动家长的参与积极性，利用轻松、有趣的互动方式，让家长共同参与幼儿家庭教育研究与探讨，每一个家长都可以发表意见，家长之间进行对话沟通、共同思考、分析研讨，提出家庭教育问题的解决方案。这种方式转变了传统的专家或教师的权威角色，将其由指导者变为引领者，不仅可以全面获得家长的意见与想法，而且有利于幼儿家庭教育议题的讨论及整体活动进行，在轻松互动的氛围中引导家长自我反思，实现成长。同时家长工作坊还可以通过多样化的课程体验活动让家长了解并亲身体验幼儿园的课程教学，加深家长对幼儿园教育的认识。①

第三，教师发挥引导者的作用。不同于传统培训的教师灌输、学生静听的方式，问题式学习家长工作坊强调家长的自主学习与主动参与，教师的角色也因此而发生了改变。在工作坊中教师不再是权威的演讲者的角色，而是家长思考与学习的引导者与支持者。教师根据自己的专业知识判断哪些问题是有价值的，为家长提供可参考的学习资源，介绍相关主题的背景信息和知识，在家长建立共同的兴趣和经验后鼓励家长自主学习与团队合作，与家长共同建构核心问题的解决策略。

## 三、问题式学习家长工作坊的目标

问题式学习家长工作坊旨在提升家长对问题式学习课程的了解，与家长建立强有力的合作关系，支持家长在教育上的建构，促进家长有意义的学习。

### （一）提升家长对问题式学习课程的了解

问题式学习课程的开展离不开家长的支持与理解，如果家长对问题式学习课程知之甚少，就难以与幼儿园产生真正的合作。问题式学习家长工作坊将问题式学习课程的精髓运用到亲职教育中，家长在参与工作坊的过程中，通过自主学习、合作学习解决问题，在教师的引导下进行回顾和反思，最后将工作坊所学运用到教育实践中，亲身体验问题式学习的过程，感受问题式学习的魅力。

此外，家长工作坊向家长介绍问题式学习课程理念、目标、学习内容、评价，向家长阐述问题式学习课程在幼儿园一日生活中的组织与实施，向家长展现幼儿问题式学习活动的过程，与家长分享幼儿在问题式学习课程中获得的成长，同时向家长强调家庭在问题式学习课程中的重要作用，希望获得家长的理解与支持。通过工作坊，家长们系统了解了问题式学习课程的价值，也清楚了家庭的作用，对于家园共育具有极大的推动作用。

### （二）与家长建立强有力的合作关系

家庭教育与幼儿园教育两者相互依存，不可或缺。作为影响幼儿发展的两个主要环境因素的家庭、幼儿园，只有抱着共同的信念和行动，在教育的目的、过程和手段

---

① 肖青梅：《长沙市示范性幼儿园家长教育工作的现状研究》，硕士学位论文，湖南师范大学，2013。

上达成一致，才能取得最大的教育效果。问题式学习家长工作坊为教师和家长、家长与家长提供了一个交流互动和经验共享的平台。一方面，幼儿园较为专业和全面的教育资源有利于改善单个家庭教育资源匮乏的状况；另一方面，幼儿家长也可以发挥自身不同的资源优势，为幼儿园教育提供力量支持。家园共育对于家庭和幼儿园而言是一个共同受教育、相互影响的过程。同时家长的教育知识与能力需要有一个不断提升的过程，整合家庭教育资源、达成有效的家园合力就为家长提高教育水平提供了一个学习的机会，能够激发家长参与幼儿教育的积极性，帮助家长获得教育好幼儿的信心和成就感，获得间接的知识经验。对幼儿园来说，整合家庭教育资源、达成有效的家园合力的过程可以帮助教师不断修正和完善家长教育的内容和教育方法。

### （三）支持家长在教育上的建构

中国传统教育观念强调"家长制"作风、权威型家长，强调在家庭教育过程中以家长的意愿为主和对儿童的高教育目标，最终导致"幼儿是家长意愿的替代者""幼儿是家长自己愿望的体现者""幼儿的教育成果是家长强制下的产物"的传统亲子观。虽然传统教育观念中的"家长制"正在逐渐消失，平等的亲子观正在逐渐占主导，但许多家长仍缺少把儿童视为独立个体的儿童观。[①]问题式学习工作坊旨在借助工作坊这一形式，聚焦幼儿发展、亲子互动等主题，帮助家长解答育儿困惑、解决育儿难题，扩展家长教育经验，改变家长的教育观念，改善家长教育行为，最终与家长共同支持幼儿的健康成长。

### （四）促进家长有意义的学习[②]

乔纳森认为有意义的学习意味着帮助学习者开展主动的、建构的、有意图的、真实的与合作的学习，有意义的学习的这些属性是相互作用、相互依赖的，在家长工作坊中，我们通过问题式学习模式整合这些要素，促进家长有意义的学习。

有意义的学习是主动的。乔纳森指出，有意义的学习需要学习者积极地参与有意义的任务，处理他们所处环境中的事物和参数，并观察他们操作的结果。在问题式学习家长工作坊中，问题引发家长的认知冲突，激发家长的内部动机，使家长积极主动地参与到工作坊中。

有意义的学习是建构的。学习者清晰地表达已经完成了什么以及反思他们的活动

---

① 刘秀丽、刘航：《幼儿家长家庭教育观念：现状及问题》，载《东北师大学报》（哲学社会科学版），2009（5）。

② ［美］戴维·乔纳森等：《学会用技术解决问题——一个建构主义者的视角》，任友群等译，7~10页，北京，教育科学出版社，2007。

与观察是很重要的。学习者把新经验与先前的知识整合起来，或设定学习内容的目标，以便能更好地从观察中寻求意义。在问题式学习家长工作坊中，问题源于家长前期育儿的经历，教师通过引导性问题将家长已有经验与当前主题联结，在核心问题的讨论过程中了解每位家长的已知经验，在家长已知经验的基础上帮助家长主动扩展建构新的育儿策略。

有意义的学习是有意图的。所有的人类行为都是有目标导向的，也就是说我们做每一件事都是为了达成某一目标。家长工作坊有明确的学习目标与内容，家长带着在育儿中遇到的困惑参与其中，通过专题讲座、小组合作、操作练习等形式解决问题。

有意义的学习是真实的。理念的意义依赖于它产生的情境。基于问题的学习环境中的任务不仅易于理解，同时也能更加连贯地被迁移到新情境中去。在问题式学习家长工作坊中，问题来源于家长育儿实践中真实的、复杂的问题，在学习之后，家长通过操作练习的方式运用所学建构解决自己问题的策略。在工作坊学习结束之后，通过家园共育，家长将工作坊策略迁移到真实生活情境中，真正落实工作坊目标，解决问题，实现育儿能力与水平的提高。

有意义的学习是合作的。人们会寻找他人帮助自己解决问题、完成任务，合作需要参与者之间的对话，而给定问题或任务时，人们会很自然地从他人那里寻找意见和方法。在问题式学习家长工作坊中，教师与家长合作、家长之间合作解决问题，通过教师与家长之间的对话与互动、家长小组之间的讨论与合作，最终实现合作学习。

## 四、问题式学习家长工作坊的主题

问题式学习家长工作坊的主题多种多样，既有与问题式学习课程相关的主题，也有儿童发展、亲子互动等主题，教师会结合家长育儿过程遇到的问题、课程的需要、幼儿的发展需要等综合考虑，最终确定工作坊的具体主题。

在问题式学习课程中，家长工作坊的主题主要有以下几大类。第一类，问题式学习课程主题，如问题式学习课程理念、如何支持幼儿问题解决、问题式学习活动中的亲子参访等。第二类，儿童发展主题，帮助家长了解不同年龄段幼儿发展特点以及如何支持幼儿发展，如培养幼儿人际交往能力、婴幼儿疾病预防等。第三类，亲子互动主题，帮助家长了解如何与幼儿有效沟通以支持幼儿发展，如有效的亲子沟通等。第四类，家园共育主题，帮助家长了解家庭与幼儿园如何合作，如宝宝成长日记等。

3-6岁是幼儿个体成长的重要时期，每个年龄段的幼儿发展特点都不相同，幼儿的关注重点也不尽相同，所以有必要通过工作坊的方式帮助家长了解幼儿的发展特点与成长需求。小班幼儿刚入园，面临入园适应问题，要在幼儿园学习"自己的事情自己做"，发展自我服务能力，所以小班幼儿工作坊主题可能会包括入园适应、科学作息、自我服务能力的培养等。同时小班家长对问题式学习课程了解不多，也不太清楚如何进行家园合作，所以在小班时教师会安排关于课程理念、家园合作等主题的工作坊，让家长了解问题式学习课程，更好地开展家园共育工作。中班幼儿的同伴交往成为教育者关注的重点，教师可以在中班开展社会交往相关主题工作坊，同时中班问题式学习课程的重点也有所变化，让家长了解中班幼儿的学习与发展的目标、内容等是非常有必要的。对于大班幼儿与家长而言，幼小衔接是一个绕不开的话题，许多幼儿园大班幼儿流失率很高，很多家长会带着幼儿去各种课外辅导机构，认为幼小衔接就是让幼儿学习语文、数学等学科知识，教师可以通过开展幼小衔接相关的主题工作坊，缓解家长的焦虑情绪，转变家长关于幼小衔接的观念，让家长意识到幼小衔接不仅仅是知识内容的衔接，更重要的是幼儿学习习惯、自我管理等能力的培养。此外，大班问题式学习课程在目标、内容等方面与中小班有了很大的不同，教师也可以通过家长会等形式向家长介绍大班问题式学习课程的重点。

## 五、问题式学习家长工作坊的形式

问题式学习家长工作坊因其主题不同，表现形式也是多种多样的，总体而言，问题式学习家长工作坊主要有以下四种形式。

第一种，根据家长关心的问题生成的家长工作坊。这一种是最常见的问题式学习家长工作坊的形式，这类工作坊主题主要源于家长育儿实践中的问题。教师在洞察了家长的需要后设计实施工作坊，过程中通过互动、讨论、分享促进家长学习共同体的形成，发挥家长的智慧。同时教师在了解家长已有经验的基础上，通过讲座等形式扩展家长的认知，最终建构策略解决问题。

第二种，根据家长关心的问题生成的亲子工作坊。为了使家长和幼儿都能参与到工作坊中，这一类工作坊更具活动性与操作性，如亲子共读的现场示范、亲子玩球的亲身体验。比起只有家长参加的工作坊，这一类工作坊更多的是亲子之间的活动，教师的指导穿插在活动中，家长之间的互动也在一个又一个具体的活动中体现。考虑到幼儿的身心发展特点，这类工作坊一般不会有集中的教师讲座和家长分组讨论的环节。

第三种，固定主题、定期开展的家长会。用工作坊的形式举行家长会更有助于家长理解家长会想要传达给家长的内容，提高家长的参与度，增进家长与教师之间的了解，增强家园间的联系。不同于生成性的工作坊，家长会的内容更具计划性，教师需要通过家长会向家长传递问题式学习课程的理念、各个年龄段幼儿学习与发展目标及课程实施重点，向家长介绍该年龄段幼儿的发展特点，学期末的家长会则需要总结整个学期幼儿在园学习与发展情况。除此之外，家长会还会根据幼儿年龄特点组织家长学习与讨论一些重要的主题。如在小班新生家长会上，教师会结合幼儿的入园适应情况，和家长一起探讨如何帮助幼儿顺利完成入园适应；在大班家长会上，则会根据幼儿即将进入小学这一实际情况和家长共同探讨如何科学地进行有效衔接。所以一次家长会会有几个不同的核心问题，内容比较丰富，时间也会比其他形式的工作坊更长一些。

第四种，支持问题式学习活动开展的亲子参访。亲子参访是一种更具灵活性的参访形式，亲子参访活动原为问题式学习活动中的一部分，幼儿在问题式学习活动中通过亲子参访扩展知识经验、发现问题、搜集信息解决问题。对家长而言，亲子参访一方面可以帮助家长通过参与活动的方式了解问题式学习课程，另一方面参访前教师通常会通过专题讲座的方式向家长介绍参访相关的学习目标与内容、注意事项等，参访过程中教师也会有意识地提醒和指导家长如何支持幼儿解决问题，帮助家长学习如何通过参访支持幼儿的深度学习，如何在平时的旅游、参观、游玩等活动中有意识地、科学地促进幼儿的学习与发展。亲子参访一般在幼儿园外进行，如博物馆、植物园、科技馆、消防站等场所，所以教师在准备此类工作坊时不必拘泥于一般的工作坊流程，其内容、流程、组织形式与问题式学习活动中幼儿要解决的问题密切相关。

## 六、问题式学习家长工作坊的流程

不管形式如何，一个工作坊从酝酿、准备、实施到结束，一般都会有发现问题、开展工作坊、拓展延伸、总结反思几个环节。

### （一）发现问题

问题式学习家长工作坊是基于问题的工作坊，发现问题是工作坊得以计划、实施的第一步，教师要在实践中有意识地发现问题，充分分析问题背后的原因及解决问题的价值，最后拟定工作坊的核心问题。

#### 1. 问题来源

家长育儿过程中遇到的问题。家长在与幼儿互动的过程中发现了一些棘手的教育问题，家长的声音是确定工作坊核心问题的重要参考。调查问卷是了解家长需要和兴趣的有效工具。学期初，教师可以根据对幼儿和家长的了解，初步拟定一些重要的主题，让家长有针对性地选择，如果家长有特别感兴趣的主题，也欢迎在问卷中补充。此外，家长微信群、QQ群中家长们关于育儿问题自发的讨论，教师与家长交流沟通过程中发现的问题也是工作坊问题的重要来源，教师要有意识地通过各种途径关注、发现家长的需要，及时发现问题。

教师对幼儿的观察。幼儿是家长的镜子，教师在和幼儿互动的过程中，可以通过幼儿的行为、语言发现值得开展工作坊的问题。比如，很多幼儿在处理同伴冲突时提到"爸爸妈妈说别人打了我，我也要打回去"，教师就可以针对这个问题向家长开展如何处理幼儿同伴冲突的工作坊，帮助家长了解协助幼儿解决同伴冲突的技巧。此外，教师会根据幼儿年龄阶段，确定该年龄段家长迫切需要了解的内容，从而确定工作坊的核心问题。这一点在家长会中体现得尤为明显，小班家长会会和家长探究如何帮助幼儿完成入园适应，中班家长会则侧重于幼儿的同伴交往。

幼儿的学习需要。家长工作坊是帮助家长理解问题式学习课程的重要手段，也是帮助家长参与问题式学习课程、更好地进行家园共育的途径。教师会通过工作坊帮助家长更好地理解问题式学习课程，例如，因为家长不了解问题式学习课程，家长会便会重点介绍相关内容。此外，亲子参访是源于幼儿的问题探究需要，家长可以在真实的参访情境中，全身心参与到幼儿的学习活动中，更好地理解如何通过参访支持幼儿的学习。

### 2. 拟定核心问题

核心问题与工作坊目标密切相关，是工作坊的重中之重。教师在对问题进行分析后，应确定工作坊需要解决的核心问题，通过解决核心问题实现工作坊的目标。核心问题应该是结构不良的问题，没有唯一的解决方案；核心问题应该是真实的问题，是家长们在日常教育实践中遇到的问题；核心问题应该是有挑战性的问题，家长必须通过思考、学习、团体研讨才能建构出相关的解决策略。

核心问题可以是一个，也可以是多个。如果是一个核心问题，该核心问题要能够实现工作坊所蕴含的目标，在解决核心问题的过程中，该核心问题蕴含的相关子问题也得到了解决。如果是多个核心问题，不同的核心问题之间应该有一定的逻辑关系，可能是并列的，也可能是递进的，在解决多个核心问题的过程中，工作坊的目标也就实现了。

### （二）开展工作坊

不同主题、不同形式的工作坊开展的流程是非常灵活的。但是不管是什么形式、什么主题，都应该把握问题式学习家长工作坊的精髓：以问题为核心、家长主动学习、交流与合作、教师发挥引导作用。

下文介绍的是开展工作坊的一般流程，对于亲子工作坊及亲子参访这两种形式的工作坊而言，开展过程不必拘泥于以下环节，一般不设置小组分享与讨论、专题讲座、操作练习等环节，更多的是根据工作坊的核心问题开展。

### 1. 做好准备

制定工作坊大纲及准备计划会帮助教师有条不紊地进行准备工作。确定工作坊的具体流程后，教师就可以将过程中需要准备的内容列出清单，并开始行动。为了保障工作坊的顺利开展，教师一般要做好经验准备和物质准备。

首先是经验准备。经验准备是指教师在开展工作坊前要学习与工作坊核心问题相关的内容，以确保工作坊开展过程中教师的专业性、引导的科学性。教师可以通过图书、杂志、网络、咨询相关领域专家等方式获取资料，形成对工作坊核心问题系统、深入的理解。

其次是物质准备。在工作坊开展过程中以及结束后，可以提供给家长相关学习资源。学习资源包括书籍、网络文章、视频等，教师要进行一定的筛选，以确保学习资源与工作坊核心问题紧密相关，且学习资源的相关内容是权威、科学的。活动场地要能容纳所有参与活动的家长，且有一定的活动空间，最好配备投影设备，以便信息技术在工作坊中的应用。活动时可按照小组的方式摆放桌椅，以方便进行讨论，或供作品展示。在材料上，小组使用的白纸、笔都是必不可少的，需保证白纸和笔的数量。此外，不同的工作坊有不同的主题和内容，要准备的东西也不尽相同，如游戏材料的准备等。亲子共同参加的工作坊要考虑到幼儿的需要，如适合幼儿坐的椅子，幼儿可以一起玩的游戏材料等。

教师准备好幼儿的照片和视频，在工作坊开始前为早到的家长播放。这样会让家长感受到教师的用心，也能让家长通过观察视频和照片了解幼儿的学习与发展情况。教师在准备此类视频或照片时，要注意把每一位幼儿都放进去，避免某些家长因为找不到自己的孩子而产生"我的孩子是不是被忽视了"的想法。

一个醒目的欢迎海报会让家长感受到教师的热情。海报上要写清楚工作坊的主题、时间和地点，并对家长的到来表示欢迎。如果有条件，茶点的准备会让整个工作坊更加温馨、开放，也可以照顾到那些因匆匆赶来而无暇吃饭的家长，让家长在休息的间隙吃点东西有助于提升家长对工作坊的整体体验。

在进行这些准备的同时，教师也要分阶段开展宣传通知工作。在确定工作坊主题后，教师在工作坊开展的两周前，可以将主题、时间、地点告知家长，并请家长接龙回复参与意愿，及早告知有助于家长提前安排时间参加。在工作坊开始的前几天，教师要再提醒一次，以防家长忘记。工作坊当天，教师将具体时间、地点再次告知家长，并确保所有人都收到信息。

需要注意的是，亲子参访类工作坊的准备与普通工作坊不同。一般而言，教师需要提前联系参访地点，确定参访当天的活动流程，确认安全问题。教师与家长义工最好提前踩点，了解具体情况，针对可能出现的问题做好准备。此外，参访前教师要提醒家长参访的时间、地点、流程、交通路线等事项。最后，教师要与幼儿讨论参访相关事项，激发幼儿对参访的期待。

### 2. 热身

通过与工作坊核心问题相关的热身游戏活跃现场气氛，使参与的家长放松心情，以开放的心态参与到工作坊的活动中。家长在活动中与其他参与者快速熟悉，更有助于形成学习共同体，后期轻松的心态也可以帮助家长打开思维，更有效地学习与建构策略。

教师应选择与工作坊主题相关、蕴含一定的教育意义的热身游戏，让家长在玩中学，通过游戏了解与工作坊主题相关的教育理念。这样的游戏既能起到破冰的作用，还可以让家长对教育进行思考。

热身游戏的选择要注意把握时间。作为一个工作坊的开头，游戏的时间不能太短，如果一两分钟就结束了，难以起到活跃气氛的作用；游戏的时间也不能太长，如果时间太长，会影响后续环节的充分展开，也会让家长过分沉浸在游戏氛围中，难以进入状态。游戏时间一般以5分钟为宜。游戏要让全体家长参与进来，让每一位参与者都能进入到工作坊的状态中。建议游戏以分组的形式展开，这样既能保证全员参与，也能控制活动时间。游戏的选择要考虑场地、活动量等因素，游戏尽量在原活动场地开展，活动量不宜太大，以轻松、简单的游戏为宜。

### 3. 聚焦问题

聚焦问题是指教师一步步将家长引入到对工作坊核心问题的思考中。聚焦问题的第一步是引入，在引入环节中教师可以呈现相关的问题情境，进行与工作坊主题相关的活动，帮助家长进入到主题情境中。例如，"科学的幼儿作息"工作坊中，教师在引入环节向家长了解幼儿在家的作息情况；"幼儿丢三落四怎么办"工作坊中，教师给家长播放幼儿在幼儿园忘带水杯、汗巾的视频或照片。引入之后，教师通过引导性问题引发家长对主题的初步思考，并通过个别互动的形式了解家长的观点与已有经验。例如，在"支持幼儿自主调节情绪"工作坊中，教师询问家长"情绪是否有好坏之分""幼儿在什么情绪状态下最让你抓狂"等，在家长分享完对引导性问题的思考后，教师应对相关问题进行回应，如"情绪是否有好坏之分"。在家长对主题有了初步的思考后，教师提出工作坊的核心问题，聚焦核心问题的过程也是联系家长已有经验，引发家长认知冲突，激发家长主动参与、积极思考的过程。

### 4. 小组学习与分享

每个工作坊基本都会有家长小组学习与分享的环节，这是促进家长思考教育问题、分享集体智慧、形成教育共同体的重要环节。家长自主学习与讨论的安排是灵活的，根据需要不同可以安排在热身游戏后，也可以安排在教师讲座后。在这个环节需要注意以下问题。

在分组的过程中，教师可以通过游戏的方式帮助家长进行分组，如"桃花朵朵开""报数"，这样可以提高分组效率。教师在分组前要介绍小组成员的责任分工，以保证小组学习和研讨过程中每个人都能发挥作用。一般而言，一个小组由4～6人组成，每组都有一位组长、一位发言人、一位计时员、一位记录员，组长负责整体协调，发言人负责分享本组研讨结果，计时员负责把握时间，记录员负责写下大家的想法。

教师要为家长提供相关的资源以支持各小组的自主学习，避免效率低下，同时也要鼓励家长额外搜集信息资源。教师在各小组自主学习的过程中应该认真倾听小组的学习，并进行相应的指导。

小组分享的形式是多种多样的，既可以是发言人轮流上台进行分享，其他小组成员补充内容；也可以是各小组展示墙报，大家自由阅读；还可以先进行组间分享，随后推选两个小组进行分享。每组分享的时间不宜过长，分享内容也不宜重复，制定分享规则有助于提高分享的效率与质量。

在进行小组分享时，教师要通过多种策略营造倾听和讨论的氛围，要对每一个分享的小组进行积极的反馈，肯定小组分享的优点，指出亮点，并对每组的内容提出友好、具体、有帮助的建议。教师要能分析、梳理各个小组的分享内容，将各小组分享内容中共同的优点、问题、建构的策略提取出来。在这个过程中，教师要结合家长的分享，将家长未提及的核心内容通过PPT、思维导图、讲解等形式补充到最终的策略中。

### 5. 专题讲座

专题讲座是指在工作坊开展过程中，教师通过讲座的方式向家长分享关于该主题的前沿、科学的内容。

专题讲座开展时间相对灵活。可以在家长讨论之前进行，向家长介绍该主题相关的背景信息，家长在对主题有了一定的了解之后再进行研讨。例如，幼儿科学作息主题工作坊，教师可以先介绍科学作息的重要性以及怎样的作息是科学作息，再请家长对照科学作息表评估自己幼儿的作息，并讨论培养科学作息的策略。对于一些操作性、讨论性更强的主题，教师讲座可以放在家长分组学习与讨论之后，教师通过讲座的形式对核心问题进行总结提升，最后建构出系统、科学、可操作的策略。例如，亲子沟通主题工作坊，家长分组学习讨论后，教师对亲子沟通的有效策略进行总结提升。教师讲座也可以在家长分组学习与讨论前后都有涉及，在分组学习与讨论前介绍相关背景信息，在讨论后总结提炼相关的策略。例如，培养幼儿注意力主题工作坊，教师在家长分组学习讨论前介绍幼儿注意力的发展历程及影响因素，家长分组讨论如何培养幼儿注意力后，教师又通过讲座的形式对培养策略进行总结提升，帮助家长有更系统的认识。

专题讲座不仅可以在线下与家长面对面开展，也可以通过信息网络在线上开展。线上讲座不需要家长到场，也不需要准备场地、材料，而且讲座信息还可以回看，能够满足工作繁忙的双职工家庭的教育需求。线上讲座适合内容比较简单、无须太多操作的主题，线上讲座的内容一次不宜太多，要注意过程中的互动与反馈，尽可能让每位家长都能参与进来。

专题讲座并非一味灌输，不是教师单方面的说教，在讲座过程中，教师要注意通过各种方式让家长参与到讲座中。在讲座开始前，教师通过提问和播放相关视频、图片引入主题，在每部分内容展开前，教师可以和家长聊一聊关于这个主题家长的想法以及幼儿的相关表现，将讲座的内容与家长的已有经验建立联系，使讲座更有效果。互动的形式多种多样，既可以教师口头提问，家长分享或与旁边人讨论，也可以让家长在便笺纸上写下对相关问题的思考，这样能了解每位家长最真实的想法，同时避免互动时无人回应的情况。教师应在讲座的最后留出部分时间给家长，让家长对讲座中有疑惑的内容提出问题，教师应鼓励家长提问并对家长的问题认真回应。

### 6. 操作练习

操作练习环节一般在小组讨论或专题讲座结束后进行，目的在于帮助家长将工作坊中学习到的策略进行强化、迁移，为后期真正运用策略解决育儿难题提供进一步的支架。

操作练习的任务应与工作坊的主题、家长的问题紧密相关，表现形式是多种多样的。既可以是制订实践计划，如在"幼儿科学喂养"工作坊中，操作任务可能是运用所学设计幼儿一日营养食谱；也可以是通过角色扮演的方式练习讲座中提到的策略，如在"支持幼儿自主调节情绪"工作坊中，操作任务可以是通过角色扮演实践支持幼儿情绪调节的策略。操作练习的形式既可以是家长个体的操作练习，也可以是小组形式的操作练习，练习结束后，通过交流分享互相学习。

### （三）拓展延伸

拓展延伸环节是指工作坊结束后安排相应的活动以支持工作坊的成果在实践中得以体现。在家长和教师有机会厘清问题、分享经验、讨论一些解决对策之后，家长需要一些时间和机会，将他们所得到的信息加以应用。安排一些后续的活动和建立双向沟通的渠道，可以让家长和教师在工作坊结束之后依然彼此支持和讨论问题。如在亲子阅读工作坊结束后，家长可以在家里实践工作坊中学习的共读策略，并就实践中发现的问题继续和教师讨论，同时也可以将共读的经验分享给其他家长。家长还可以对自己买的绘本进行评估，将评估的结果分享给其他家长，形成良好的学习、讨论、分享的家长共同体的氛围。

## （四）总结反思

工作坊结束后，教师要对工作坊进行总结反思，从家长问卷中了解家长的意见与建议，同时从活动准备、活动过程等方面进行反思，总结工作坊的亮点，反思工作坊过程中的不足，为下次工作坊的开展提供经验和借鉴。

教师可以将总结反思的资料放在幼儿园公共信息分享平台，供其他教师查阅；也可以组织小型的工作坊开展经验分享会，有经验的教师将自己总结出的经验分享给其他教师，促进教师之间的互相学习，提升幼儿园整体工作坊开展质量。

## 七、开展问题式学习家长工作坊的建议

在开展问题式学习家长工作坊时，教师应与家长建立良好的关系，营造轻松、支持性的氛围。在计划、开展和结束后，教师都要认真听取家长的意见，通过各种形式促进家长的积极参与与主动思考。在开展过程中，保持时间和内容的弹性有助于工作坊真正发挥其价值。各环节时间的把握有助于整场工作坊围绕核心问题高效进行，对于信息网络技术的运用可以减轻教师工作负担，丰富工作坊内容的呈现方式。

### （一）营造轻松、和谐的交流氛围

问题式学习课程十分重视环境氛围对幼儿学习的重要性。教师在开展家长工作坊时，同样应该注意环境的关系维度，营造支持性的整体气氛有助于家长们开放心态，和教师建立紧密的共同体关系，愿意和大家分享他们的想法。工作坊的目的并不是要家长觉得他们在家中所做的是错的，需要经过工作坊来纠错，而是让大家互相分享、彼此学习，所以教师在开展工作坊的过程中不要把自己视作高高在上的专家，总是否定家长的做法，而是应该以分享、讨论、协商的态度与家长合作解决问题。

### （二）尊重家长意见，多种形式促进家长的积极参与和建构

家长工作坊的主体是家长，所以在计划、开展工作坊的过程中要充分尊重家长的意见。工作坊主题的确定应该征求家长的意见，过程中应该积极促进家长的参与和建构，可以通过与家长的互动、分组讨论提高家长的参与度，还可以发挥家长的力量，邀请家长在相关内容上分享有益经验。

### （三）保持弹性

尽管教师需要在工作坊开始前制订活动计划，以保证开展的顺畅性和目标的解

决，但是在计划的过程中，教师要注意留白，不要将每一段时间都安排得满满当当，也不要将每一个活动的时间都精确到分秒。在实际开展过程中，教师要注意保持活动的弹性，根据实际开展情况进行调整，而不是完全按照计划按部就班地进行。教师觉得家长们能吸收更多的信息时，可以增加工作坊的内容。教师觉得家长可能需要更多时间来消化所吸收的信息和计划后续的安排时，可以针对单一主题来探讨。重点不是工作坊完整的开展，而是家长能通过工作坊真正建构问题解决的方案。

## （四）做好时间控制

工作坊以2~3小时作为计划的长度，但是并没有硬性规定每个工作坊进行时间的长短。教师牢记工作坊要解决的核心问题，有助于决定将焦点放在哪些项目上。尽量不要花太多时间在工作坊的一项活动上，要留有足够的时间做总结，并让家长有足够时间来做后续的计划。小组活动时，教师可以在小组间走动，必要时提醒小组注意活动时间。[①]

## （五）灵活运用各种信息网络技术

灵活运用各种信息网络技术，有助于教师提高工作效率、更好地实现工作坊的目标。信息网络技术可以运用在家长工作坊的各个方面。一方面，教师可以通过信息网络搜集相关资源，为工作坊做好充足的学习资源准备，提高工作坊内容的丰富性和科学性；另一方面，教师可以通过线上平台开展专题讲座，解决家长因为工作繁忙等不能到场的问题。此外，教师还可以通过线上平台开展家长工作坊的拓展延伸活动，请家长在微信群等平台分享后续的家庭实践，了解工作坊的实践效果。

---

① [美] 米歇尔·格雷夫斯：《理想的教学点子4：家长工作坊的必备资源》，11页，杨世华译，南京，南京师范大学出版社，2006。

# 第一章 小班问题式学习家长工作坊案例

## ～ 工作坊1：小班新生家长会 ～

### 一、发现问题

9月，幼儿园迎来了小班的小朋友们，他们开始了在幼儿园的新生活。在这里他们会认识新的朋友，和教师建立亲密关系，在教室里发现各种各样好玩的材料，和教师、小朋友们玩各种有趣的游戏，认识更广大的世界。

小班的幼儿处于身体迅速发展的时期，动作发展是其重要的标志。小班幼儿刚刚走过婴儿期，他们的认识很大程度上要依赖于行动。他们爱模仿，喜欢童话故事，自己也常生活在童话里。正因为小班幼儿的发展特点，他们在幼儿园的生活会出现各种各样的问题，会和同伴抢玩具，会出现情绪失控。入园适应是幼儿和家长面对的第一个挑战，幼儿要适应新生活，家长也要适应新生活。幼儿要学习自我服务，慢慢学会自己穿衣服、吃饭、上厕所，养成良好的生活与卫生习惯。教师应让家长了解幼儿当前的心理发展需求，让家长逐步放手，让幼儿做自己力所能及的事，不过多地包办，多肯定幼儿、引导幼儿，家园共育帮助幼儿快速适应幼儿园生活。

幼儿和家长都是第一次接触问题式学习课程，教师有必要让家长了解课程理念、目标、内容和组织实施形式，以获得家长的理解与支持，日后更好地开展家园共育工作。小班问题式学习课程充分尊重幼儿的发展特点，通过问题式学习活动开展幼儿自我服务能力的培养。教师充分尊重幼儿的游戏权利，在观察幼儿游戏的基础上开展随机式问题式学习活动，让幼儿对周围环境有初步的感知体验，对学习充满兴趣。

随着班级的形成，家长也建立了组织。幼儿的教育离不开家长的参与，家园工作如何开展，幼儿园需要怎样的支持，这些都需要在一开始就和家长达成共识。由此，我们在小班开学之初会以工作坊的形式举行家长会，帮助家长了解小班幼儿的发展特点、小班问题式学习课程的重点和价值，与家长一起探讨入园适应能力的培养，家园共育帮助幼儿快速适应幼儿园生活。

由此，我们确定了小班新生家长会的核心问题。

如何帮助幼儿顺利完成入园适应？

幼儿园小班如何开展问题式学习课程？

家园如何合作以支持幼儿的健康成长？

## 二、开展工作坊

### （一）做好准备

#### 1. 经验准备

发放新生基本情况调查问卷。家长会的前一周，班主任向家长发放新生基本情况调查问卷，了解幼儿及其家庭的基本情况。基本情况调查问卷主要包括以下几个方面的内容：年龄、身高、体重等基本信息；吃饭、午睡、如厕等自我服务能力；兴趣爱好、社会交往情况；语言理解和表达情况。班级教师对家长填写的所有信息严格保密，仅用于班级教育教学工作。问卷回收后，班级教师提前阅读了解每位幼儿基本情况，在每周例行班会上进行分析、讨论并结合幼儿的实际情况制定下一步教育教学策略，确定家长会的重点内容。

家访。家长会前，班级教师来到幼儿家中，和家长面对面交流幼儿在家的情况，增进家园的相互了解，了解幼儿在家的表现以及家长在育儿方面存在的问题与困惑。

教师在家长会前学习小班幼儿发展特点、幼儿入园适应策略等内容，为工作坊做好准备。

#### 2. 物质准备

- 家长学习资源：小班幼儿发展特点相关书籍，如《幼儿教育心理学》。
- 白纸（每组参与工作坊的家长至少一张）、白板、马克笔（每组一支）。
- 茶歇点心。
- 游戏材料：鼓铃、布娃娃。
- 欢迎海报、签到台。
- 桌椅按照小组的形式摆放。
- 班级幼儿视频相册。

### （二）热身：快乐传递

工作坊开始前，家长陆续来到教室，为了避免家长由于等待而感到无聊，教师提前投影播放幼儿在园一日生活的照片和视频，里面有每一个幼儿不同类型活动中的照片和视频。

等所有家长落座后，快乐传递的热身游戏正式开始。游戏玩法：教师摇铃鼓，家长听到铃鼓声传递手上的布娃娃，鼓声停止的时候传到哪位家长手上，就请这位家长先介绍自己，然后说说幼儿入园以来在哪一方面进步最大。

"孩子刚开始哭得很厉害，最近哭得很少了。"

"孩子回去之后会告诉我怎么洗手最干净。"

"我女儿入园一周了，现在愿意自己吃饭了，虽然还是吃得满桌子都是饭粒。"

"我儿子比较外向，入园一周就已经找到好朋友了，每天念叨着要和好朋友一起玩。"

……

### 设计意图

快乐传递游戏一方面可以营造轻松愉悦的氛围，新生家长互相并不熟悉，通过游戏可以增进对彼此的了解，更有利于家长们熟悉对方；另一方面，通过快乐传递游戏，家长们回顾幼儿在入园后的积极表现，有助于增进家长们对幼儿园的信任，也能顺利进入到本次家长会的主题。

### 温馨提示

游戏时间不宜过长，建议5~10分钟，教师应清楚表述希望家长分享的内容，提醒家长不要做"麦霸"，并提醒其他家长注意倾听。如果布娃娃多次传到一个家长手中，建议可以给前后桌家长表达的机会。

### （三）聚焦问题

通过观看幼儿在幼儿园的照片、视频，分享幼儿入园以来的积极表现，家长们对幼儿在园一日生活有了进一步的了解，教师对家长和幼儿也有了更深入的认识。随后，教师介绍班级基本情况，幼儿的数量，每位教师的情况。

请家长思考、讨论以下问题，聚焦家长最为关心的入园适应问题：

在这一周入园的过程中，你发现幼儿有哪些不适应的情况？

教师请家长3人一组讨论3分钟，然后请家长分享幼儿入园适应中的共性问题和个性问题。家长分享时提到了以下几个问题。

- 哭闹，不愿和家长分开。
- 在幼儿园不吃东西。
- 不在幼儿园上厕所。
- 尿裤子。

- 不和小朋友交流。
- 不会自己吃饭。

　　针对家长提到的幼儿不适应的情况，教师指出小班幼儿刚入园一周，从家庭生活到幼儿园生活的转变往往会带来很多不适应的问题。这些是幼儿入园普遍会出现的现象，家长不必过分担心，可以通过一些方法帮助幼儿顺利完成过渡。支持幼儿的前提是要了解幼儿，教师结合实例向大家介绍小班幼儿的发展特点。

　　小班幼儿处于身体迅速发展的时期，动作发展是其重要的标志，处于直觉行动思维向具体形象思维过渡的阶段，认识很大程度上依赖于行动。情绪对3岁幼儿的支配作用很大，爱模仿是小班幼儿突出的年龄特征，他们喜欢模仿教师、家长、同伴。幼儿常常把自己假想的事情当作真实的事情，这是他们想象夸张性的表现。

　　随后，教师请家长思考并讨论以下两个问题：

　　幼儿为什么会出现入园不适应的情况？

　　如何帮助幼儿顺利完成入园适应？

## （四）小组学习与分享

　　结合小班幼儿发展特点，家长围绕幼儿入园适应的原因及对策展开了小组学习与讨论，最后教师和家长共同分析原因，建构策略。

### 1. 分组学习与讨论

　　教师请家长分成6个小组，每组选出一名记录员（负责在白纸上记录大家的发言），一名发言人（负责在集体面前分享本组讨论的结果），一名计时员。每名组员积极贡献策略，每组15分钟的时间。

　　各组展开学习和讨论，教师给每组家长分发《幼儿教育心理学》等学习资源，并鼓励家长通过各种渠道搜集更多的资源与信息。教师在家长讨论的过程中给予一定的引导。

### 2. 小组分享

　　讨论结束后，教师请各小组分享学习和讨论的成果，每组3分钟的时间，过程中教师不断补充相关的重要内容。在分析幼儿入园不适应的原因时，家长们提到了以下几个原因。

- 有的幼儿性格比较内向，怕生，所以换了新环境之后很难适应。
- 幼儿园小朋友和教师都是陌生人，幼儿还不熟悉。
- 幼儿在家里是小太阳，所有人都围着他转，但是幼儿园每个小朋友都需要教师的照顾。
- 幼儿园的作息和家里的作息不一样，比如有的幼儿没有午睡习惯。

- 幼儿园的厕所和家里的厕所不太一样，幼儿园是蹲便，家里是坐便。

- 在幼儿园要遵守规则，但是在家里更自在一些。

- 幼儿自理能力不足，比如不会自己吃饭、上厕所。

分析原因后，家长们共同提出了帮助幼儿完成入园适应的对策。

- 多和幼儿聊一聊幼儿园里好玩的事情，和幼儿一起看幼儿园相关的绘本、动画，让幼儿爱上幼儿园。

- 让幼儿和同一个小区的同学晚上、周末一起玩，找到好朋友。

- 调整家里的作息时间和生活习惯，帮助幼儿养成午睡的习惯，培养幼儿自我服务的能力，让幼儿慢慢能够照顾自己。

### 3. 教师总结

教师结合家长们分享的内容，总结了幼儿入园不适应的原因。幼儿入园适应不良的原因主要有生活环境的变化、人际环境的变化、基本生活能力准备不足、交往能力准备不足、对幼儿园有负面印象、家长过于忽视或过于紧张等。随后，教师向家长介绍了幼儿园帮助幼儿完成入园适应的一系列行动，让家长放心。

教师指出，开学初为了让小班新生缓解分离焦虑，幼儿园逐步调整幼儿的作息，第一周半日活动，让幼儿缓解焦虑，第二、第三周，在幼儿园适应睡午觉，第四周逐步进入正轨。此外，开学初还会进行家访约访，了解幼儿的一些生活习惯和家庭养育方面的情况，教师能深入了解幼儿，在班级可有针对性地进行教育和指导，让幼儿爱上幼儿园，让家长了解幼儿园的教育理念，能够更好地进行家园共育。幼儿在园时，教师会记录幼儿的一天，将幼儿每天在园的一日生活通过照片、视频或者是详细的表格记录发给家长看，缓解家长的分离焦虑。此外，通过大带小活动，中班的幼儿带领小班的幼儿一起学习，帮助小班幼儿尽快适应幼儿园生活。最后，幼儿园创造安全的环境和设施，让幼儿尽情地玩耍和体验；营造自由的课堂和游戏，让幼儿积极地探索和挑战；鼓励幼儿小组互动、区角协助、团队合作，增强自信心。

教师提醒家长，入园焦虑是幼儿的必经阶段，只要我们了解幼儿当前心理发展需求，家长逐步放手，让幼儿做自己力所能及的事，多肯定幼儿，不要包办，就能缩短焦虑时间，让幼儿快速适应幼儿园生活。针对幼儿入园适应具体问题，教师提出了可操作的建议：幼儿极易受到父母情绪的影响，父母首先应积极调整自己的心态和情绪，每天以轻松、乐观、快乐的心态送幼儿到幼儿园，与幼儿说再见并及时离开，在离开的时候告诉幼儿"爸爸妈妈下午来接你"，让幼儿知道爸爸妈妈还会回来。

家长应该多给幼儿讲讲幼儿园的好处，多聊一聊在幼儿园发生的有趣的事情。切忌用"再不听话就把你送幼儿园"类似的话来威胁幼儿，也不要以教师的名义去恐吓幼儿，这样的语言只会让幼儿认为幼儿园是个很可怕的地方，更不愿意去幼儿园。

很多幼儿入园后会出现尿裤子、尿床、不愿意大便的情况，这是幼儿进入新环境适应集体生活会出现的正常现象，家长应多跟幼儿沟通，告诉他"有什么困难第一时间找老师"；通过相关绘本、视频等信息资源帮助幼儿，在家培养幼儿的自理能力。

幼儿是家庭生活的核心。幼儿离开家长进入幼儿园，家长也需要适应幼儿不在身边的生活。家长对幼儿园的生活和教师的不了解使其在心理上产生了不安全感；部分幼儿的依赖心理较强、独立性差，也是家长产生分离焦虑的原因。家长要尽快调整好自己的心态，不要将这种不舍与焦虑表现给幼儿。

### （五）专题讲座：小班问题式学习课程的实施重点

在共同探讨了如何帮助幼儿完成入园适应后，家长们的焦虑情绪得到了缓解，教师在此基础上向家长进一步介绍了小班问题式学习课程的实施重点，帮助家长理解幼儿园的课程理念、目标及组织实施形式，增进家长对课程的理解。在介绍小班问题式学习课程的实施重点前，教师首先请家长回忆：选择这所幼儿园的原因是什么？对问题式学习课程的理解是怎样的？

在选择幼儿园的原因方面，很多家长提到离家近，比较方便；也有家长提到熟人推荐，朋友说幼儿园的质量好；少数家长提到了解了幼儿园的课程，"很喜欢幼儿园的理念"。在对课程的理解方面，大多数家长表示不是很清楚课程具体是怎样的，觉得问题式学习课程大概是："从字面意思理解，感觉是在问题中学习。""大概就是孩子发现问题然后解决问题吧。""小班孩子估计就是健康成长吧，也学不了太多东西。"

家长对幼儿园问题式学习课程了解不深，为了帮助家长深入理解幼儿园问题式学习课程，教师向家长介绍了小班幼儿问题式学习课程的实施重点。

#### 1. 问题式学习课程理念

教师通过具体的活动案例向大家介绍课程理念：天性、生长、包容。问题式学习课程坚持以幼儿为中心，尊重、保护幼儿的天性，包容每一位幼儿，支持每一位幼儿有益经验的生长，同时幼儿园坚持问题式学习，将问题作为学习的良机，帮助幼儿在发现问题、解决问题的过程中实现学习与发展。

#### 2. 问题式学习课程下小班幼儿学习与发展目标

介绍小班学习与发展目标前，教师请家长用便笺纸写下：您希望幼儿在小班获得怎样的学习与发展？

很多家长提到希望幼儿能够在小班学会自己照顾自己，发展自理能力，还有家长希望幼儿能够健康成长，"学会交朋友"也是家长的共同期望之一。此外，也有家长提到希望幼儿在小班能学习一些知识。家长分享后，教师向大家介绍问题式学习课程中，小班幼儿的学习与发展目标，包括好奇心、问题解决、元认知、交流沟通、团队合作、想象创造、信息素养、建构认识八大目标，并介绍到了小班末期幼儿可以达到的水平。

（1）好奇心

- 对身边的事物感兴趣，会被新奇的事物吸引。
- 能敏感地发现周围事物的变化。
- 喜欢跟别人分享自己的发现。
- 经常问各种问题。
- 喜欢用各种感官探索感兴趣的事物。
- 对感兴趣的事物能够持续观察并观察到一些特征。

（2）问题解决

- 有信心解决问题。
- 乐于参与到自己感兴趣的问题解决活动中。
- 能坚持完成多种任务、游戏和经验。即使任务有一定难度，也能坚持工作直至完成。
- 遇到困难时，会想别的办法，或向成年人寻求帮助。

（3）交流沟通

- 愿意表达，喜欢谈论自己感兴趣的话题。
- 能够使用简单的语言表达。
- 愿意尝试在集体面前讲话。
- 能在成人的提醒下使用恰当的礼貌用语，能与他人愉快地交流。

（4）团队合作

- 愿意与同伴一起玩。
- 能和别的幼儿一起做事或游戏。
- 与同伴发生意见分歧时，能表达自己的愿望和需要。
- 与同伴发生冲突时，能听从别人的劝解，愿意与同伴进行协商。

（5）想象与创造

- 喜欢想象，能够大胆想象。
- 能够用不同的方式表现自己的想象，如：绘画、搭建。
- 喜欢参与创造性的活动。
- 能够在行动中发现和产生新的想法。
- 能够赋予物体新的功能，如：以物代物。

（6）信息素养

- 遇到问题时，知道可以通过寻找信息来解决问题。

- 通过多感官的观察、操作、摆弄获取一手信息。
- 知道可以寻求成年人的帮助以获取信息。
- 能通过模仿、操作的方式运用信息解决问题。

（7）元认知

- 在成人的提醒下，能够做简单的计划。
- 遇到困难时能在成人的引导下调节情绪，积极面对。
- 遇到困难时会另想办法。
- 能够说出自己有没有成功。
- 会表达自己在活动过程中的感受。
- 能够说出自己遇到了什么困难。

（8）建构认识

- 能通过观察、模仿、操作等方式获得对事物的认识。
- 在成人的提醒下，能够联系已有的生活经验形成对当前事物的认识。

3. 问题式学习课程的组织与实施

教师向家长呈现幼儿园一日作息时间表，帮助家长了解幼儿在园一日生活。教师详细介绍了生活活动、区域活动、户外活动、问题式学习活动中幼儿的行为及教师的指导策略，帮助家长了解幼儿如何在问题式学习课程中获得学习与发展。

（1）生活活动

生活活动是满足幼儿基本生理需要、养成良好生活习惯、提高自理能力的活动。生活活动主要包括入园、离园、饮水、进餐、如厕、盥洗、午睡、整理和过渡9个环节，是构成幼儿日常生活的基本环节。每个环节在幼儿的生命成长中都具备重要的教育功能，对幼儿发展具有非常重要的意义。

日常生活活动（包括盥洗、如厕、饮水、进餐、午睡）以中小班幼儿结对"大带小"为主，中班幼儿与小班幼儿共同完成生活活动，为小班幼儿示范正确的做法，帮助小班幼儿解决问题。生活环节的"大带小"，不仅可以使小班幼儿得到一对一的帮助和指导，还能培养中班幼儿的爱心、自信心和责任感。

（2）室内区域活动

区域游戏前，教师可以以"拉火车"的方式带领小班幼儿环游各区域一圈，观察中班的哥哥、姐姐是怎么玩的，提供开放式的游戏环境，让幼儿自主选择玩什么游戏。小班幼儿对区域还不太了解，可以让中班幼儿示范操作，小班幼儿模仿，或让中班幼儿带领小班幼儿一起玩。

通过跟踪记录每一名幼儿的选区情况，了解幼儿的兴趣点。

通过逸事记录，跟踪观察幼儿解决问题的过程。

通过追问交谈，记录幼儿的想法，为分享做准备。

（3）户外活动

圆圈游戏：小班可以通过观察、模仿教师或中班幼儿的行为自然习得动作技能。

民间游戏：幼儿园开展民间体育游戏是对民间体育娱乐文化的认识、利用、开发和继承的学习过程。民间游戏由教师组织和幼儿发起相结合，既鼓励"大带小"的游戏，也支持同龄幼儿开展难度相当的游戏。

自选自由的户外游戏：户外游戏为幼儿提供更为自然的人际关系和生态环境。户外游戏开展前，教师先跟幼儿讲规则、示范玩法，再开始游戏，等幼儿熟悉玩法再放手。户外游戏过程中，小班幼儿会自然模仿中班幼儿的行为，或在合作游戏时自然而然作为辅助配合的角色，如帮助哥哥姐姐拿球等。户外游戏结束后，小班幼儿还不太会收拾整理玩具，可以让中班幼儿引导小班幼儿收拾，养成好习惯。

（4）问题式学习活动

教师通过观察幼儿区域活动，了解和追随幼儿的兴趣，或是幼儿遇到值得探究的问题时，通过和幼儿的互动、谈话，了解幼儿的想法，选择有价值的问题生成随机问题式学习活动。区域随机问题式学习活动支持幼儿探究自己感兴趣的问题，可以满足幼儿个性化的探索需求，此类随机问题式学习活动持续时间短，可以在区域中解决问题，也可以在回顾分享中解决问题。

开展专题问题式学习活动时，我们会观察记录幼儿的问题解决过程。通过观察，我们可以了解和追随幼儿的兴趣，确定问题式学习活动下一步的发展方向，或根据幼儿的兴趣点启动新的问题式学习活动。

（5）幼儿发展与评价

幼儿园会建立幼儿学习档案，记录幼儿的学习与发展轨迹。幼儿的学习档案包括幼儿的基本情况、幼儿进区情况记录与分析、区域观察记录与分析、幼儿学习故事、幼儿学习与发展阶段评价、家长约谈记录表等。

教师以约访的形式与幼儿家长沟通与反馈。如幼儿的人际交往问题比较突出，则重点沟通人际交往问题，反馈幼儿在园人际交往问题，了解幼儿在园外人际交往的情况，给家长一些切实可行的专业建议。

4. 家园合作重点内容

教师从请假，传染病防控，喂药、食品安全制度，安全工作，家长委员会、家长义工等几个方面介绍了家园合作的具体内容，并向家长强调家园合作共同帮助幼儿顺利适应幼儿园生活是家园共育的内容之一，家庭和幼儿园是幼儿成长最重要的两个场所，只有家长和教师合作起来，形成教育合力，才能促成幼儿的优质成长。

请假：及时告知班级教师幼儿请假的原因，并填写好请假条。退膳食费是根据请假条来退，没有请假条的不予退费，同时，连续请假一周的才能退膳食费。

　　**传染病病防控**：当幼儿出现身体不适，或者传染病时，家长及时和如实地告知教师。班级出现传染病例时，教师会及时地告知家长，同时也会做好卫生消毒工作，需要家长积极配合。

　　**喂药、食品安全制度**：园内统一由园医喂药，若要喂药，家长必须要有医生处方或者病历，药品必须是瓶装，并有明确的名称、生产日期与保质期。家长自行带熬制的中药，园内不予喂食。不允许幼儿带零食来班级，包括幼儿过生日时家长也不能带蛋糕来园，幼儿园会给幼儿订蛋糕过生日。幼儿园食物留样。

　　**家长委员会**：家长委员会是幼儿园和家庭合作沟通的一座桥梁，对幼儿园和家庭的合作起着关键的作用，在家长中间起表率作用，让每一个人尤其是幼儿，都可以从中得到自己的快乐和收获，促进幼儿园保教质量进一步提高。家长委员职责与要求：有比较充裕的时间；愿意为幼儿园及家长服务，乐于宣传幼儿园教育新动态；积极参与幼儿园的重大活动并能确保有时间担当义工协助幼儿园的活动开展；提出有利于幼儿园发展的合理化建议，宣扬正能量，充分发挥幼儿园与家长之间的桥梁作用。

### （六）操作练习

　　幼儿在入园适应方面存在的问题各不相同，为了帮助家长将工作坊内容运用到实际生活中，真正解决育儿问题，发挥工作坊的效果，教师可以向家长提出操作练习的任务：制订支持幼儿入园适应的行动计划，写出幼儿表现的具体问题，针对问题提出具体的策略。

　　家长根据自己孩子的实际情况，制订入园适应的行动计划，并将计划记录在纸上。最后，每位家长将自己的成果展示出来供大家互相学习。

　　随后，教师请个别家长分享自己的计划。不同的家庭中幼儿的入园适应问题不同，家长们结合幼儿的具体问题想出了很多可操作的方法。

### 某位家长的计划

　　通过阅读相关绘本帮助孩子理解上幼儿园的好处；在家多和孩子聊一聊幼儿园里快乐的事情；每次接送孩子的时候都保持良好的心态，不在孩子面前表现出消极情绪，不偷偷地离开，答应孩子几点来接就尽量按时来接，不晚接。

　　减少在家里的"包办代替"，让孩子逐渐掌握自主穿衣、吃饭、如厕等自我服务技能，这样孩子在幼儿园很多事情都可以自己做，既能帮助孩子顺利适应幼儿园的生活，也能提高孩子的自信心和自我效能感。

　　加强和老师的交流，了解孩子在幼儿园的情况，积极担任幼儿园的义工，加入家长委员会，这样幼儿在幼儿园可以有很多看到家长的机会，而且知道自己的爸爸妈妈帮幼儿园其他的小朋友做了很多好事，小朋友会为爸爸妈妈感到骄傲和自豪，也会激发幼儿对幼儿园和其他小朋友的积极情感。

工作坊最后，教师请家长在家中设置一个"问题角"，用以收集幼儿的问题，并结合幼儿的问题思考"如何在家中支持幼儿的问题式学习"。后期教师和家长们在微信群交流分享想法、实践和经验。

## 三、拓展

### （一）下阶段家园共育目标及内容

第一，成立家长委员会，招募家长义工，开展常态化的家园共育工作。

第二，家长们就幼儿入园适应问题，在家长群分享入园适应的有益经验。

第三，家长们在家长群分享幼儿在"问题角"提出的问题，并分享自己是如何支持幼儿的问题式学习的，交流经验与困惑。

### （二）相关学习资源

[1] 陈帼眉，姜勇. 幼儿教育心理学. 北京：北京师范大学出版社，2016.

[2] ［意］玛利亚·蒙台梭利. 童年的秘密. 单中惠，译. 北京：中国长安出版社，2010.

[3] ［法］塞尔日·布洛克. 我爱幼儿园. 张艳，译. 北京：北京科学技术出版社，2015.

[4] ［加］詹妮弗·劳埃德. 幼儿园里我最棒. 徐辰，译. 北京：北京科学技术出版社，2016.

<h1 style="text-align:center">～ 工作坊2：吃出健康 ～</h1>

## 一、发现问题

发育良好的身体，能让人保持愉快的情绪；强健的体质，能促进动作的协调发展。早期科学喂养和良好饮食行为的建立是预防儿童期营养性疾病发生的根本保证，同时对于成年后的饮食行为方式、慢性疾病的发生发展产生深远的影响。

### 场景观察实录与分析

最近，幼儿园园医对幼儿园小班的全体家长开展了一项幼儿饮食习惯调查，调查数据反映了家庭喂养存在的一些问题：62%的幼儿存在偏食的问题，67%以上的家长会在"幼儿表现好的时候用零食作为奖励"，63%的幼儿经常吃甜食，60%的幼儿吃蔬菜的种类比较单一，还有5%的幼儿从来不吃蔬菜。

园医将问卷调查的结果反馈给陈老师，陈老师联想到平时幼儿在园进餐时发现的一些问题：有的幼儿只吃白米饭，有的幼儿只吃肉不吃青菜，还有的幼儿只吃青菜不吃肉……陈老师很担心幼儿的饮食健康，就这一问题与家长进行交流，有的家长认为："大人都挑食，更何况幼儿，我觉得孩子偶尔挑食没关系。""孩子很能吃，有轻微肥胖，但我觉得能吃是福，现在胖点没关系，以后会瘦下来的。"有的家长表示："我知道孩子身体发育需要营养均衡，我也会有意识地给他搭配肉蛋奶蔬菜等，但是具体的哪种营养应该搭配多少就不是特别清楚。"有的家长表达了焦虑与无奈："每天吃饭都靠哄，吃一顿饭家庭成员全出动。""怎么说都不吃蔬菜，软硬兼施都没用。""爷爷奶奶喜欢给她买零食，有的时候不吃饭就为了有肚子吃零食。""我也希望孩子能吃好喝好，但是有的时候也不太懂孩子需要哪些营养，大人吃什么，孩子就跟着吃什么。"

陈老师发现，虽然每一位家长都希望幼儿能够吃得健康，但是因为不了解幼儿身体发育的特点和营养需求，所以很多家庭对营养的均衡搭配和幼儿饮食习惯的培养不太重视，导致幼儿挑食偏食或者暴饮暴食，对幼儿的健康成长产生不利影响。

由此，教师开展了"吃出健康"主题工作坊，帮助家长了解幼儿身体发育规律，掌握科学的喂养方式，帮助幼儿从小班起养成良好的饮食习惯。

本次工作坊将和家长一起探究的核心问题是：如何进行科学喂养，帮助幼儿养成良好的饮食习惯。

## 二、开展工作坊

### （一）做好准备

#### 1. 经验准备

第一，开展工作坊前，教师应阅读幼儿喂养、饮食习惯培养、健康教育相关文献资料，了解幼儿科学喂养的内涵、科学喂养的策略、良好饮食习惯的培养等内容，形成系统的知识网络。

第二，搜集食物相关谜语，作为热身游戏资源。

#### 2. 物质准备

- 准备幼儿科学喂养、饮食习惯培养相关主题书籍，每组1本。
- 白纸、白板、马克笔。
- 桌椅按照小组方式摆放。
- 茶歇点心。

### （二）热身游戏：食物谜语

游戏玩法：教师出示谜语，每个谜语的谜面都是一种食物，让家长根据谜语猜食物，猜中多者获胜。

谜语：八戒步入火焰山。（红烧猪蹄）减肥。（扣肉）小小丸子白又白，里面黑泥流出来。（汤圆）胖胖圆圆不长毛，又像橘子又像桃，霜里风里熬几夜，绿衫换成大红袍。（柿子）

### 设计意图

谜语的形式可以提高家长参与的积极性，吸引家长的注意力，活跃现场氛围，以食物作为热身游戏，与本次工作坊科学喂养的主题息息相关，可以顺利切入主题。

### （三）聚焦问题

游戏结束后，教师向家长提出引导性问题，引发家长对幼儿科学饮食的思考，请家长思考并分享自己的观点：您在幼儿饮食方面有什么问题或困惑?

家长纷纷表示问题很多："不好好吃饭。""挑食。""喜欢吃零食。""偏爱甜食。""不喜欢吃蔬菜，只吃肉。"总的来讲，家长的问题提到了幼儿吃饭难、偏食、挑食，甚至厌食。教师介绍幼儿饮食习惯调查的结果，向大家直观展示幼儿饮食习惯中的两个缺点：偏食与零食，并分析出现问题的原因。

第一，饮食无规律。在周末或者节假日时，家长随意更改进餐时间；没有把握好幼儿的进餐量，以为吃得越多越好。

第二，家长不正确的教养观念与方式。家长缺乏科学的育儿常识，不考虑教育方法。为了让幼儿多吃一口，家长经常追着喂，有的幼儿不爱吃某一种食物，家长会以训斥的方式来解决。幼儿被迫吃完，但食物对他来说再也不是一种美味，而是一种负担，幼儿在无奈和惊恐的状态下进食，无法做到细嚼慢咽，体会食物的美味。这样既不利于食物的消化，也不利于培养幼儿进食的兴趣，甚至还会影响亲子关系。

第三，家长在养育过程中的过度焦虑。家长利用各种信息渠道获得大量的营养资讯，在海量的信息面前，却患上了"选择困难症"，往往容易将幼儿的情况对号入座。隔代养育容易产生焦虑，老一辈总是怕幼儿吃不饱，幼儿喜欢吃就过度给予。

在分享完幼儿饮食问题背后的原因后，教师请家长分组讨论以下两个核心问题：如何进行科学喂养，如何帮助幼儿养成良好的饮食习惯。

### （四）小组学习与分享

请家长以小组为单位，围绕"如何进行科学喂养""如何帮助幼儿养成良好的饮食习惯"这两个核心问题展开合作学习。要求每组选出一名记录员，负责在墙报纸上记录大家的发言，一名发言人，负责在集体面前分享本组讨论的结果。每位组员积极贡献策略，时间限定在15分钟。

教师将事先准备好的《中国学龄前儿童膳食指南》发放到各个小组，供家长自主学习，同时鼓励家长拓宽思路，通过多种途径搜集信息。

**温馨提示**

"如何进行科学喂养"主要聚焦于父母如何为幼儿搭配一日三餐和辅食，以确保幼儿营养均衡，满足生长发育所需。"如何帮助幼儿养成良好的饮食习惯"重点在如何引导幼儿养成按时进餐、不偏食、不挑食等良好饮食习惯。在家长小组学习时，教师如果发现家长对问题的理解有误区，应及时提醒。

小组学习结束后，每组派一位发言人分享。关于科学喂养，家长分享了自己已有的经验。

"可以参考营养膳食金字塔进行营养搭配。"

"牛奶蛋白质含量丰富，要多喝。"

"食物烹调过程中少油少盐，少做油炸、烧烤食品。"

"少让孩子吃膨化食品、垃圾食品。"

"有很多营养师写的书，如果有质量好的也可以看一看。"

家长们也分享了很多帮助幼儿养成良好饮食习惯的方法，主要涉及以下几个方面。

- 规律作息，定时定量进餐。
- 通过绘本、视频等多种方式帮助幼儿了解食物的营养价值。
- 让幼儿参与食谱的制定和食物的制作。
- 家长学习一些食物别致的做法，吸引幼儿。
- 营造良好的家庭进餐氛围，心情愉快地进餐。

### （五）专题讲座

经过小组合作学习，家长已经了解了一些科学喂养的知识和幼儿饮食习惯培养的方法。教师通过讲座的形式系统介绍幼儿科学喂养的原则与营养搭配，以及一些正确合理的饮食习惯，帮助家长更好地认识"吃饭"这件事。

#### 1. 幼儿科学喂养的原则与营养搭配

按需喂养，保持能量平衡。为保证幼儿体重正常增长，每日的能量代谢应维持平衡。体格消瘦儿童需增加热能摄入，肥胖儿童适当控制热能摄入。儿童所需的食物应按照中国营养学会妇幼分会"学前儿童平衡膳食宝塔"要求的种类、数量和比例来选取，做到均衡膳食、营养合理。其中提供动物性蛋白质不少于每日蛋白质总量的50%。

餐次热能分配合理。由于学龄前儿童胃容量小，肝脏储存糖原少，活动量又大，易饥饿，餐次安排以每日"三餐两点"为宜。全日膳食热能分配：早餐（含课间餐）30%；午餐（含午点）40%，晚餐（含晚点）30%。正餐间隔时间3.5～4小时。如果幼儿早餐前有集体活动，可以在入园前先吃点东西，以免发生低血糖。

#### 2. 如何培养幼儿良好的饮食习惯

在介绍饮食习惯的培养方法之前，教师先问家长们：大家知道哪些正确的饮食习惯？家长提到了很多，如细嚼慢咽、情绪积极稳定、三餐定时定点等。教师肯定了家长们提到的内容，并向大家介绍了如何培养幼儿良好的饮食习惯。

吃饭细嚼慢咽。可以使肠胃充分分泌各种消化液，对食物的营养成分进行完全的消化吸收。每顿饭的时间20～30分钟。

不能给幼儿吃汤泡饭。泡软的食物不利于锻炼幼儿的咀嚼能力；未经嚼烂的饭食也会加重消化系统的负担。

肥胖的幼儿注意饮食调节。调整进餐顺序：喝汤—吃菜—吃鱼、肉等—主食。减慢进食速度，坚持运动，促进消化吸收与新陈代谢。

养成定时进餐习惯。在进餐时，不挑食、不偏食、不暴饮暴食，讲究饮食卫生。

激发幼儿食欲。通过让幼儿参与制作食物、改变烹饪方式等方法激发幼儿食欲。营造轻松愉悦的进餐氛围，让进餐充满仪式感，幼儿饿了自然会吃。有一些家长担心幼儿会营养不良，强迫幼儿多吃。这对幼儿的机体和个性都是一种可怕的压制，会让幼儿认为进食是件极不愉快的事情，逐渐对进食产生反感。对于幼儿确实难以接受的食物，可以用其他类食物替代，如不爱吃豆腐，可以喝豆浆或吃其他蛋白质含量丰富的食物。

零食要科学地吃，有目标地选。科学地吃指的是相对固定的时间、地点与数量。有目标地选指的是，一要仔细看食物配料，配料越单一越好；二要看营养标签，尽量少含糖、脂肪（反式脂肪酸）及钠。

## （六）操作练习

不同家庭的喂养方式都会有区别，幼儿出现的饮食问题也各不相同。为了帮助家长将工作坊内容运用到实际生活中，真正解决育儿问题，发挥工作坊的效果，教师请家长进行以下操作。

结合幼儿具体情况，制定一日营养食谱。

每位家长根据自己幼儿的具体情况，结合工作坊的内容和家庭饮食偏好，制定一日营养食谱，并写在白纸上。家长们将自己制定的一日营养食谱放在桌面，大家一起学习交流，教师邀请个别家长分享自己的一日营养食谱。

### 例：家长分享的一日营养食谱

我家孩子喜欢面食、汤、鸡蛋和肉，不喜欢蔬菜。所以我把蔬菜做成蔬菜汤，还加了他喜欢的虾仁。我制作了如下食谱，含有蛋白质、脂肪、碳水化合物、矿物质、维生素和水等人体不可缺少的营养，保证幼儿营养均衡。

早餐：番茄鸡蛋面、水煮毛豆

上午加餐：水果

午餐：米饭、蜜汁排骨、什锦玉米、蔬菜虾仁汤

下午加餐：牛奶、发糕

晚餐：米饭、蛋饺、红萝卜玉米排骨汤

教师总结：幼儿的科学喂养关系到幼儿的健康成长，需要家长的持续关注，家长后期可以在微信群分享自己的食谱供其他家长学习，互相交流经验，一起为幼儿的健康成长而努力。

## 三、拓展

### （一）下阶段家园共育目标与内容

工作坊结束后，家长对幼儿的饮食进行评估，制作评估报告并制订改进计划，与教师及其他家长分享，完善计划后实施新的家庭饮食方案。

教师与家长分享幼儿在园食谱和幼儿的进餐情况，开展"光盘行动"等活动。

### （二）相关学习资源

［1］中国营养学会. 中国居民膳食指南. 北京：人民卫生出版社，2016.

［2］［美］劳拉·A. 杰娜，杰尼弗·苏. 美国儿科学会实用喂养指南. 徐彬，等译，北京：北京科学技术出版社，2017.

# ～ 工作坊3：科学的幼儿作息 ～

## 一、发现问题

作息是指人一天中餐点、睡眠、学习等各项日常活动的安排，科学的作息规律有利于幼儿的生长发育，提高幼儿的身体素质，增强幼儿的适应能力。健康规律的作息有利于幼儿在各项活动中保持良好的精神状态、有充沛的精力生活，也有利于幼儿养成积极向上的性格。对小班幼儿来说，幼儿需要适应新的环境、陌生的人，需要消耗大量的精力，如果作息不合理，幼儿很容易表现出不适应的状态，对幼儿的心理发展和身体健康产生不良影响。

### 场景观察实录与分析

小朋友上小班已经有一个月了。早上来园时，陈老师看到欣欣还趴在爸爸的背上睡觉，爸爸把她叫醒她就搂着爸爸的脖子大哭起来。还有一些小朋友迟到，陈老师问原因时，妈妈说孩子早上不肯起床，好不容易才把他拽起来的。到了午睡时间，有的幼儿很快就入睡了，有的幼儿整个中午翻来覆去睡不着。周一午睡睡不着的幼儿是最多的……

陈老师随机问了几个早上经常迟到的小朋友的家长："孩子晚上都是几点睡觉的呀？"家长的回答让陈老师吃了一惊——很多幼儿都是晚上10点以后才睡觉的。如果早上7点多起床，幼儿的睡眠时间不到10小时，对于他们这个年龄来说属于睡眠不足，难怪幼儿早上起不来。陈老师又随机询问幼儿周末在家睡不睡午觉，家长告诉老师幼儿周末在家是不睡午觉的。在与家长交流后，陈老师了解到周末幼儿的作息比较随意，因为不用上幼儿园就会让幼儿晚睡晚起。由于起得晚，早餐、午餐也会吃得比较晚，中午也不睡觉了。

陈老师认为这些现象反映出家长对于幼儿科学作息的重要性认识不足，对于如何培养幼儿的科学作息也缺乏了解。很多幼儿在家跟随成人的作息，有上顿没下顿，晚睡晚起，导致难以适应幼儿园的规律作息。

问题式学习课程充分重视科学作息对幼儿的影响，相信幼儿对一日生活的安排、作息了解与熟悉，有助于其心理控制感和安全感的建立。由此，教师面向小班家长开展了科学的幼儿作息专题工作坊，希望与家长共同探究以下两个核心问题。

为什么要培养幼儿科学的作息习惯？

如何培养幼儿科学作息？

## 二、开展工作坊

### （一）做好准备

#### 1. 经验准备

教师需要查阅资料了解科学作息的含义、科学作息对幼儿的价值、小班幼儿的身心发展特点以及培养幼儿科学作息的途径和方法。

#### 2. 物质准备

• 家长学习资源：幼儿科学作息相关书籍，如《学前儿童健康教育与活动指导》《改变你的作息，改变你的生活》，每组一套。

• 宽阔的场地和按小组摆放的桌椅。

• U盘、计算机、话筒、投影、备用便携式耳麦。

• 白纸、记录笔、可移动白板。

• 茶歇点心。

### （二）热身：用动作表现幼儿的日常作息

教师依次在屏幕上呈现不同时间点的时钟图（7点、12点、13点、22点），请家长用动作表现出：你的孩子这个时候在做什么？以上午7点为例，如果幼儿在睡觉，家长就做出睡觉的动作，如果幼儿在吃饭，家长就做出吃饭的动作。教师通过家长的动作可以一目了然地观察到幼儿在这个时间点的活动状态。

### 设计意图

　　通过一个简单的游戏互动能让家长自然放松地参与进来，用动作表现出来而不是请家长依次分享，使得这个活动更加有趣，也能够节省时间。当大屏幕出现一个时钟图时，教师让家长用动作表示自己幼儿在这个时间段在做什么事情并可以互相观望，在互相观望过程中，家长也可以利用这个时间进行反思：我的孩子在这个时间做这个事情合适吗？

### （三）聚焦问题

　　通过热身活动了解了幼儿一日作息的基本情况后，教师进一步向家长提出了一个问题：您家孩子的日常作息稳定吗？

　　家长略微回忆后便纷纷介绍了自己家的情况。

　　"我们家有保姆负责孩子的一日三餐，因此孩子在上幼儿园之前，一日三餐时间是固定的。"

　　"我们家的晚餐时间比较随意、自由，孩子饿了我们就进食。"

　　"我和孩子爸爸下班时间不固定，老人带孩子，孩子的吃饭时间随老人。"

　　"我们家孩子睡觉时间不太稳定，有时候白天玩累了就睡得早，有时候10点多了还不肯睡。"

　　"我们家孩子还好，一般晚上9点洗漱，9点半就准时入睡了。"

　　"我们家孩子睡前有听故事和互动的习惯，入睡时间大概在晚上10点到10点半之间，前后浮动不大。"

　　教师从家长们的分享中得知，每个幼儿的作息时间不尽相同，有的幼儿的作息时间相对固定，有的幼儿的作息时间则较为随意，也有的虽然作息固定，时间安排却有不合理之处（如小班的幼儿晚上10点以后才睡觉）。会出现这种情况是因为部分家长对于幼儿科学作息的重要性认识不足，还是家长在帮助幼儿建立科学作息方面存在什么困难呢？教师通过一个引导性问题了解家长对于幼儿科学作息的已有认识：您认为让幼儿保持科学、稳定的作息重要吗？为什么？

　　有的家长认为科学稳定的作息很重要，因为稳定的作息能够帮助我们的身体形成生物钟，按照生物钟作息会让我们的身体感觉舒适。从社会适应的角度来讲，幼儿上学后需要根据学校安排统一作息，应该从小养成良好的作息习惯。有的家长认为作息时间不必太过固定，可以按照身体释放的信号灵活调整。例如，孩子觉得饿了就吃点东西，不饿的时候就可以不吃；困的时候就早点睡，不困稍微晚点也没关系。也有的家长表示如果能够保持科学稳定的作息当然是最好的，但如果没有也不会有太大影响。

从分享中可见，家长们关于科学作息对幼儿发展的重要意义尚未达成统一的认识，教师从以下三个方面系统介绍了科学作息对幼儿成长的重要价值。

第一，科学的作息有利于幼儿的生长发育。睡眠对幼儿来说，不仅有保障机体复原的作用，同时还有调控体格生长与学习记忆的功能。充分的休息，身体的各项指标发育健全。

第二，科学的作息有利于增强幼儿的适应能力。科学稳定的作息会让幼儿有熟悉感和掌控感，即使换了新环境，只要在原来的时间做同样的事情，很快就能适应。例如，父母带幼儿回老家、旅游等，因为有了固定的作息时间，幼儿很快就会适应新的环境。提前将幼儿的作息与幼儿园的作息协调一致也能帮助幼儿尽快适应幼儿园生活。

第三，科学的作息规律有利于幼儿保持良好的精神状态。幼儿身心愉快，更容易形成自信、乐观的性格。规律的作息意味着不可以随心所欲，幼儿也更容易自律、自信，对自己的学习更加有掌控能力。

在教师讲解完后，有家长提出："我们也知道应该让孩子养成科学作息的习惯，可是孩子总是不听话，让他吃饭的时候不吃，不该吃饭的时候又叫饿，晚上催几遍都不睡，这可怎么办呢？"这一问题得到了很多家长的附和。教师顺势抛出了接下来要引导家长讨论的核心问题。

对幼儿来说，科学的作息应该是怎样的？

如何帮助幼儿养成良好的作息习惯？

### （四）小组学习与分享

家长以小组为单位，就核心问题展开自主学习与讨论。每组选出一名组长、一名记录人、一位发言人，由组长来组织学习和讨论，记录人把各位家长的想法记录下来，发言人稍后代表小组进行经验分享，各小组有15分钟的学习和讨论时间。

教师为家长提供《学前儿童健康教育与活动指导》《改变你的作息，改变你的生活》作为学习资源。

在讨论过程中，教师留意到大部分家长会主动说出自己遇到的困惑。针对这些困惑，家长们有的在书里寻找有用的信息，有的上网搜索，有的分享自己曾经用过的小妙招。讨论激烈的时候，他们也会邀请教师过来给予分析与指导。分组讨论结束后，各小组派代表发言。

经过学习和讨论，家长们认为，科学的作息应该是正确的时间做正确的事，生活有规律性。对于幼儿来说，最主要的就是要按时吃饭，按时睡觉，按时起床，并每天都要坚持。家长们经过自主查阅书籍资料和头脑风暴，提出了若干条培养幼儿科学作息的方法。

- 家庭共同制定一个时间表，要求所有家庭成员共同遵守，长期坚持。
- 家长要以身作则。
- 用正确引导和鼓励相结合的方式，如幼儿表现有进步，就奖励他更多的亲子游戏时光。
- 让幼儿认识时钟，跟幼儿讲述时间的重要性。
- 与幼儿沟通，让幼儿理解规律作息的好处。
- 与老人沟通，让老人理解幼儿科学作息的好处。

也有家长针对问题较为普遍的睡觉、起床、进餐环节提出了更为具体的策略。

- 可以睡前讲故事，听听音乐，让幼儿舒缓心情，放松入睡。
- 规定幼儿起床时间，时间一到就给幼儿放音乐。
- 尽量固定进餐时间和时长。
- 控制幼儿食用零食，避免影响正常进餐。
- 每天安排适当的游戏时间。

每个小组分享后，教师通过专题讲座对"幼儿科学作息应该是怎样的"和"如何培养幼儿的科学作息"进行了系统的讲解。

### （五）专题讲座

#### 1. 科学的幼儿作息应该是怎样的

通过前面的学习家长已经知道科学的作息对于幼儿健康成长的重要性。幼儿的身心发展特点与成人不同，适宜的作息也不同。那么，对于幼儿来说，怎样的作息才是科学的呢？教师介绍了建立科学合理的作息时间需要把握三个原则。

第一，幼儿的两餐间隔时间最好是3～3.5小时。可以在这中间适当添加一些小点心。因为幼儿的肝脏储存糖原的功能还不完善，如果不及时补充容易产生低血糖。

第二，幼儿一日生活中的活动安排要坚持动静交替的原则，室内活动与户外活动交替进行。每天要保证两个小时户外活动时间，活动内容根据年龄与能力适当选择。其中室内与户外相互交替进行，既可以保证幼儿足够的运动量，还可以让幼儿在进行一些室内活动或者进餐前稍作休整。

第三，保障睡眠时间。2017年，美国全国睡眠基金会（National Sleep Foundations，NSF）对各年龄阶段的人群提出了新的睡眠建议，3～5岁的幼儿睡眠时间以每天10～13小时为宜。

### 2. 如何培养幼儿的科学作息

第一，家长可以与幼儿沟通，共同制定家庭作息时间表。所有家庭成员都要遵守，家长以身作则。成人与幼儿的作息时间表可以完全相同，也可以有部分不同（如睡觉和起床时间）。如果成人的作息时间与幼儿有不同，成人要告知幼儿原因，让他们理解。有家长提出，有一些特殊情况，不能遵守作息时间表该怎么办呢？教师指出，当作息时间偶尔因为合理的原因不能遵守时，要以幼儿可以理解的方式向他们说明，让他们知道变化的缘故。例如，"爸爸今天工作上的事情没有做完，需要加班，不能按时睡觉了。""我们今天要一起去别人家做客，上午的户外活动时间要适当减少。"作息时间表一旦确定就要尽可能严格执行，长期坚持，尽量不要随意打乱幼儿的生活规律。

第二，可以为幼儿提供一定的选择。尽可能让幼儿在日常作息中有选择的机会，并尊重他们的选择。例如，现在幼儿想做两件事情，但告诉他我们的时间只允许做一件，可以选自己喜欢或者最想做的那件去完成。需要家长注意的是，提供给幼儿的选择是不违背原则的。例如，提供给幼儿的选择不能是"吃饭或不吃饭"，而应该是"吃米饭还是吃馒头"。

第三，家长的态度应该温和而坚定。即使制定了作息时间表，家长也常常会面对幼儿对日常作息的挑战。这时，家长要用温和的语气与幼儿对话，告诉他这个时间应该做什么，不发脾气；同时语气坚定，不能因幼儿的无理取闹而妥协。好习惯的养成不是一蹴而就的，需要长期坚持才能看到效果。

分享了幼儿科学作息培养的方法后，教师向家长介绍了幼儿园的一日作息时间安排，并建议家长可以参考幼儿园的作息时间，让幼儿在家里也保持和幼儿园一样的作息规律，这样有助于幼儿更好地适应幼儿园生活。

## （六）操作练习

每个幼儿的个性都是独一无二的，每个家庭面临的实际情况也有所不同，因而每个家长从工作坊中得到的收获也不尽相同。通过这次学习，家长是否知道如何帮助幼儿养成良好的作息习惯了呢？

趁热打铁，教师请家长结合这次工作坊学习的内容，完成以下两个任务。

第一项，评估幼儿在家的作息情况。

第二项，结合幼儿的情况，制订培养幼儿科学作息的计划。

家长可以根据幼儿的实际情况进行评估和培养科学作息计划的制订，将评估情况与计划记录在纸上。家长将自己的计划放在桌面上展示，同时可以浏览其他家长的评估与计划，并相互学习。

### 设计意图

设计此环节的意图是让家长认真地反思幼儿作息的实际情况，把问题勇敢地罗列出来进行分析。之后，他们结合、运用今天学习到的技巧与知识制订出一个帮助幼儿形成科学作息的计划。计划的制订将有助于推动家长开展实际行动。

### 温馨提示

更多的是可以分享自己制订的计划，以及用什么方式、方法去执行。每个家庭的组成成员不一样，每个幼儿的居住环境也不一样，所以他们采取的方式也有可能会不一样，但是这些都没有关系，主要围绕培养幼儿科学作息目标一致而进行交流就可以了。

每位家长都认真分析了幼儿的作息情况，并根据问题制订了具体的计划。关于幼儿在作息习惯方面的问题，家长们集中反映的是吃饭、睡觉和游戏时间的问题。例如，晚上不能按时睡觉，早上赖床，中午不午睡；吃饭时不好好吃，非吃饭时间要吃零食；没有时间观念，沉浸在玩耍中忘了作息；还有很多家长反映，在家培养幼儿作息习惯的一大障碍是家庭成员之间理念和行为不一致。

以下分享一位妈妈制订的计划。

#### 悠悠科学作息养成计划

##### 作息时间表——

（1）早上7∶20起床，用音乐唤醒，最多赖床10分钟。

（2）自己穿衣，刷牙、洗漱，8∶00前出门上学。

（3）18∶00—18∶30吃晚饭。

（4）晚上安静看图画书至少20分钟；其余时间可以自由安排其他事情，但看电子屏幕（包括电视、手机等）时间不能超过半小时。

（5）20∶20做睡前准备，洗漱、洗澡，读睡前故事。

（6）21∶00睡觉。

（7）周末8∶00吃早餐，12∶00吃午餐，13∶00—14∶30午睡。

##### 注意事项——

（1）温柔而坚定地执行。

（2）取得姥姥、姥爷的理解和认同，共同执行。

（3）提醒爸爸晚上不可以在幼儿面前玩手机。

在工作坊的最后，教师总结，幼儿的作息习惯是容易被忽略的一个问题，但它对幼儿的健康成长和社会适应有着重要影响。在家长工作坊之后，希望家长们都能重视幼儿的作息问题，与幼儿园合作，共同引导幼儿养成科学的作息习惯。

## 三、拓展

### （一）下阶段家园共育目标及内容

家长在家中实践在工作坊中学习到的策略，并将经验分享到班级微信群中。
教师与幼儿共同开展与作息有关的活动。

### （二）相关学习资源

[1] 庞建萍，柳倩. 学前儿童健康教育与活动指导. 上海：华东师范大学出版社，2014.

[2] [印度] 苏哈斯·克什尔萨加尔，[美] 米歇尔·西顿. 改变你的作息，改变你的生活. 孙锦甜，译. 北京：北京联合出版公司，2019.

## ～ 工作坊4：幼儿自我服务能力培养 ～

## 一、发现问题

著名教育家陈鹤琴先生提出，凡是儿童能做的，应当让他自己做。自我服务能力是家庭和社会对学前儿童提出的一项重要发展任务，对学前儿童的成长发展具有非常重要的意义。有助于培养幼儿的独立性、责任心和自信心，促进学龄前期儿童精细动作发展和脑的发展，有助于养成健康的生活方式。随着小班幼儿能力的逐渐增强，他们不仅能够自我照顾，而且逐渐会为他人服务、为集体做事，感受自我存在的价值。这种能力是社会适应能力的重要组成部分，在个体的个人生活和社会生活中有着极其突出的地位。

### 场景观察实录与分析

谭老师在小班发现了以下一些令人担忧的现象。

早上来园时，雨欣的奶奶帮雨欣换好室内鞋，并帮她把书包里的水杯、水果盒拿出来，把书包放进幼儿的书包柜。

户外活动回来，幼儿一个个汗流浃背。教师提醒幼儿换衣服，很多幼儿不会自己穿脱衣服，需要教师的帮助。

吃午饭时，小新双手下垂，放在身体两侧，一会儿东张西望，一会儿发呆，半天才吃一口饭。快要收碗时，李老师走到他身边，喂他吃完了半碗饭。

离园前，教师提醒幼儿把水杯和水果盒收好放进书包，可是每天仍有水杯和水果盒被遗忘在教室。

……

谭老师认为幼儿这些行为表现的背后，是自我服务能力的缺失。现在多数爸爸妈妈工作忙，养育任务几乎是依赖于爷爷、奶奶、姥爷、姥姥等祖辈们。祖辈们都视自己的孙子孙女为心肝宝贝，什么事情都不需要幼儿做，幼儿过着衣来伸手、饭来张口的生活，以致没有机会锻炼自我服务能力，出现了自理能力特别弱的局面。

谭老师与部分家长沟通了幼儿这方面的问题，有的家长认为"孩子还小，大了他们自然就会了"，有的家长说"我一遍遍教孩子他还是不会，还不如直接给他们做了，省时省力"。还有的家长表示也发现了这些问题，但是不知道怎么去引导，找不到适宜的方法，很苦恼。

由此，教师专门开展了针对小班家长的工作坊，帮助家长理解自我服务能力培养对幼儿的价值，共同探究如何用好的方法来培养幼儿的自我服务能力。

此次工作坊主要探究的核心问题如下。

培养幼儿自我服务能力有什么价值？

幼儿自我服务能力的培养需要重点关注哪些方面？

如何培养幼儿的自我服务能力？

## 二、开展工作坊

### （一）做好准备

#### 1. 经验准备

教师需要系统学习幼儿自我服务能力培养的相关知识，包括幼儿自我服务能力的内涵、自我服务能力对幼儿发展的价值、培养幼儿自我服务能力的途径和方法。

#### 2. 物质准备

（1）家长学习资源：幼儿自我服务能力主题相关书籍，如《幼儿园一日生活组织与实施》《幼儿园一日生活实施指引》《〈3～6岁儿童学习与发展指南〉解读》，每组一套。

（2）桌椅按照小组方式摆放。

（3）白纸、白板、马克笔。

（4）热身游戏材料：小盆、小碗、玻珠、木筷子。

（5）茶歇点心。

### （二）热身：夹波珠游戏

本次家长工作坊以热身游戏夹波珠作为开始。请家长两人一组进行比赛，同在一个小盆中用木筷子夹波珠，将夹出的波珠放到自己的小碗里。看谁在1分钟时间内夹的波珠数量更多，谁就获胜。

以游戏的方式开场，可以使家长迅速地放松身心，心情愉快地参与活动。教师之所以选择夹波珠作为热身游戏，也是考虑到幼儿自我服务能力的培养离不开家长的坚持和耐心，而这个游戏正是需要家长们耐心投入和坚持。

**温馨提示**

为了使每一个家长都参与进来，且节约时间，教师介绍规则后，可以让家长两两一组同时游戏。教师提前准备足够所有家长同时参与游戏的材料。

教师应提前用准备的材料体验一下游戏，了解游戏的难度，如果过难或过易，则应考虑换其他型号或材质的珠子。

### （三）聚焦问题

教师首先与家长进行了一个简单的互动："今天早上孩子起床后，是他自己穿的衣服还是您帮他穿的？孩子的早餐是自己吃的还是您喂的？"由此引出了自我服务的主题。

教师通过大屏幕向大家介绍了一个新闻人物，2岁时就认识了1000多个汉字，4岁时基本学完了初中阶段的课程，8岁时考入县重点中学，13岁考入湘潭大学物理系，17岁考入中科院高能物理研究所进行硕博连读。但是2003年读了3年研究生的他被中科院劝退了。理由是生活不能自理。原来他的母亲为了他能安心读书，包办了他的一切。读高中的时候他还需要被人喂饭，大学期间，他连衣服都不会穿。

看完这个故事后，教师提出了两个引导性问题请家长思考。

让幼儿从小具备自我服务能力重要吗？为什么？

自我服务能力需要培养吗？

家长分享了自己的观点，认为自我服务能力对于每一个人来说都是非常必要的，这是一个人能够正常生活的前提，一个人如果连自己的生活都不能自我管理，很难想象他可以做好其他的事情。至于自我服务能力是否需要有意培养，有的家长认为需要有意培养，要为幼儿提供自我服务的机会，并且要教他们一些自我服务的技能。也有的家长认为幼儿的自我服务能力是可以在适宜的环境中自然养成的，只要家长不溺爱幼儿，不包办代替，幼儿就能在一次次的练习中获得自我服务能力的提升，不需要刻意培养。

从分享中可以看出，家长们已经能够认识到自我服务能力对于幼儿发展的重要性。教师从身心发展的角度更进一步分析了自我服务能力对幼儿发展有着重要价值。

第一，自我服务能力的培养有助于培养幼儿的独立性，增强幼儿的社会适应能力。幼儿养成了自己的事情自己做的习惯后，会变得越来越独立，当他们步入社会时，也能更快适应。此外，这种独立性会影响幼儿今后面对其他问题的态度。

第二，自我服务的培养能够促进幼儿精细动作和大脑的发展。幼儿在自我服务的过程中有很多锻炼手部精细动作的机会，手部精细动作的发展会刺激大脑的发展。

第三，自我服务能力的培养能够增强幼儿的自信心。当幼儿能够把自己的事情做好时，他们也会有成就感，从而增强自信心。

此外，教师指出，幼儿自我服务的能力不是天生的，是需要培养的。部分家长提到的提供适宜的环境其实就是培养幼儿自我服务能力的一种途径。

引导家长对幼儿自我服务能力培养的重要性和必要性达成共识后，教师提出了接下来将重点探究的两个核心问题。

幼儿自我服务能力的培养需要关注哪些方面？

如何培养幼儿的自我服务能力？

### （四）小组学习与分享

确定核心问题后，家长以小组为单位，围绕核心问题展开自主学习与讨论。每组选出一名记录员负责在白纸上记录大家的发言，一名发言人负责在集体面前分享本组讨论的结果。每位组员积极贡献策略，时间限定在15分钟。

教师将事先准备好的参考书籍《幼儿园一日生活组织与实施》《幼儿园一日生活实施指引》《〈3~6岁儿童学习与发展指南〉解读》发放到各个小组，供家长自主学习。同时鼓励家长拓宽思路，通过多种途径搜集有用的信息。

分组学习结束后，教师请各组发言人分享本组的学习成果。

关于幼儿自我服务能力的培养需要关注的内容，家长们认为可以从幼儿一日生活起居的各环节做起，包括起床穿衣、叠被子、洗漱、自己收拾物品、自己上厕所、自己吃饭等。有的小组提出，自我服务能力除了能够在一日生活起居的各环节做好自己力所能及的事情外，还应该包括社会性方面能够主动与同伴交流、和小伙伴友好相处、控制自己的情绪、能够遵守规则等。

家长们还积极分享了幼儿自我服务能力培养的策略。

"要放手去让孩子自己做，一开始做得不好也没关系。"

"多鼓励孩子，增强他们自我服务的信心和成就感。"

"家里的家长要统一原则，不能惯着孩子，觉得孩子小就不让孩子干。"

"在家里可以让孩子和家长一起做事情，养成好习惯。"

"要多跟家里的老人沟通，做好老人的思想工作。"

"可以有一些相应的奖励，激发孩子做事的动力。"

"在与孩子沟通时要有耐心，要坚持原则。"

聆听了家长们的分享之后，教师指出，家长对于幼儿自我服务能力所包含的内容的理解已经很全面了。教师对幼儿自我服务能力的含义和价值进行了进一步的阐述：幼儿的自我服务能力是指幼儿自己照顾自己，自己为自己服务的能力，即"自己的事情自己做，不会的事情学着做"的能力。它是幼儿时期乃至人的一生都应该具备的最基本的生活技能，是幼儿逐步适应社会环境、学会生活所必备的一种非常重要的能力。

从家长提出的培养策略来看，大家已经注意到了放权、鼓励、坚持原则、保持一致等原则和要点。

### （五）专题讲座

通过前期的学习和讨论，家长对于幼儿自我服务能力培养的内涵、价值和方法有了一定的思考和认识，接下来，教师将通过讲座的形式帮助家长系统了解幼儿自我服务培养的具体内容，以及培养幼儿自我服务能力的原则和方法。

#### 1. 幼儿自我服务能力培养的内容

幼儿的自我服务能力主要包括进餐、睡眠、着装、盥洗、如厕、整理六个方面的内容。

在进餐方面，幼儿能安静愉快地进餐，乐意自己吃饭；掌握正确使用和摆放餐具的方法；掌握正确的咀嚼方法，会细嚼慢咽；不挑食不偏食；不边吃饭边喝水；知道生吃的瓜果要洗净后再吃；不乱吃零食，不过多吃甜食；不喝生水和不洁净的水，不用饮料代替白开水；不要边吃饭边看书刊、电视；吃饭不要吃得过饱；等等。

在睡眠方面，幼儿能够按时入睡，睡得好；按时起床；有正确的睡姿；用鼻子呼吸；不蒙头睡；会整理床铺、被褥；脱下的衣物会叠放在固定的地方；等等。

在着装方面，幼儿在日常生活中能自己穿脱衣服以及鞋袜，如厕后能自己穿好衣物，能注重自己的仪容仪表。为了方便幼儿的自我服务，家长要为幼儿准备便于穿脱的衣物。

在盥洗方面，幼儿能够养成良好的生活、卫生习惯，能独立自主地完成晨起、午睡及晚上入睡前的盥洗。学会正确的盥洗方法，提升自我服务的能力。养成良好的盥洗习惯，坚持早晚刷牙，不留长指甲，保持个人卫生。

在如厕方面，幼儿能自主大小便，能够将大小便排到便池内。如厕后能够独立自主的整理好自己的衣物。当幼儿有便意时，能清楚地表达自己的需求。

在整理方面，幼儿能够懂得如何保持环境、材料的规范有序，知道物品的基本类别，能学着按类别、功能分类摆放，能自觉地将使用过的物品放回指定的位置，等等。

### 2. 培养幼儿自我服务能力的基本原则

教师指出，幼儿自我服务能力的培养需要遵循一些基本的原则，包括一致性原则、顺序性原则、坚持性原则、针对性原则。

一致性原则：在培养幼儿自我服务能力的过程中，家庭成员之间、幼儿园与家庭之间要对幼儿有统一的要求，如果要求不一致，幼儿会不知所措。

顺序性原则：幼儿的自我服务能力是遵循一定的发展规律的，如先学会穿套头的衣服，再学会穿扣扣子的衣服，最后学会穿拉拉链的衣服。家长不要急于求成，要遵循幼儿身心发展的规律，循序渐进。

坚持性原则：幼儿自我服务能力的发展不是一蹴而就的，需要家长耐心地陪伴，坚持执行一开始定下的标准，温柔而坚定地执行。

针对性原则：即因材施教。每个幼儿都有独特的发展特点，在培养的过程中，家长要尊重幼儿的发展特点，不要比较，不要给幼儿贴标签，关注幼儿自身的纵向发展，只要幼儿在原有的水平上有所进步，就是成功。

介绍完四个原则后，教师请家长们谈一谈：是否能够遵循这四个原则？可能会遇到什么困难？家长们普遍反映一致性原则最难做到，因为家庭成员较多，尤其是有老人，观念和做法难以统一，容易被幼儿钻空子。教师请家长针对这一问题展开一个简短的小组讨论，群策群力，共同思考可能的解决方案。下面是家长合作想出的办法。

- 开一个家庭会议，所有成员参加，统一认识，达成共识。
- 把一日生活中需要孩子自己做的事情详细地列出来，贴在墙上。
- 在习惯养成的初期，爸爸妈妈更多地照看孩子，监督、指导幼儿做好自我服务。
- 鼓励孩子拒绝爷爷奶奶或姥姥姥爷的帮助，自己的事情自己做，当孩子能够在父母不在时也做好自我服务，可以给孩子一定的奖励。

### 3. 培养幼儿自我服务能力的途径和方法

如何有效培养幼儿自我服务的能力呢？教师对家长分享的内容进行了归纳和补充，提出了以下建议。

首先，家长要知道对幼儿自我服务能力的培养越早越好。人们在幼儿时期，不仅有学做事的愿望和积极性，也具有做事的身体条件，此时有意识地培养幼儿的自我服务能力，既顺理成章又事半功倍。

其次，当幼儿在自我服务方面遇到困难时，家长要坚持"三个原则"，即"要协助不包办、要鼓励不责备、要坚持不放弃"。教师分别对这三个原则进行了阐述，强调家长在日常生活中，要多给幼儿自己动手的机会，多用积极的语言鼓励幼儿，并且强调自我服务能力的培养非一日之功，需要家长不懈地坚持。

最后，鼓励家长学做一个"懒弱妈"。所谓"懒"，是指家长把幼儿能做的事情都交给幼儿去做，这是因为幼儿的自我服务能力需要在大量的练习中才能得到提高，家长的"偷懒"为幼儿提供了宝贵的练习机会。所谓"弱"，讲的是家长在培养幼儿自我服务能力时可以用的一个技巧，即向幼儿示弱，鼓励幼儿想办法解决问题，如家长可以说："我这个扣子扣不上了，你能帮帮我吗？"家长适当地示弱既可以激励幼儿独立思考解决问题的办法，也会让幼儿很有成就感。

了解了以上三条建议之后，具体来说，家长可以怎么做呢？教师也提供了一些操作性较强的方法。

（1）提供适宜的物品，创造丰富有趣的练习活动

幼儿的自我服务能力很多时候与他们的手部肌肉的灵活和控制能力的发展有关，家长可以针对幼儿出现的问题，提供适宜的物品以便于幼儿自我服务。例如，3岁的幼儿在往杯子里倒牛奶时，因为手眼协调能力和手部控制能力较弱，经常会把牛奶洒出来，如果成人可以为幼儿提供大一点口径的杯子，牛奶洒出来的概率就小多了。此外，家长可以创设一些活动，帮助幼儿练习所需的技能。例如，家长想锻炼两三岁的幼儿使用勺子，可以提供两个碗，碗里可以放些大豆子、果仁之类的食品，让幼儿用勺子一粒一粒地把豆子舀到另一个碗里，5~6岁的幼儿就可以把勺子换成筷子了，用筷子夹到另一个碗里。类似的游戏家长可以根据需要进行开发。需要注意的是，练习活动要设计得轻松有趣，让幼儿乐于参加，如果幼儿表现得很排斥，则不宜强制幼儿进行练习，以免引起幼儿的叛逆。此外，还要注意看护，避免幼儿将食物入口，导致呛咳等。

（2）抓住日常生活的契机为幼儿提供练习的机会

幼儿自我服务能力的提高，是需要通过反复练习来获得的。教师指出，要善于抓住日常生活中每一个环节为幼儿提供锻炼的机会。例如，在幼儿小便、洗手、进餐、穿衣等生活环节中，都应尽量让幼儿自己动手以提高这方面的能力，如果父母都帮忙包办，那么幼儿就失去了宝贵的学习机会了。

为了不让练习枯燥，家长可以采用儿歌、游戏、竞赛等小技巧。例如，家长一边教幼儿穿衣服时，一边念儿歌"抓领子，盖房子，小老鼠，钻洞子，左钻钻，右钻钻，

吱吱扭扭上房子"。学穿裤子时，家长可以告诉幼儿，腿就像两列小火车，穿裤子就像火车穿山洞一样。家长还可以与幼儿玩角色互换游戏，让幼儿来当父母，玩"给宝宝喂饭""我帮娃娃穿新衣"等角色扮演游戏来锻炼幼儿的技能。此外，家长也可以利用幼儿的好胜心理开展有趣的比赛活动，如举行亲子的"穿衣比赛""叠被子比赛""穿鞋比赛""整理书包比赛"等，激发幼儿主动练习的积极性。

（3）创设家庭劳动日

可以创设一个家庭劳动日，每周进行一次全员参加的大扫除，让幼儿参与到扫地、拖地、擦桌子、洗鞋子、扔垃圾等家务劳动中来，成为家长的小帮手。同时还可以让幼儿承担一些家务，如摆碗筷、把洗好的衣物分类、浇花等，让幼儿在完成的过程中养成良好的责任意识，同时强化了练习。

## （六）操作练习

通过前期的自主学习、互动讨论和专题讲座，家长们对于幼儿自我服务能力的培养有了进一步的认识，也了解了一些基本的原则和方法。为了能够帮助家长将所学内容迁移应用到培养幼儿自我服务能力的实践中，教师组织家长进行了操作练习，引导家长将学到的知识与育儿实践中的实际情况相结合，制定具体可操作的幼儿自我服务能力的培养方案。

请家长以小组为单位，结合讲座内容，每组选择一个幼儿自我服务（进餐、睡眠、着装、盥洗、如厕、整理）的内容，分别讨论如何在家如何支持幼儿以上自我服务能力的发展。

家长4~6人一组，针对本组选择的幼儿自我服务的内容，结合刚刚提到的有效途径和方法，讨论制订具体的自我服务能力某方面能力培养方法和策略，并将内容记录在白纸上。

家长们分享了本组制定的方案。下面列举家长分享的部分策略。

关于进餐环节幼儿自我服务能力的培养，家长们想到可以在家使用的部分策略如下。

- 先与孩子一起来学会儿歌版的七步洗手法。
- 在家里营造好的进餐氛围，让孩子参与做菜的准备，如洗菜、摆碗筷等。
- 吃饭的时候，让孩子自主进餐，在过程中不催促孩子。
- 进餐前介绍今天食谱，与孩子来讲讲这些食物对身体的益处。
- 吃完饭后鼓励孩子与家长一起将碗筷收拾好，将桌椅摆好。

关于着装环节幼儿自我服务能力的培养，家长想到的策略如下。

- 让孩子学习穿衣服的方法，用儿歌来学和练。"抓领子，盖房子，小老鼠，钻洞子，左钻钻，右钻钻，吱吱扭扭上房子"。趣味的方法让孩子来练习穿衣服、脱衣服方法。

- 为孩子提供轻松的氛围，让孩子多加练习。

工作坊的最后，教师充分肯定了家长们的积极思考，鼓励家长们将自己想到的和从他人那里学到的点子记录下来，并运用它们培养幼儿的自我服务能力。幼儿自我服务能力的培养不是一蹴而就的，可能需要经历较长的时间，需要综合运用多种不同的方法，家长们要有耐心，相信坚持不懈的努力终能换来期望的结果。

## 三、拓展

### （一）下阶段家园共育目标及内容

各组将优化后的计划分享至班级群，家长结合各组的计划，制订一个长期的自我服务培养计划，在家实践并在班级群中分享成功的经验与注意事项。家长将计划落实到家庭后，资源共享，可以促进家长们之间的相关交流，积累优质的育儿经验。

幼儿园在班级开展生活自理能力的问题式学习活动，并将活动内容与家长分享，家园合力共同做好幼儿自我服务能力的培养，科学育儿。

### （二）相关学习资源

［1］深圳市深投幼教运营有限公司. 幼儿园一日生活组织与实施. 北京：北京师范大学出版社，2016.

［2］深圳市投资控股有限公司幼教管理中心. 幼儿园一日生活实施指引. 北京：北京师范大学出版社，2015.

［3］李季湄，冯晓霞.《3～6岁儿童学习与发展指南》解读. 北京：人民教育出版社，2013.

## ～ 工作坊5：促进幼儿感知觉的发展 ～

## 一、发现问题

感知觉是认知的基础，是认知活动的第一道大门。人们要通过感知觉获得外部世界的信息，把它传输给大脑，大脑才能对这些信息进行加工，更高级的心理活动才能展开。没有感知觉提供的信息就谈不上记忆、思维、想象了，因为没什么东西需要记忆，没什么东西可以思考，更没什么可以作为想象的原型。所以说，感知觉的发展是前提，感知能力发展越充分，儿童能够获得的知识经验就越丰富，思维、想象发展的潜力也就越大。感知觉发展的好坏会影响幼儿今后的学业成绩。

### 场景观察实录与分析

每天放学后，幼儿都舍不得离开幼儿园，都想抓紧最后的时间在幼儿园内多玩一会儿。辰辰看到草地边有一个小水坑，兴奋地跑过去，正准备踩一踩，妈妈大步跑来把他拉住，告诫他"不要踩水，鞋子会脏的"。萱萱看到地上有很多落叶，捡起一片周围有锯齿的树叶给妈妈看："妈妈，你看这个树叶长了好多扎手的小刺刺。"妈妈伸手把萱萱的树叶拿过来扔到了地上，说："树叶落在地上，被很多人踩过，是很脏的，不能随便捡。"雨柔和辰月在玩秋千，她们商量出了一个新玩法：雨柔坐在秋千上，辰月把秋千旋转几圈，然后松手，雨柔就随着秋千开始旋转，她们开心地笑着，不料却被妈妈制止了……

在每天放学的这段时间里，教师看到了很多类似的场景。有些家长对幼儿过分保护，常常会限制幼儿的一些活动，而家长们似乎并没有意识到他们的做法其实限制了幼儿感知觉的发展——幼儿踩小水坑是想要看水花溅起来，感受水溅到脚上的感受，甚至听到水花飞溅的声音，这里面包含视觉、触觉、听觉的刺激；幼儿捡树叶回家，是想要观察树叶的形状、颜色，摸摸树叶的质地、叶脉的纹路，闻一闻树叶的气味，获得视觉、触觉、嗅觉的刺激；幼儿旋转荡秋千，可以体会到自己身体不同的变化，发展运动觉、本体觉和平衡觉。

除此之外，教师在与幼儿的交流中得知，幼儿晚上和周末在家做得最多的事情就是看电视、玩手机，较少进行户外活动。过多地在室内使用电子产品看似给幼儿提供了视觉和听觉刺激，实则不利于幼儿视觉、听觉能力的发展，也限制了幼儿其他感知觉的发展。然而，家长对此缺乏认识。在家长的认识中，幼儿的健康、语言、社会性、科学、艺术的发展才是值得关注的，而感知觉是每个人与生俱来的，不需要特别培养。

感知觉虽然是每一个健全的儿童生来就具备的，但发展的好坏受到后天环境和教育的影响，其中，家庭作为幼儿生活的主要环境，对幼儿感知觉的培养起着至关重要的作用。由此，我们开展了感知觉主题工作坊，希望带领家长探究以下两个核心问题。

幼儿感知觉的发展重要吗？

如何促进幼儿感知觉的发展？

## 二、开展工作坊

### （一）做好准备

#### 1. 经验准备

教师提前对幼儿感知觉发展相关内容进行深度学习，幼儿感知觉发展重要性、发展线索、年龄特点的相关资源，选择有价值的信息进行组织加工，并系统学习了解发展幼儿感知觉的途径、方法。

#### 2. 物质准备

- 幼儿感知觉发展、培养相关书籍，如《儿童感知教育手册》，每组一本。
- 拍摄或搜索展现家长对幼儿感知觉培养不同态度、方式的视频，如视频AB剧《太脏了》。
- 白纸（每组参与工作坊的家长至少一张）、白板、马克笔（每组一支）。
- 热身游戏材料：眼罩、木头、石头、松果、榛子等感知材料。
- 桌椅按照小组的方式摆放。
- 茶歇点心。

### （二）热身：感官锐化

家长两人一组，一人戴上眼罩，另一个人随机选择一个材料，戴眼罩的家长要通过听觉、嗅觉、触觉来感知和识别材料。游戏结束后，教师指出感官锐化游戏中会涉及听觉、触觉、嗅觉等感知觉，这些感知觉的发展对幼儿意义重大，它是幼儿认识世界的起点。

感知觉是每一个健全人每天都会用到的，在所有感知觉中，视觉的贡献最大，人脑信息的80%来自视觉，人们也最容易认识到视觉的重要性。然后，其他的感知觉对于我们同样重要，通过感官锐化的小游戏，可以让家长认识到除视觉以外的其他感知觉同样可以为我们传递丰富的信息，引导家长关注到今天的主题——人体的各类感知觉。

> **温馨提示**
>
> 教师可以调整游戏的难度，如只能用限定的某一种感知觉进行判断，如一位家长使材料发出声音，另一位家长只能靠听觉判断是什么材料。
>
> 材料选择建议：
>
> 选择日常生活中常见的材料，确保所有家长都接触过。
>
> 选择有些相近的材料，需要动用家长多种感官，如固体胶和圆管状唇膏同时出现，家长在动用触觉的基础上，需要配合嗅觉才能做出准确判断。

可选的材料：乒乓球、松果、开心果壳、榛子壳、固体胶、唇膏、脆枣、塑胶玩具蛇、积木、荔枝、龙眼。

### （三）聚焦问题

#### 1. 引入

教师播放了一段新西兰幼儿园幼儿在大雨中玩滑梯的视频，视频中的幼儿穿着日常的衣服和鞋子，没有任何防护装备，在大雨中滑滑梯，滑梯下面是土地，在雨水的作用下变成了泥浆，幼儿从滑梯上滑下后直接掉进泥浆里，身上沾满了泥浆，但仍乐此不疲，发出愉快的尖叫声。

这样的场景在中国很难看到，中国的家长和教师常常不会让幼儿在大雨天到户外淋雨，即使有些崇尚自然教育的幼儿园允许幼儿在雨天外出玩耍，也常常会配备雨衣、雨鞋等齐全的装备。显然，家长看到这样的场景是有些震惊的，他们一边看视频，一边和旁边的家长窃窃私语。

这正是教师提供这一视频想到达到的效果——给家长以视觉的冲击，吸引家长的关注。在此基础上，教师引导家长思考。

如果是您，您会允许孩子在雨中玩耍吗？如果您孩子的幼儿园也这样做，您会同意吗？

家长们纷纷表达了自己的看法。

"我不会让孩子到雨天玩耍，担心他会感冒。"

"如果下小雨，我会让孩子穿好雨衣出去玩一会儿，但如果雨比较大，我就会让他在室内玩。"

"幼儿园组织孩子这样做的话我还是会比较担心，因为幼儿园毕竟孩子多，老师照顾不过来的话孩子很容易生病。"

从家长的回答来看，几乎没有家长能够完全认同新西兰幼儿园的这种做法。为什么幼儿园的教师要这么做呢？教师告诉大家，其实视频中的活动只进行了10分钟，而且老师们早已准备好了毛巾和干衣服，游戏结束以后马上会给他们换衣服。活动是老师有意安排的，因为这样的活动可以给幼儿丰富的感知觉刺激——下雨天，幼儿可以感受到雨水打在身上，那种冰冰凉凉的感觉，这是触觉刺激；幼儿可以听到雨水落在滑梯上哗哗哗的声音，听到自己滑进泥坑时的扑通声，这是听觉刺激；滑滑梯可以发展幼儿的平衡觉，滑梯在雨水的润滑作用下变得更滑了，幼儿能明显感觉到自己下滑的速度比平时更快了，这是一种全新的感觉，这种感觉使他们很兴奋。

#### 2. 引导性提问

通过对新西兰幼儿在雨中玩滑梯的视频的讨论和分析，教师已经成功地将家长的注意力聚焦到幼儿的感知觉发展上。那么，家长对于幼儿感知觉的发展的认识是怎样的呢？教师通过三个引导性问题了解家长的已有经验和看法。

问题一：人类有哪些感知觉？

关于这个问题，家长们很轻易便能给出答案。最先被提到的是视觉、听觉、触觉、嗅觉和味觉，这些都是我们在生活中运用比较多的，对我们的影响较为明显的感知觉，也有家长提到平衡觉、痛觉、温度觉。家长们互相补充后已经能够基本涵盖所有的感知觉。

问题二：您认为幼儿感知觉的发展重要吗？

关于感知觉重要性的问题，家长们表示了一致的认同。他们认为，感知觉是人们维持正常生活所必需的，如果看不清、听不清或闻不着，将会给生活带来很大的麻烦。在感知觉中，大部分家长认为视觉和听觉是最重要的，只有看到、听到才能模仿，才能学习。

教师对家长们的观点进行了回应。大部分的家长都能直观地认识到感知觉发展的重要性，尤其是视觉和听觉。大家对于视觉和听觉有如此的认识是有道理的，因为视觉和听觉是人体大脑信息的主要来源。但对于其他感知觉的重要性家长的认识略显不足。教师补充讲解了触觉的重要性，对于0~6岁的婴幼儿来说，触觉是他们认识世界的重要方式。通过嘴和手的触觉，他们知道了物体是软的还是硬的，光滑的还是粗糙的，大的还是小的，凉的还是热的，形状是什么，等等。教师要以专业的视角为家长分析感知觉发展对认知发展的重要性。

问题三：您认为感知觉是自然发展的，还是需要培养的？

关于感知觉是否需要培养的问题，家长们普遍认为只要在正常的环境中，感知觉是可以自然发展的，如果刻意培养，应该可以获得更好的发展。也有家长提出，随着幼儿的长大，感知觉是逐渐发展的，但要避免一些破坏性的因素，例如用眼过度，长时间戴耳机听音乐等。

教师指出，感知觉是可以培养的，有意识地培养可以使幼儿的感知觉更加敏锐，从而更好地认识周围世界。例如，视觉比较敏锐的幼儿更容易区分"天"和"夫"、"6"和"9"、"b"和"d"等相近的图像，听觉发展好的幼儿更容易听准老师的发音，上课听讲的效果更好。如果任由幼儿的感知觉自由发展而不加以关注和培养，幼儿感知觉的发展就有可能出现问题，例如，视觉注意力不集中，经常看错字甚至看错行等。

3. 确定核心问题

通过对三个引导性问题的讨论和讲解，家长们普遍认识到了感知觉培养的重要性和必要性。那么，家长可以如何促进幼儿感知觉的发展呢？接下来，教师将引导家长围绕这一核心问题展开讨论。

## （四）小组学习与分享

请家长以小组为单位，围绕"如何促进幼儿感知觉的发展"展开自主学习与讨论，并将建构的方法和策略记录在白纸上。每组选出一名组长、一名记录人、一位发言人，由组长来组织讨论，记录人把各位家长的想法在白纸上记录下来，发言人稍后代表小组上来进行经验分享。讨论时间为15分钟。

教师为家长提供了《儿童感知教育手册：感知统合教育的基础》作为学习资源，供家长自主学习，并鼓励家长通过网络检索更多更有效的信息资源。教师在各组中来回走动，倾听各组的讨论，适时给予家长一定的引导和帮助。教师的引导旨在帮助家长明确要解决的问题，拓展思考的方向，不能直接告知答案，代替家长的思考。

分组讨论结束后，请各组将他们的白纸贴在墙上展示，给大家5分钟的时间去看看各组写在白纸上的点子。

以下是家长们想到的一些点子。

- 让孩子看彩色绘本，玩彩色的玩具。
- 多带孩子出去玩，让孩子看各种各样的东西，听各种各样的声音。
- 市场上出售的孩子益智书有让幼儿"找不同"之类锻炼视觉的游戏。
- 只要没有危险的东西都可以让孩子摸一摸、闻一闻、尝一尝。
- 可以适当地让孩子看看电视，发展视觉和听觉。
- 可以和孩子玩一些小游戏，比如，"谁不见了""摸摸神秘袋里有什么""听听这是哪个小动物的声音""挠痒痒"。

……

随后每组发言人分别分享小组学习成果，教师对每组的分享进行点评，针对家长存在的认知误区进行讲解。

有的家长将"看电视"作为培养幼儿视觉和听觉的一种有效途径，因为电视有色彩丰富的画面和各种不同的声音。教师指出，电视以及平板电脑、手机等的视听刺激对幼儿来说是不适宜的，对幼儿视知觉的发展是弊大于利的。为什么呢？这些除了会影响视力的发育以外，还有一个非常重要的问题：电视和游戏的画面和声音常常变化很快，幼儿的大脑根本没有时间对这些出现的视觉和听觉信息进行加工、处理和记忆，只是在被动地接受信息，这是不利于他们视觉注意和听觉注意的培养的。

也有家长提出，可以把幼儿的房间布置成有多种颜色的，买玩具的时候也买色彩鲜艳的、多种形状的，他们认为丰富的颜色可以刺激幼儿视觉的发展。教师指出，适宜的感官刺激对幼儿的感官发展是有促进作用的，但感官刺激并不是越多越好、越强烈越好，过度的感官刺激反而会分散幼儿的感知注意力，阻碍幼儿感知觉的发展。有些塑料玩具的颜色过于鲜艳明亮，对于幼儿来说，看真实世界中真实柔和的颜色要好过看人造物的颜色。

### （五）专题讲座：促进幼儿感知觉发展的策略

教师结合家长们分组讨论的结果，提出了发展幼儿感知觉的策略：第一，要为幼儿提供感官探索的环境；第二，要给幼儿感知探索的机会；第三，要为幼儿提供自然、真实的感官探索的材料和情境；第四，进行一些能够刺激多种感官的游戏和活动。教师主要介绍了四种游戏和活动，分别是户外野营、农业活动、玩沙玩水、游戏活动。这些活动的共同特点是能够促进幼儿多种感官的协同发展。

#### 1. 为幼儿提供感官探索的环境

教师向家长介绍了我国部分农村地区的沙袋育儿法，并请家长思考：沙袋育儿法对幼儿感知觉的发展有哪些坏处？家长们提到，幼儿在沙袋里活动范围太小了，接触的事物少，获得的感知体验很有限。教师肯定了家长的看法，并且介绍了中国儿童发展中心1990年针对沙袋养育对儿童发展的影响的研究。研究结果发现，沙袋养育儿的平均智商明显低于正常养育儿，而且待在沙袋里的时间越长，对儿童智力的损害越严重。这个研究结果也印证了前面所说的，感知觉是认知发展的基础，感知觉发展得不好，认知发展就会受到影响。也有家长提出，这种方式太极端了，现在很少有家长会这样对待自己的孩子。教师针对家长的疑问做出了回应，现在的确很少有家长采用沙袋育儿，有形的沙袋已经很罕见了，但无形的"沙袋"仍普遍存在。例如，让已经学会走路甚至要上幼儿园的幼儿坐婴儿车，生活中常常禁止幼儿"乱摸乱动"，这难道不是我们无意中为幼儿制造的无形"沙袋"吗？

通过上面的分析，家长们意识到了剥夺幼儿探索环境的机会对幼儿认知发展的危害。教师通过一些图片向家长展示了可探索的环境应该是安全的、有儿童尺寸的工具的、支持幼儿自主学习的。例如，幼儿的房间可布置低矮的床和小桌，幼儿可以自由安全地爬上爬下，自主取放物品；房间里多一些感官探索的材料，如镜子、小乐器等。

#### 2. 给幼儿感知探索的机会

教师播放了一段小视频，展现了两位家长面对幼儿捡树叶时的不同做法，A家长限制幼儿的感官探索，B家长则鼓励幼儿的探索。

看完后教师请家长思考：您是剧中的A家长，还是B家长？您想要成为A家长还是B家长？这段视频引起了家长们的反思，很多家长提到，她/他常常无意中做出很多像A家长一样限制幼儿的行为，但今后想要努力成为支持鼓励幼儿探索的B家长。教师顺着家长的分享指出，其实生活中像捡树叶这样锻炼幼儿感知觉的机会有很多，家长只需要转变观念，把握一个原则：那就是，当你发现幼儿想要干什么的时候，要以一种发展的眼光来看待——他这么做是不是想要探索和学习？如果是，那我怎样支持他？

### 3. 要为幼儿提供自然、真实的感官探索的材料

材料的自然、真实是指，能用自然材料的就尽量少用人工制造的替代材料。教师通过分析真沙与太空沙在给幼儿感知体验方面的差别，让家长体会到给幼儿自然真实的材料的重要性，并介绍各种各样可以供幼儿感知探索的自然材料。

### 4. 进行一些能够刺激多种感官的游戏和活动，促进感知觉统合

幼儿在游戏中通过眼看、耳闻、手摸及身体动作直接感知和操作各种各样的游戏材料，在感觉、运动和物质的不断互动中发展感知觉统合能力，这是日后学习能力发展的重要基础。

（1）野营

周末或者小长假带幼儿去野外爬山和露营，感受大自然的气息。野外徒步和野营对幼儿的感知觉发展有哪些好处呢？

呼吸新鲜空气，闻花香、草香、烧烤的香味，这是嗅觉的刺激。

看花红柳绿，蜂飞蝶舞，看溅起的水花，夜空中的月亮和星星，看朝霞似锦，暮霞如缎，这是视觉的刺激。

听风声，流水声，树叶的簌簌声，鸟叫，蛙鸣，这些是听觉的刺激。

感受草的柔软、风的柔和或凛冽，河水的冷或暖，感受一天当中温度的冷暖变化，这些是触觉的刺激。

在户外露营，幼儿可以更清楚地感知一天中时间的变化，这可以发展幼儿的时间知觉。

野营的路线不平坦，充满变化，幼儿在行进的过程中需要注意自己的身体运动，不断地调整自己的身体动作，平稳地前进，不知不觉发展了运动觉和平衡觉。

（2）玩沙、玩水

玩沙和玩水是大部分幼儿喜欢的活动，也是能够促进幼儿感官发展得很好的活动。现在，条件较好的幼儿园会为幼儿配备沙池和水池。为什么呢？因为沙、水都是自然材料，流动性强，限制少，玩法多样，可以满足幼儿创造性游戏的需要，同时他们在玩的过程中能够获得丰富的感知体验，通过感知又可以获得一些科学经验。幼儿在玩沙时，可以感知沙子的流动性（比如，手指漏沙，感受沙从指缝间流过时是怎样的感觉；把沙堆推到，看"沙洪"倾泻，用流动的沙推动水车转动等），湿沙和干沙的区别（湿沙容易塑型，干沙不容易塑型）……玩沙时长可以提前跟幼儿讲好安全规则，比如，不能用手揉眼睛、不能把沙扬到别人脸上等。玩水也是类似的，水的流动性更强，水流的大小给人带来的感觉是不一样的，从天而降的水滴、溅起的水花和

用盆泼出的水给人的感觉也是不一样的；水也能发出声音，幼儿也很喜欢让水发出声音，比如，把手放在水里上下扑腾，用脚踩水坑发出啪嗒啪嗒的声音。

（3）户外运动

多带幼儿进行户外运动。所有的户外运动都可以促进幼儿运动觉的发展。有一些户外游戏是一定要让幼儿多玩的。

平衡类：梅花桩、平衡木、吊桥、蹦床。

摆动类：秋千、攀爬绳、吊桥。

攀爬类：攀爬网、攀爬架、攀岩、爬树、爬绳。

跳跃类：跳绳、跳羊角球、跳障碍、跳格子。

这些户外运动不仅可以锻炼身体，促进幼儿身体的生长发育，而且可以发展幼儿的运动觉和平衡觉，有利于幼儿的感统协调。家长要多带幼儿进行户外运动，并且尽可能有意识地让幼儿从事不同类型的运动。

（4）利用生活中的材料开展感知觉游戏

生活中有很多常见的材料都可以用来和幼儿一起玩感知觉游戏。

床单：家长可以和幼儿玩滚床单的游戏——幼儿躺在床单中间，家长分别站在一边，将幼儿提起来，像吊床一样，左右晃荡，拉高拉低，向上抛起，像卷花卷一样卷起来。这对幼儿的触觉、运动觉和平衡觉都是很充分的刺激。

泡泡膜：幼儿可以玩出很多花样。比如，他可以用手一个个把泡泡捏破，可以用脚踩泡泡，他们特别喜欢听泡泡破裂的声音。还可以将泡泡膜蘸上颜料来玩涂鸦。因为泡泡膜特殊的材质，用它做出的涂鸦视觉效果是不一样的。这里面就包含了触觉、视觉、听觉的刺激。

矿泉水瓶：矿泉水瓶的玩法有很多。比如，水瓶里装上不同高度的水，做打击乐；装上沙子做沙锤；打保龄球；瓶盖戳孔后当水枪；空瓶当球踢……那这些游戏可以发展幼儿的哪些感知觉呢？打击乐、沙锤，这些是听觉；打保龄球需要瞄准，是视觉；做水枪玩水，用手捏瓶子涉及触觉，要瞄准发射对象，又涉及视觉；踢空瓶子是视觉和运动觉的协调。

（六）操作练习

经过小组讨论和专题讲座，家长们了解了一些促进幼儿感知觉发展的途径和方法。家长在学习了教师介绍的这些方法后，还应该结合幼儿发展特点和家庭的实际情况，思考适合幼儿的方法有哪些，将学到的知识转化为可操作的行动计划。

教师引导家长从讲座中提到的"提供感官探索的环境""提供感知探索的机会""提供自然、真实的材料""刺激多感官的游戏和活动"四个角度思考自己将会采取哪些具体的行动来促进幼儿感知觉的发展，将行动计划写在纸上。

温馨提示

　　在这一环节，有的家长制订的行动计划可能仍然是不够具体的，如他们可能会写"我要多陪孩子玩一些感官游戏"，教师要提醒家长尽可能具体化，可以细化为"陪孩子玩神秘袋的游戏"等。

　　经过小组学习和专题讲座，家长的思路更加开阔，提出的策略也更加多样，例如：

- 在家里为孩子留一块涂鸦墙。
- 和孩子一起布置房间，把幼儿的房间布置成他/她喜欢的样子。
- 每周带孩子去爬塘朗山，或去公园草地上野餐。
- 做饭的时候可以适当地让孩子参与，比如，一起和面、包饺子。
- 夏天下小雨的时候可以和孩子一起去踩踩水坑。
- 家里的枕头、纸箱、泡沫都可以拿来和孩子玩感官游戏，还可以和孩子一起发明游戏。

　　家长制订好自己的计划后，可以在小组中相互分享。小组成员根据分享者的实际情况，提出更多可操作的建议，帮助分享者丰富、完善计划。家长们将修改后的计划放在桌面，起身浏览其他组家长的计划，互相学习，如受到启发可以再次补充完善自己的计划。

　　教师请个别家长进行了分享。教师鼓励各位家长继续丰富和完善计划，并且在日常生活中行动起来，从现在做起，帮助幼儿获得更好的感知觉发展。

## 三、拓展

### （一）下阶段家园共育目标及内容

　　工作坊结束后，家长在家中实践感知觉相关游戏，并将经验分享至家长微信群中，大家可以互相交流。在幼儿园教师也会提供各种质地的材料，供幼儿探索，同时也会开展一些感知觉相关的活动，如感官锐化，帮助幼儿发展感知觉。

### （二）相关学习资源

［德］雷娜特·齐默尔. 儿童感知教育手册：感知统合教育的基础. 杨沫，谢芳，译. 南京：南京师范大学出版社，2010.

# ～ 工作坊6：亲子共读 ～

## 一、发现问题

　　亲子共读能激发幼儿对书籍的喜爱，让幼儿与成人之间建立亲密的互动关系，发展幼儿的读写能力。和家长一起阅读，幼儿能有机会获得知识，去理解人们的行为，了解身边的世界，明白事物运行的规律，知道人们应该如何表现得体。[①]

### 场景观察实录与分析

　　幼儿园在"世界读书日"这一天开展了图书分享活动，幼儿从家里带来了很多书和小朋友一起分享，教师发现幼儿带的书里，很多都不太适合小班的幼儿阅读，有的是大段的文字，有的是难以理解的主题。教师问了几个小朋友在家阅读情况："在家爸爸妈妈会和你们一起看书吗？"

　　小沐："妈妈会用手机给我讲故事。"

　　阿杰："爸爸妈妈工作很忙，没有时间，不能陪我一起看书。"

　　伊伊："我不喜欢看书，书不好看。"

　　教师心生疑惑：家长似乎没有意识到亲子共读的价值，便和家长进行了深入的交流，发现家长们也是满肚子的疑惑："小班孩子适合看什么样的书呢？""我家孩子特别不爱看书，怎么办呢？""孩子老喜欢撕书，一点都不爱护书，这是为什么呢？"

　　教师发现家长们普遍不了解小班幼儿的阅读特点，小班幼儿年龄小，阅读时以无意注意为主，同时他们生活经验较少，理解能力较弱，不能理解画面与画面之间的关系，所以幼儿的阅读需要家长的支持与引导，亲子共读是帮助幼儿养成良好的阅读习惯、培养阅读兴趣的途径，教师发现家长们会和幼儿一起阅读，但很多家长只是单方面给幼儿讲故事，并不注重亲子共读的互动和交流，有的家长选择的书籍不适宜小班幼儿，导致幼儿不了解与不感兴趣。

　　由此，教师面向小班家长开展了亲子共读主题工作坊，帮助家长了解如何挑选适宜小班幼儿的图画书，共同探讨亲子共读策略。

---

[①] 周兢：《给0-3岁孩子的60本图画书》，5页，深圳，海天出版社，2016。

此次工作坊的核心问题是：如何选择适合3~4岁幼儿的图画书？高质量的亲子共读是怎样的？

## 二、开展工作坊

### （一）做好准备

本次活动为亲子工作坊，家长和幼儿全程参与，无法进行分组讨论，更多的是亲子共同参与的活动，所以在准备时要充分考虑这一情况，为幼儿和家长的全身心参与做好充分的准备。

#### 1. 经验准备

为了更好地开展工作坊，教师应提前阅读学习亲子共读相关文献资料，了解亲子共读的价值、共读策略。

#### 2. 物质准备

（1）绘本，如《爱运动的小猪》；立体绘本，如《好饿好饿的毛毛虫》。

（2）音乐U盘、挂耳式麦克风。

（3）毛毛虫头饰制作材料：胶水、剪刀、画纸、画笔、头饰各20份，图书架2个。

（4）小椅子20把、方桌5张。

### （二）热身：亲子寻宝

活动开始，教师戴上毛毛虫头饰假扮毛毛虫，并和每个幼儿握手，欢迎他们的到来，消除教师与幼儿之间的陌生感。接着开展了亲子寻宝活动。

第一步，出示各种类型的书，如布书、立体书、硬壳书、彩色故事书等，让幼儿通过看一看、摸一摸认识这些有趣的图书。

第二步，请家长们捂住幼儿的眼睛，教师将图书藏起来。

第三步，幼儿把图书找出来并整齐地放回书架，鼓励每一位找到书的幼儿。

**设计意图**

毛毛虫握手游戏让幼儿感受到活动的趣味性，消除陌生感，同时也为后面阅读绘本故事《好饿好饿的毛毛虫》做好了铺垫。随后的亲子寻宝通过游戏的方式帮助幼儿运用感官探索不同类型的书，感受图书的多样性和丰富性。

### （三）如何选择图画书

亲子寻宝游戏后，书架上摆满了各式各样的图书。教师请家长们在提供的书中选择一两本适合3～4岁幼儿阅读的书，并说明理由。

家长们带着幼儿来到桌前，大家都选好书之后，教师请家长分享自己挑选书的理由，家长们的理由各种各样。

"我没选，我是让孩子选的，我觉得她第一眼看中的书应该就是适合她的。"

"我看了一下封面，觉得这本书色彩很鲜艳，书名也很有趣，我觉得孩子应该会喜欢。"

"我选这本书是因为它很有名，我在很多图画书推荐的文章里都看到过它，而且它好像还得过奖，质量肯定不错。"

"我大概翻了一下这本书的内容，我觉得故事比较简单，而且没有太多的文字，我觉得孩子应该能看懂。"

听完家长的理由之后，教师指出，不同年龄段幼儿身心发展特点不同，在选书的过程中要考虑书本是否适合该年龄段幼儿的发展特点，不能随心所欲。在为3～4岁的幼儿挑选图画书时，要注意以下几点：整体上应该贴近幼儿的生活经验；趣味性强；在配图方面应该画面大、色彩鲜明、清晰干净、形象真实可爱；语言应该符合小年龄幼儿的口语经验，较简单、多重复。教师将挑选原则发放给家长，请家长们根据这几条原则，再次评估自己选的书是否适宜，如果不适宜，请重新选择适合幼儿阅读的书。

家长们认真对照原则进行了评估，有的家长发现自己选的书文字太多，有的家长发现自己选的书虽然是得过奖的，但是故事内容太复杂，不适合小班幼儿阅读。在这个过程中，教师进行了一对一的交流和指导，最后每位家长都挑选了一本适合小班幼儿阅读的图画书。

### （四）如何与幼儿共读一本书

#### 1. 教师示范如何与幼儿一起读书

教师首先和幼儿一起读了《爱运动的小猪》。这本书图幅大，幼儿都能清楚地看到书上的内容。教师用这本图书引导幼儿认识图书的封面、页码和封底，教幼儿学习一页一页地看书，引导幼儿观察图片，根据画面猜测故事内容，为家长示范了引导幼儿阅读的方法和技巧。幼儿被这个有趣的故事深深地吸引了，所有的注意力都聚焦在图书和教师身上。

随后，教师为幼儿讲了《好饿好饿的毛毛虫》。这本书图画简明清晰，语言简单，贴近幼儿的生活经验，洞洞的设计和参差不齐的书页使翻书成为一件有趣的事。教师引导幼儿认识封面、书名，逐页引导幼儿观察画面，倾听故事，同时根据故事内容时时变换语音语调。

《好饿好饿的毛毛虫》讲完了，教师拿出了一本更好玩的书——立体版《好饿好饿的毛毛虫》。刚翻开第一页，一条小毛毛虫便"跳"了出来，一下子吸引了幼儿的目光。接着，苹果、梨、李子、草莓、橘子……依次变魔术般地跳跃着出现在图书上，引来大家的阵阵欢呼。有了刚才的阅读经验，幼儿对故事内容有了一定的了解，教师有意识地边讲边问，引导幼儿回忆故事内容，并请幼儿上前来触摸立体图案，感受立体书的神奇与有趣。

为了增强阅读的趣味性，教师还设计了一个有趣的拓展活动——制作毛毛虫头饰。教师先出示了一个做好的五颜六色的毛毛虫头饰，吸引幼儿的兴趣，然后为幼儿分发未上色的毛毛虫和蜡笔，请幼儿和家长共同为毛毛虫穿上彩色的衣服。将涂好色的毛毛虫粘贴在一个环状头箍上，毛毛虫的头饰就做好了！

### 设计意图

"制作毛毛虫头饰"作为《好饿好饿的毛毛虫》绘本阅读活动的拓展活动，一方面，可以加深幼儿对绘本故事的印象，增强阅读的趣味性；另一方面，亲子共同制作可以锻炼幼儿的小肌肉动作，同时还能增进亲子之间的感情。

#### 2. 家长练习亲子共读

教师示范后，家长们用刚刚选择的书进行练习，运用教师刚刚示范的共读策略，与幼儿共读。每位家长和幼儿一起阅读，老师参与到亲子共读中，为家长提供示范和指导。

家长们在看完教师示范并自己体验之后，对于亲子共读图画书有了更多的认识，教师请家长回顾共读过程，总结亲子共读图画书的策略。

- 家长要让孩子感觉到图书的有趣，以积极的情绪状态和孩子一起阅读。
- 家长在给孩子讲述图画书的内容时，注意语调、语气，不能一平到底。
- 共读过程中要多和孩子进行互动，多问孩子的发现。
- 在共读过程中帮助孩子了解图书的结构：封面、书名、页码、封底，和孩子一起一页一页翻看，帮助孩子养成良好的阅读习惯。
- 共读时不仅要关注文字，还要关注画面，可以在介绍前问一问孩子：你看到了什么？引导孩子观察画面，推测图画书的内容，提高趣味性。
- 孩子喜欢重复，一本图画书可以反复共读。
- 在介绍时，注意故事的要素：时间、地点、角色、情节。
- 图画书共读可以和其他活动结合，比如手工活动。
- 孩子熟悉故事后，可以和孩子玩角色扮演游戏，把图画书的内容演出来。

最后，教师和家长、幼儿一起回顾了整场工作坊，希望家长回家后为幼儿挑选适合的图画书，每天花时间和幼儿一起感受阅读的魅力。

## 三、拓展

### （一）下阶段家园共育目标与内容

家长购买图画书后将购买的图画书分享至家长群，并实践亲子共读方法。

培养幼儿的阅读习惯，家长在家里可以设置固定的阅读时间、营造温馨的阅读氛围，与幼儿进行分享式的亲子共读。

### （二）相关学习资源

[1] 周兢. 给3-6岁孩子的60本图画书. 深圳：海天出版社，2017.

[2] [日] 松居直. 幸福的种子：亲子共读图画书. 刘涤昭，译. 南昌：二十一世纪出版社，2013.

## 〜 工作坊7：培养幼儿问题解决能力 〜

## 一、发现问题

《幼儿园教育指导纲要（试行）》中明确要求为幼儿"提供自由活动的机会，支持幼儿自主地选择、计划活动，鼓励他们通过多方面的努力解决问题。"幼儿天生好奇、好问，善于发现问题，提出问题。问题是幼儿学习的良机，问题解决过程是幼儿学习的过程，幼儿是有能力的问题解决者。解决问题不仅意味着知识经验的增加、认知技能的发展，还会促进幼儿的社会性发展，帮助幼儿体验各种情绪情感，发展幼儿坚持、合作、乐观、热情等珍贵品质。

### 场景观察实录与分析

每天午睡时间一到，教室里就会响起此起彼伏的"求救"声："老师，我找不到床。""老师，我不会脱衣服。""老师，他的被子压到我的了。""老师，他睡在我的被子上。""老师，你来帮帮我。"……当教师鼓励幼儿自己解决问题时，有的幼儿就会告诉教师："奶奶说不会的老师都会帮我做。""我不想自己做。""我在家都是爸爸妈妈帮我的。""妈妈会给我想办法。"

从幼儿的话来看，在家里家长会帮幼儿解决所有问题，家长们没有意识到培养幼儿问题解决能力的价值吗？教师就此现象和家长进行了沟通，发现很多家长习惯性替幼儿解决问题："孩子现在这么小，我感觉她自己还不会独立解决问题。""我也不想总是帮他，可是他磨磨蹭蹭的看得我好着急。""我们家孩子一直都比较娇惯，一碰到问题就哭，我也心烦。"

幼儿遇到问题习惯性地寻求他人的帮助，尽管这也是解决问题的方法之一，但是家长一味替幼儿解决问题让幼儿很多时候失去了自主解决问题的机会，遇到问题不愿尝试和努力，总是退缩。

由此，教师通过开展问题解决主题的工作坊，让家长理解问题和问题解决的含义及对幼儿发展的价值，了解幼儿问题解决的影响因素，掌握支持幼儿发现问题和解决问题的策略。

此次工作坊将带领家长探究的核心问题是：如何培养幼儿的问题解决能力？

## 二、开展工作坊

### （一）做好准备

#### 1. 经验准备

教师需要提前做一些准备工作，了解幼儿问题解决相关知识，阅读相关文献资料形成比较系统的认识，并梳理培养幼儿问题解决能力的策略。

#### 2. 物质准备

（1）收集展现社会几十年发展日新月异的照片。
（2）培养幼儿问题解决的书籍、文章，如《如何在生活中培养幼儿问题解决能力》。
（3）白纸、白板、马克笔。
（4）铺上绿绒布的5张桌子、30把椅子。
（5）茶歇点心。

### （二）热身：奇怪的问题

游戏玩法：请家长们回忆幼儿问过的最奇怪的一个问题，在便笺纸上写下来，然后贴在白板上。

家长们开始兴致勃勃地回忆幼儿提出的各种问题，还有家长写了好几张便笺纸。不一会儿白板上就贴满了幼儿的各种"奇怪"的问题："为什么每个人都有名字？""为什么艾莎打喷嚏可以打出小雪人，我却打不出来？""汽车吃了饭（汽油）为什么不拉屁屁？""我长大了为什么不能和爸爸/妈妈结婚？"……

家长们看得津津有味，不时发出阵阵笑声，为幼儿提出的各种问题感到惊讶，同时也充满了欣赏。教师看完后总结：这些问题在我们成人看来是"奇怪"的，但是对于幼儿而言，很多却是他们真的想要去探究、了解的问题，是从他们的生活经验出发提的问题，在他们看来，这些问题并不奇怪。

**设计意图**

用"奇怪的问题"作为热身游戏，在轻松愉快的氛围中，引发家长对幼儿问题的关注，知道爱提问是幼儿的年龄特点，是一种正常的现象，引发家长对于"奇怪的问题"的反思，意识到很多时候家长总是从自己的角度去理解幼儿的问题，并没有从幼儿的角度去思考提这些问题的原因。

### （三）聚焦问题

游戏结束后，教师和家长一起观看展现社会发展日新月异的照片。

教师指出，社会迅猛发展，新兴事物不断涌现，授之以鱼不如授之以渔，知识也许会落伍，但学习的能力在什么时候都是有用的，帮助幼儿掌握解决问题、自主学习的能力，才是对幼儿最有益的。所以，我们需要教给幼儿的不再是具体的知识，而是解决问题、自主学习的能力。

随后，教师请家长思考：刚刚每个人都列出了幼儿提的问题，那么大家是怎么对待幼儿的问题的呢？幼儿提问题之后，您是直接解答的吗？

有家长表示，幼儿在家会提很多问题，刚开始的时候还比较耐心，会认真回应，但是到后来就有点不耐烦了，有的时候会敷衍了事。很多家长表示是直接回应幼儿的问题，也有家长表示有的时候会和幼儿一起探究问题的答案。

家长分享后，教师指出幼儿的问题解决能力是在解决问题的过程中不断提升的，如果家长对待幼儿的问题敷衍了事或者直接解答，可能难以发展幼儿的问题解决能力。随后教师请家长分组讨论本次工作坊的核心问题：如何培养幼儿的问题解决能力？

### （四）小组学习与分享

#### 1. 分组学习讨论

教师请家长以小组为单位，就问题展开自主学习与讨论并在白纸上记录下来，每桌选出一名组长、一名记录人、一位发言人，由组长来组织讨论，记录人把各位家长的想法在白纸上记录下来，发言人稍后代表小组进行经验分享。各小组15分钟的学习和讨论时间。教师为各小组提供相关学习资源《如何在生活中培养幼儿问题解决能力》，供家长自主学习，并鼓励家长通过信息检索搜索更多更有效的信息资源。

### 2. 小组分享

分组讨论结束后，教师请各组代表分享本组其中一两个策略，并要求后面分享的小组不能重复前面的策略。

在小组分享中，家长大都转变了之前对于幼儿提出的问题和问题解决的态度，认为不能消极对待幼儿提出的问题。首先要鼓励和肯定幼儿提出问题，不能让幼儿觉得提问是一件不好的事情；其次，家长指出可以用提问的方式引导幼儿思考，尽量让幼儿通过自己的努力解决问题，此外，家长在日常生活中也要言传身教，为幼儿树立正确的榜样；最后，当幼儿成功解决问题时，家长要及时鼓励，为幼儿建立信心。

## （五）专题讲座

教师结合各组的分享，就如何支持幼儿自主解决问题做了专题讲座，指出家长要培养幼儿独立解决问题的习惯，给幼儿独立解决问题的机会，培养幼儿坚持、不放弃的品质，鼓励幼儿从失败中找到解决问题的办法，鼓励幼儿不断尝试。在幼儿遇到问题时，家长可以通过问一问、说一说、想一想、做一做、评一评五部曲和幼儿一起解决问题，并发展幼儿的元认知能力。

### 1. 给幼儿自主解决问题的机会

在日常生活中，家长经常帮幼儿包办代替。比如，幼儿说："我不会穿袜子。"家长就直接帮他穿上。这样的包办代替会让幼儿的生活自理能力比较差，而且会养成依赖的习惯，遇到问题和困难不会独立自主地想办法解决，而是依赖成人。因此，家长需要给幼儿自主解决问题的机会，相信幼儿有解决问题的能力，放手让幼儿自己解决遇到的问题，家长可以提供支持和协助，但绝不是代办。比如，上学的前一晚，可以让幼儿自己收拾书包，家长在旁边通过提问引导他思考上学需要用到什么东西。

### 2. 用鼓励激发幼儿的主动性

在幼儿探索解决问题的时候，家长要给幼儿自由轻松的探索空间。首先，少用否定词，如"不许""不能""不要""不可以"等；其次，少用限制词，如"应该""必须"等。这些词都表达了成人的主观意愿，而忽略了幼儿的想法，限制了幼儿的思维发展。其实，在保证幼儿安全的前提下，家长应鼓励幼儿多尝试，给幼儿一些跳一跳能够得着的挑战。当幼儿自主解决了一个问题以后，家长要多用鼓励而具体的话语肯定幼儿。

### 3. 让幼儿变得博学：懂得多才能想得多

人们在解决问题的时候，会第一时间回顾已有经验，从中搜寻与当前问题相关的信息。如果幼儿的已有经验匮乏，那么他们就没有足够的经验迁移到新的问题中，在解决问题的过程中将比其他人遇到更多困难和障碍。所以，增加幼儿的已有经验将有利于培养他们解决问题的能力。怎么增加他们的经验呢？家长可以通过阅读绘本的方式让幼儿了解各种知识；接触社会与大自然也可以让幼儿通过直接的触摸和感受获取多方面的知识。

### 4. 培养幼儿坚韧不拔、不怕输的精神

有些幼儿在遇到困难或挫折时会出现急躁或者逃避的情况。家长在面对这种情况时，首先要冷静，要理解幼儿发脾气是因为遇到了困难，接纳他们的情绪，引导幼儿了解自己的情绪；其次，家长要引导幼儿冷静地面对问题，多鼓励与支持幼儿，家长帮助幼儿找问题或者降低难度，引导幼儿多练习，找出好的解决办法。当幼儿成功时，家长要及时表扬；当幼儿遇到挫折时，家长要鼓励他们勇往直前。家长平时也要以身作则，让幼儿从父母身上感受到坚韧不拔的精神，这样更有利于培养幼儿坚持不懈的品质，这种品质能够促进解决问题能力的发展。

### 5. 支持幼儿解决问题

教师通过介绍活动案例，帮助家长了解如何支持幼儿的问题式学习活动。首先引导幼儿探索问题情境，让他们能够在亲身体验中认识问题，明确要达到的目标。其次，与幼儿一起通过思维导图分析问题，明确学习需要，并制订可行的行动计划，鼓励幼儿通过多样化的学习方式开展自主学习，发展幼儿收集信息、分享信息、创造性建构策略的能力。最后，通过展示幼儿的作品，引导幼儿回顾并总结自己解决问题的历程，帮助幼儿获得成功的高峰体验，培养幼儿的成就感。在家中，当幼儿遇到问题时，家长不要急于给出答案，可以采用以下方法支持幼儿自主解决问题。问一问：刚才发生了什么事？你感觉怎么样？说一说：你遇到了什么困难？用"我不知道怎么样……"引导幼儿把困难说出来。想一想：你有什么好办法？可以去哪里找到好办法？做一做：你觉得哪个办法好？为什么？那你试一试这个办法，好吗？评一评：你成功了吗？现在你感觉怎么样？下次再遇到这个问题，你会怎么样？

### （六）操作练习

请家长以小组为单位，结合讲座内容，针对幼儿平时会遇到的问题，就如何支持幼儿自主解决问题展开讨论，制订具体的支持幼儿自主解决问题的策略，并将内容记录在纸上。各组派一位代表，分享本组的成果。

以一组家长的分享为例。这组家长提到幼儿遇到的问题是：不会穿鞋，总是穿反，需要家长帮忙。家长计划采取的支持策略是：

1. 降低难度：选择浅口的、鞋底较软的、舒适的鞋子或者使用魔术扣的鞋子。

2. 鼓励孩子观察，学习辨识左右脚：和孩子玩鞋子配对游戏，请孩子帮大人找鞋子，并按左右脚对应放好；把孩子名字贴或者小标识剪成两半，分别固定在孩子鞋子的内侧，以便孩子拼图小标识时，分辨鞋子的左右脚。

3. 示范练习：家长选择和孩子类型差不多的鞋子，和孩子一起穿鞋子，示范穿鞋的方法。

4. 鼓励：在孩子正确穿鞋后及时鼓励，肯定孩子的努力。

最后，教师对工作坊进行了回顾与总结，指出家长要鼓励幼儿发现问题、提出问题，相信幼儿有自主解决问题的能力，在幼儿遇到困难时，用正确的方法加以引导，支持幼儿在自主解决问题的过程中获得各个领域的学习经验，培养优秀的学习品质。

## 三、拓展

### （一）下阶段家园共育目标与内容

家长为幼儿创设"问题角"，幼儿可以将自己遇到的问题和家长一起记录下来。家长和幼儿一起选择感兴趣的问题，运用工作坊学到的策略一起解决问题。

幼儿园持续开展问题式学习课程，并与家长分享活动进展，寻求家长的支持与合作。

### （二）相关学习资源

[1] 方州. 孩子解决问题的能力是这样培养出来的. 北京：中国华侨出版社，2009.

[2] [美] 德雷克斯，[美] 索尔兹. 孩子：挑战. 甄颖，译. 北京：生活书店出版有限公司，2015.

[3] [英] 戈尔德萨克，编，[英] 斯莫尔曼，绘. 和朋友们一起想办法（全8册）. 柳漾，译. 武汉：湖北美术出版社，2011.

## 〜 工作坊8：留下成长的足迹——宝宝成长档案 〜

## 一、发现问题

　　家长可以通过幼儿的成长档案将成长的足迹记录下来，为幼儿和自己留下一份弥足珍贵的礼物。问题式学习课程主张通过成长档案详细、生动地描述幼儿在园的学习与生活的真实情境，既可以保留幼儿成长的足迹，又可以帮助教师对幼儿的发展过程进行动态的、适宜的、情境性的纵向评价。

### 场景观察实录与分析

　　幼儿园新生家长会，宋老师请家长配合幼儿园完成幼儿成长档案。家长们一接到这个任务，便纷纷向宋老师求助："什么是成长档案？""老师，成长档案怎么弄呀？里面都要装哪些材料？""我们需要做些什么？""成长档案要做到什么程度，我没那么多时间怎么办？"

　　在和家长的交流中，宋老师发现家长其实对幼儿的成长充满了期待与关注，他们也喜欢和教师讲述幼儿的成长故事，但是很多故事都只是家长凭记忆讲出来的，缺少细节。家长们喜欢给幼儿拍照片，但是很多都是在旅游时、在照相馆中拍摄的照片，缺少对幼儿日常生活的记录。

　　由此，根据家长们的需求，以成长档案为主题的工作坊应运而生。此次工作坊将重点探究以下两个核心问题。

　　幼儿成长档案有什么价值？

　　如何制作幼儿成长档案？

## 二、开展工作坊

### （一）做好准备

#### 1. 经验准备

　　教师需要系统学习幼儿成长档案的相关知识，并进行深入的理解和加工组织，以便用通俗易懂的方式帮助家长理解和掌握。

### 2. 物质准备

（1）记录幼儿学习与成长主题的相关书籍，如《幼儿学习档案——真实记录幼儿学习的历程》《幼儿活动档案记录与解读》。

（2）收集做得比较好的幼儿成长档案作为参考案例。

（3）一块宽阔的场地，桌椅分小组摆放。

（4）白纸若干张、一盒马克笔、一盒彩色笔、透明胶每组一卷。

（5）茶歇点心。

### （二）热身：你画我猜

由于参与工作坊的家长来自小班不同的班级，大家彼此还不太熟悉，为了打破陌生感，调动家长参与互动的积极性，教师组织家长们开展了一个"你画我猜"的游戏。具体玩法如下。

每组有6名参赛选手，排成一列背对大屏幕和白板。游戏开始后，第一位选手转身看屏幕上显示的内容，用25秒的时间将屏幕上的内容在白板上以图画表现出来，只能画不能说话。画好后，第二位选手转身，根据第一位选手的作画猜内容，并将第一位选手的画擦掉，根据自己理解到的内容重画一幅，第三位选手转身根据第二位选手的作画猜词。依次类推，最后一名选手要根据前一名选手的作画猜出内容。

"你画我猜"的游戏考验家长团队之间的默契，而且涉及从他人的图画作品中获取信息，理解他人要表达的意思。幼儿有一百种语言，他们的作品常常包含着丰富的信息，家长要想捕捉和记录幼儿的成长，也常常需要站在幼儿的角度，理解幼儿多种多样的表达。

### （三）聚焦问题

### 1. 引入

热身游戏后，教师向家长展示了一幅丰子恺先生的画作，画上有三个儿童，配文"妹妹新娘子，弟弟新官人，姊姊做媒人"。教师请家长观察并思考：在这幅画上你看到了什么？这三个幼儿在做什么？

由于画面简洁清楚，加上文字解说，家长很轻松地猜到画作上展现的是三个幼儿在玩"结婚"的游戏。教师告诉家长们，这幅画是文艺大师丰子恺先生的作品，他用充满童趣的画笔记录了他的三个孩子玩"结婚"游戏的情境，并给漫画配上了简单的文字。他以绘画的方式记录了孩子成长中的点滴，相信他的孩子长大后看到这幅承载童年回忆的画作时也会莞尔一笑吧。

每个幼儿的成长只有一次，家长想不想把幼儿成长的足迹记录下来，为您和幼儿留下一笔宝贵的财富呢？虽然我们不如丰子恺先生技艺超群，不能像他那样画出一幅幅生动活泼的漫画，但是我们仍然有很多其他的方式可以记录幼儿的成长，这就是我们今天的工作坊将要和大家一起来探讨的内容——如何运用成长档案留下幼儿成长的足迹。

**设计意图**

工作坊伊始，教师以丰子恺先生的儿童画《结婚了》作为引入环节，目的是让家长们从大师的笔下看到一位爱孩子的父亲，用他绘画的记录方式，记载了幼儿生活中的精彩瞬间，这对于幼儿是一笔难得的财富，对于家长和幼儿更是难得的回忆。由此，引发家长们对于"成长档案"含义和价值的思考。

### 2. 引导性问题

要想引导家长运用成长档案记录幼儿的成长足迹，首先要让家长知道什么是成长档案，成长档案有什么用。教师通过引导性问题了解家长的已有经验：您有没有记录过孩子的成长？是怎么记录的？

家长们纷纷分享了自己的做法。

"我会在孩子每年生日的时候给他拍一组照片，记录每一年的变化。"

"我平时经常给孩子拍照片，也会把孩子发生的有意思的事情记录下来。"

"孩子画的画我会给他保存在一个箱子里，一些比较好的也会贴在家里，捏的泥手工品也会摆在家里面。"

"幼儿有里程碑式的进步时，我会记下来，比如他是哪一天学会站的，哪一天第一次升国旗。"

"幼儿成长的某阶段如果出现了问题，比如总是打人，我就会观察记录一段时间，这是我参加一个家长培训时学到的。"

……

教师指出家长们分享的这些都是在以不同的方式记录幼儿的成长。只是这些记录是随机的、零散的、不系统的。成长档案是指用照片、影像、录音、绘画或文字等多种形式记录幼儿成长过程的点点滴滴，例如，他出生了、笑了、哭了、会走路了等。除了记录幼儿的成长，也可以记录家长在育儿过程中的汗水与欢笑。

那么，我们为什么要为幼儿做成长档案呢？幼儿的成长档案有什么价值呢？教师从三个方面进行了分析。

（1）成长档案是架起幼儿园与家庭教育的一座桥梁

成长档案为幼儿在成长道路上留下了一份珍贵的个性化资料，有效地激发了幼儿参与学习和活动的兴趣，培养了幼儿的自信心。同时也加强了家园沟通，改善了亲子关系，帮助教师了解每位幼儿的特点，因材施教。

（2）成长档案是有效运用教育评价，促进幼儿全面发展的一种手段

评价在教育实践中起着杠杆作用，正确的评价方法将有助于幼儿向着理想化的方向发展，成长档案发挥教育评价作用。让幼儿自己口述日记、绘画日记、影像记录等多种形式，可以提高他们的口语表达、逻辑思维、创造表现等多种能力，促进幼儿全面发展。同时，成长档案把幼儿教育由幼儿园拓展到家庭，教师、家长用发展的眼光发现捕捉幼儿身上的闪光点，循序渐进地引导幼儿在自信中进步，在快乐中发展，在自信与进步中健康成长。

（3）成长档案是家长为幼儿保留的珍贵礼物

成长档案记录着幼儿人生道路上一段美好的时光，也是一个让幼儿长大后能"看"到自己成长过程中的一系列往事片断的窗口。成长档案使家长既看到幼儿各方面能力的发展，又能及时了解到幼儿各方面的兴趣爱好，充分体现多元评价，以及家园互动、共同配合的优势。

### 3. 确定核心问题

介绍完幼儿成长档案的内涵及价值后，家长对成长档案有了初步的了解，教师提出了接下来请家长思考和讨论的两个核心问题：

幼儿成长中的哪些内容值得记入成长档案？

制作成长档案的方法有哪些？

### （四）小组学习与分享

请家长以小组为单位，围绕成长档案的内容和记录方法开展自主学习与讨论，并在白纸上记录下来。每组选出一名组长、一名记录人、一位发言人，由组长来组织讨论，记录人把各位家长的想法在白纸上记录下来，发言人稍后代表小组进行经验分享。每组15分钟的学习和讨论时间。

教师为各小组提供了参考书籍《幼儿学习档案——真实记录幼儿学习的历程》《幼儿活动档案记录与解读》，供家长自主学习，鼓励家长通过信息检索搜索更多更有效的信息资源。

各组讨论结束后，将记录的白纸贴到前面的展示板上。每组发言人分享本组的学习成果。

关于"成长档案里可以有哪些内容"，家长们的看法汇总如下。

• 孩子很多的第一次。第一次说话，第一次走路，第一次帮忙做家务。

• 孩子做的一些有趣的事情。

• 孩子重要的日子（比如，一岁的生日，我们会特意举行生日会，随后记录下来；

孩子第一天上幼儿园的表现；还有各种节日，如中秋节，孩子会觉得吃月饼很神奇，打灯笼，我们也会记录下来）。

● 孩子的童言童语。孩子有时候会讲特别有趣的话，让我们很惊讶，我们可以把这些话和孩子说这些话的情境记录下来。

● 孩子的作品。把孩子不同时期的作品保存下来，可以看到明显的变化，这是孩子成长的印迹。

● 成长曲线，我们会用图表记录孩子身高、体重的变化。

● 育儿感悟，我们日常会看到一些文字或者报道，就会反思自己某一方面的教育有哪些不好，就会有一些感悟，把它记录下来。

● 亲子互动，就是在家或者在外面的亲子互动，就会照下来或者录下来，留下美好的回忆。

关于幼儿成长足迹的记录方法，家长们提到最主要的方法是照片、录音、录像、文字，还有幼儿的作品。作品包括他们画的画、做的手工、和爸爸妈妈一起做的亲子作品、学习记录（如遇到的问题记录、设计图、学习计划）等。

在分享交流中，有家长提出自己也很想通过成长档案为孩子留下成长的足迹，可是制作成长档案费时费力，很难坚持。这一问题的提出引起了家长的共鸣。很多家长表示，平时工作很忙，能抽出时间陪孩子已经很不容易了，很难再有精力去做成长档案。针对这一问题，有的家长分享了自己的心得，提出手机上有很多图文记录的应用，可以上传图片、文字和语音，自动排版，操作起来很方便，可以节约不少时间。有的家长则从自我管理的角度建议大家每天安排固定的时间做成长档案的记录，坚持一段时间就可以养成习惯。

关于如何能够坚持做成长档案的问题，教师也提出了自己的建议。首先，家长要放松心态，不要给自己太大的压力，幼儿成长中的点点滴滴是不可能全部记录下来的，即使错过了也没关系，只要能够有意识地做观察和记录即可。其次，要让幼儿参与到成长档案的建立过程中来，例如，引导幼儿养成保管自己的作品，把它们插入档案袋的习惯，一方面可以减轻家长的负担，另一方面也是在引导幼儿学会自我管理。

### 设计意图

通过小组讨论，让家长成为成长档案制作策略研讨的主角，引导家长亲身体验问题式学习模式，从自身的角度去发现问题，拟定学习议题，搜集资料，在共同认知经验基础上合作解决问题，从而自主建构"成长档案"的记录策略。

### （五）专题讲座

通过前期的学习与讨论，家长们对于什么是成长档案、为什么要制作成长档案以及成长档案可以包括哪些内容、如何制作等问题有了初步的认识。在此基础上，教师将系统介绍成长档案常见的几类内容及记录的要点，帮助家长掌握多元化记录幼儿成长足迹的方式。

幼儿的成长档案通常包括以下内容模块：我的学习故事、"画"日记、口述日记、童年趣事、开心一刻。

#### 1. 我的学习故事

在家的学习故事是指家长用一种叙事的方式记录幼儿在家发生的、有关幼儿学习与发展的故事。

独立解决问题。可以是配合我园开展的问题式学习的拓展活动，如小班问题式学习"上学了"。幼儿每天都要遇到"上学前要整理书包"这个真实问题，家长就可以用照片的形式把幼儿刚开始整理书包时遇到的困难记录下来，后面他们又是怎样通过模仿练习，解决这个问题的，并配上文字，这样反馈给教师，教师就可以对幼儿有一个客观的评价，便于教师有针对性地辅导幼儿。

亲子共读绘本。亲子阅读是指在家庭中家长与幼儿一起阅读绘本。从阅读活动的内容来看，除了核心的阅读活动外，亲子阅读可以从选书的时候开始，一直到读后的交流，形成一个"选书—读书—聊书—再选书—再读书……"循环立体的过程。在这个过程中，家长与幼儿一起读书，一起学习，不仅扩展了知识，又增添了幼儿与家长的感情交流。家长可以通过照片、视频、音频记录和幼儿一起共读的故事，记录幼儿在阅读中的问题，记录幼儿的感受及续编的故事等。

收集我的宝贝。收藏不同时间段里喜欢的东西。当我们回忆过去，尤其是我们孩童时期，总离不开陪我们一起走过岁月的各种小玩意儿，它或许是一个玩具，也或许是亲人送给我们的一件小礼物。我们幼儿园就专门设了一个收集发现区，比如，小三班收集：亮晶晶的物品；中二班收集：海里的宝贝；大三班收集：恐龙模型。这些物品不但能提高幼儿观察、分类、比较等科学认知能力和语言表达能力，更能培养幼儿的好奇心和创造力。

幼儿学习的形式是多种多样的，教师请家长思考：除了前面列举的三种类型的学习活动以外，幼儿在家的学习故事还可能有哪些形式？经过头脑风暴，家长们想出了更多的学习活动形式，包括做科学实验、玩益智玩具、解决生活中的问题、画画、用放大镜观察物体、饲养小动物等。

家长在记录幼儿表现时，先根据以下几点进行客观描述，还原幼儿真实表现，之后再添加自己的感受和评价。

- 孩子做了什么？
- 孩子说了什么？
- 你看到了什么？
- 你听到了什么？

### 2. "画"日记

就是家长引导幼儿每天将发生的事情画出来，家长根据幼儿说的内容，帮助幼儿记录，形成的日记。"画"日记有别于幼儿平时的绘画作品，它们之间最大的区别就在于"画"日记是动态的记录，而绘画作品是静态的描绘，它们有着本质的区别。"画"日记记录了幼儿的生活经验和丰富的内心世界，就如同写日记一样，要"有话可说"。同样的，"画"日记要"有画可画"。

家长要先了解幼儿，才能读懂幼儿作品。幼儿美术作品其实是幼儿心灵活动的映射，是幼儿描述大千世界的"图画语言"，也是幼儿综合情感的表达方式。有的家长把"像不像""美不美"作为评价幼儿作品的唯一标准。有的家长甚至动手帮幼儿添画，以达到让自己满意的目的。我们家长在引导幼儿开展"画"日记的时候，首先要了解幼儿的绘画特点，才能读懂幼儿的绘画作品，这样才能帮助幼儿真实记录他们的想法。

家长可以鼓励幼儿将画面内容讲述出来。在幼儿讲述时，家长有意识引导幼儿按照"时间、地点、人物、起因、经过、结果"六要素将绘画的内容表达清楚。

### 3. 口述日记

口述日记是指幼儿在家里将一天发生的事情讲述出来，请家长记录。幼儿不会使用文字记录，但是他们有口头表述的能力，家长可用文字或图画把幼儿经历的事情记录下来。可见，幼儿口述日记成为家园双向交流的最佳方式，就是幼儿说、父母写，共同完成一篇日记的一种方式。

家长要用启发式语言引导幼儿大胆说出自己内心的想法。尤其是对于口语表达能力较弱的幼儿，家长需要从旁给予适当的鼓励和引导，例如，"你为什么觉得开心、快乐呀？""这句说得真不错，那后来呢？后来怎样了？"通过具体表扬激发幼儿口述的兴趣，"你这句话说得真棒！""这个词用得真好，你是怎么想出来的？"家长要耐心倾听，并以幼儿的视角、幼儿的口吻记录下来。

### 4. 童年趣事

童年趣事是指发生在幼儿身上有趣的故事。例如，幼儿讲的有趣的话语，幼儿做的有趣的事情等。以对话的形式记录幼儿的幽默话语，以幼儿第一人称描写。

### 5. 开心一刻

利用照片将快乐生活瞬间定格，它能固定某一时刻的记忆，无论开心与伤悲。当时光不再，当我们逐渐老去，看着那些时光里的记忆我们会感叹，生命美丽而短暂。这是成长档案最常见的记录方式。

- 拍摄技巧：突出主角，持续跟踪拍摄。
- 选择有纪念意义的内容：如"幼儿第一次……"
- 超高速连拍，选择经典照片。
- 利用各种软件，图文并茂记录。

### （六）操作练习

请家长运用此次工作坊所学，制订一个适合自己家庭情况的幼儿成长档案实施计划，包括成长档案的记录内容、形式和频率等。

每位家长单独制订自己家庭的成长档案记录计划，将计划写在纸上。家长们将自己制订的计划放在桌面，大家来回走动，浏览其他家长制订的计划，互相学习，补充完善自己的计划。教师请个别家长分享自己的幼儿成长档案记录计划。下面是一位爸爸制订的计划。

首先，我会记录小艾的第一次，她每年的生日，还有像她学会骑车、和小伙伴们玩过家家，各种表现，喜怒哀乐的表情，还有她参加各种社交活动，像参加讲故事比赛，还有她自己学会穿衣服，她有趣的美术作品，和她妈妈做蛋糕等日记内容。

其次，我会将照片打印出来，配上文字，装进档案册；还会用录像、录音的方式记录下来，以免忘记。同时，我还会邀请小艾一起参加制作成长档案，因为，这是记录她的成长过程，所以，她的参与很重要。

再有，我会请小艾妈妈跟我一起做记录，也请她监督我，以免我有时候偷懒，最好，我们能一周记录一次，并加上随机记录。

教师对家长们的分享进行了总结，并再次强调：记录幼儿点点滴滴的成长方式有很多，关键是家长是否站在幼儿的角度，去理解幼儿，去帮助幼儿记录精彩的瞬间，为他们的人生留下宝贵的财富。

## 三、拓展

### （一）下阶段家园共育目标及内容

工作坊结束后，教师依据家长对工作坊的反馈情况，制定了下阶段的家园共育目标及内容，以便更有效地促进幼儿成长档案的建立与运用，达到促进幼儿全面发展，提升家园共育质量的目的。

工作坊结束后，家长与幼儿一起记录在家丰富多彩的生活，并将记录的内容放在幼儿的成长档案中。

　　幼儿每天离园前做图画日记，将自己印象最深刻的活动记录下来，教师记录幼儿活动的精彩瞬间，放进幼儿成长档案中。

### （二）相关学习资源

［1］［美］Elizabeth F. Shores，［美］Cathy Grace. 幼儿学习档案真实记录幼儿学习的历程. 何厘琦，译. 南京：南京师范大学出版社，2004.

［2］［美］迪希特米勒，［美］雅布隆，［美］多尔夫曼，等. 作品取样系统：教室里的真实性表现评价. 廖凤瑞，陈姿兰，译. 南京：南京师范大学出版社，2009.

# 第二章　中班问题式学习家长工作坊案例

## 工作坊1：中班第一次家长会

### 一、发现问题

幼儿到了中班之后，身体素质、认知等方面有了一定的发展，人际交往能力有了长足的进步，与此同时，他们的自信心也在逐渐增强，并且习得了参与游戏活动的技能。幼儿开始尝试和自己喜欢的人主动交往，能主动参与自己感兴趣的活动。

问题式学习课程根据中班幼儿的学习特点，实施重点有了一定的调整，相比小班幼儿，中班幼儿更有可能开展深度的问题式学习活动。所以在中班问题式学习课程中，我们逐步增加了专题式学习活动，帮助幼儿在专题式学习活动中完整体验发现问题、制订计划、自主学习、合作学习、解决问题、拓展游戏、布展等过程。在尊重幼儿兴趣和发展特点的前提下，有目的地发展幼儿各方面的能力，扩展幼儿经验的深度与广度。由此，家长有必要了解中班问题式学习课程的调整，以便更好地开展家园共育工作，支持幼儿高质量探究活动的开展。

到了中班，幼儿的人际交往能力成为家长们普遍关注的重点。4~5岁儿童虽然开始愿意主动交往，但仍然缺乏交往技能，因此，他们在人际交往中总会产生矛盾、合作失败、分工不明等问题。遇到交往问题时也缺乏有效的解决方法。家长们关心幼儿有没有交到朋友，在班级中有没有被欺负或被忽视，在同伴交往中有没有出现攻击性行为，等等。我们有必要帮助家长了解幼儿人际交往的发展特点，掌握一些发展幼儿人际交往能力、处理同伴冲突的策略。

由此，我们在中班开学初召开家长会，重点探究以下核心问题。

中班幼儿的发展特点是怎样的？

如何支持中班幼儿发展人际交往能力？

中班问题式学习课程的实施重点是什么？

## 二、开展工作坊

### （一）做好准备

#### 1. 经验准备

（1）开展工作坊前，教师应深入学习中班幼儿发展特点的文献资料，梳理形成知识体系，并思考如何以通俗易懂的方式向家长介绍和呈现。

（2）制订中班幼儿问题式学习课程实施计划。

（3）准备热身游戏。

#### 2. 物质准备

（1）准备幼儿发展年龄特点相关的书籍，如书籍《发展心理学》，每组一套。

（2）白纸（每组参与工作坊的家长至少一张）、便笺纸、白板、马克笔（每组一支）。

（3）签到台。

（4）茶歇点心。

（5）打印幼儿在园一日生活的活动照片，贴在教室墙面上。

（6）桌椅按照小组的方式摆放。

### （二）热身："雨点变奏曲"

为了活跃现场气氛，缓解家长的紧张情绪，教师带领家长体验了一个"雨点变奏曲"的热身游戏。家长听老师的指令，完成相应的动作。

"小雨"——手指相互敲击

"中雨"——两手轮拍大腿

"大雨"——大力鼓掌

"暴雨"——跺脚

**温馨提示**

1. 教师随机给出指令。

2. 刚开始时，教师可以放慢游戏速度，帮助家长熟悉指令。教师可以说："现在开始下小雨，小雨渐渐变成中雨，中雨变成大雨，大雨变成暴雨，暴雨减弱成大雨，大雨减弱成中雨，又逐渐变成小雨……最后雨过天晴。"

3. 家长渐渐熟悉指令后，教师可以变换给出指令的速度，使游戏更加紧张刺激。

### （三）聚焦问题

教室的墙面贴了一些在幼儿园生活的照片，教师请家长自由走动，想象自己正在参观美术馆，这些照片是美术馆的展品。教师同时提出了一个问题请家长思考：经过小班一年的生活和学习，您觉得孩子在哪些方面的进步最明显？

　　家长们从不同的方面讲述了自己观察到的孩子的进步。有的家长说孩子最明显的进步是生活自理能力提高了，以前总是要姥姥帮忙穿鞋，现在能够自己穿了，而且会自己记得上学要带水杯和水果盒。有的家长说孩子的身体明显比以前强壮了，生病次数少了。有的家长说孩子在幼儿园学到了本领，回到家会展示给爸爸妈妈看。还有的家长提到孩子现在比以前爱讲话了，在幼儿园也有了好朋友，经常和好朋友一起玩。

　　家长分享后，教师介绍了班级基本情况以及幼儿总体上的进步，并且指出，中班幼儿的身心发展特点与小班时期相比发生了明显的变化，我们应该在了解幼儿发展特点的基础上给予幼儿适宜的支持。教师结合实例向家长介绍了中班幼儿的年龄特点。

　　中班幼儿自主性和主动性得到了进一步发展，探索的欲望更为强烈。喜欢玩象征性游戏，游戏中常把自己想象成一个特定角色。他们能够提出自己的活动想法，有主动参与活动的热情与能力，能努力完成自己选择的活动。中班是幼儿社会性发展的关键期。但是交往容易发生冲突。在操作中学习，中班幼儿活动持久性、目的性和专注性都有了比较明显的提高。

　　中班（4~5岁）是幼儿社会性发展的关键期，这一时期的幼儿开始喜欢找同伴一起玩，开始在意在群体中是否受欢迎。但同时这一时期的幼儿经常因为没有掌握好的交往技能而发生人际冲突。教师请家长思考并回答以下问题：您的孩子现在有固定的好朋友吗？您的孩子在和小朋友交往的过程中会发生什么问题？

　　在分享中，家长们提到在幼儿同伴交往过程中存在以下一些问题。

　　"吵着要和某某玩，可是在一起玩不到10分钟就开始打架。"

　　"喜欢拉着大人一起玩，不爱跟小伙伴玩。"

　　"想要加入别的小朋友的游戏，但不敢说。"

　　"容易急躁，一急了就可能会动手打人。"

　　"和小伙伴发生冲突了不会自己解决问题，第一时间就找大人告状。"

　　……

　　从家长的分享中可以看出，中班初期的幼儿虽然展现出了社会性交往的欲望，但人际交往能力还有待提高。有部分社会性发展比较好的幼儿已经有一到两个相对固定的好朋友，有的幼儿的"好朋友"常常更换，尚未形成稳定的友谊。有的幼儿仍然喜欢独自游戏，较少和同伴一起玩。教师顺势提出要家长思考和讨论的核心问题：如何培养中班幼儿人际交往能力？

### （四）小组学习与分享

家长以小组为单位围绕"如何培养中班幼儿的人际交往能力"展开学习与讨论。要求每组选出一名记录员，负责在白纸上记录大家的发言；一名发言人，负责分享本组讨论的结果；一名时间管理员。每位组员积极贡献策略，时间为15分钟。

教师给每组家长分发自主学习参考资源——《发展心理学》《3～6岁儿童学习与发展指南》，并鼓励家长通过各种渠道搜集更多的资源与信息。教师在家长讨论的过程中给予一定的引导。

分组学习与讨论结束后，各小组派代表分享小组的学习成果。

家长分享的培养中班幼儿人际交往能力的策略如下。

- 多带孩子出去和同伴玩耍。
- 鼓励孩子邀请好朋友来家里做客。
- 教孩子学会表达，如想要加入别人游戏时可以怎么说，想要玩别人的玩具时怎么说。
- 当孩子与同伴发生矛盾时，鼓励、引导孩子自己解决。

教师对各小组分享的内容进行梳理，并对相关要点进行强调、补充，形成幼儿人际交往策略。首先家长要做幼儿良好交往的榜样，和幼儿建立温暖、和谐、支持性的亲子关系，培养幼儿乐观、积极、善良的性格。其次，为幼儿创造同伴交往的机会与条件，让幼儿在不断的交往中发展交往能力。最后，家长还应该有意识地培养幼儿的社会交往技能，社会交往技能并不都是自然习得的，需要学习与练习，如如何解决冲突，如何加入游戏，等等，家长可以通过角色扮演、绘本等方式发展幼儿的社交技能。

### （五）专题讲座

经过教师的介绍，家长们了解到中班幼儿的身心发展特点已经与小班时大不相同了。教师请家长们结合刚刚介绍的中班幼儿的年龄特点，思考：**您希望孩子在中班得到怎样的发展？**请家长将对幼儿的期望写在便笺纸上，贴在前面的展示板上。

教师浏览了家长贴在前面的便笺纸，发现被家长们提及的期望有："交到好朋友""合群、受欢迎""能够在大家面前大方、大胆地表现""保持好奇心""有创造力""学会自律和遵守规则"等。

聆听家长的分享后，教师指出，家长们提到的这些期望也是幼儿园问题式学习课程所注重培养的。教师带领家长回顾了幼儿园问题式学习课程：问题式学习课程强调幼儿的学习是以幼儿遇到的真实问题为起点，通过"提出问题—分析问题—构建策略—

解决问题"的过程，幼儿不仅可以获得相关的知识经验，建构对事物的认识，还能培养好奇心、问题解决能力、团队合作能力、交流沟通能力、元认知能力、想象力与创造力等学习能力。在不同的年龄段，幼儿的培养目标和重点不同。接着，教师向家长介绍了问题式学习课程中，中班幼儿的学习与发展目标，以及中班问题式学习课程的组织与实施，帮助家长了解幼儿在中班一学年将如何在问题式学习课程中获得学习与发展。

### 1. 中班幼儿学习与发展目标

（1）好奇心

- 对事物的变化或事物之间的关系感兴趣，如发现常见物体的结构与功能之间的关系、影子与光的关系、季节的周期变化等。
- 创造条件和机会接近新奇事物。
- 能持续一段时间收集自己感兴趣的某种物品。
- 对收集的物品能够分门别类，讲述物品的特征。
- 遇到问题时，能够进一步提问，以求进一步了解。
- 对自己感兴趣的问题喜欢追问，直至获得满意的结果。
- 积极探索感兴趣的事物。
- 能持续一段时间探索感兴趣的事物。

（2）问题解决

- 相信自己经过努力能够解决问题。
- 对成功解决问题感到自豪。
- 乐于解决有一定挑战的问题。
- 尽管受到打扰，也能越来越独立地、在一段较长的时间内聚焦注意力在任务和经历上。
- 遇到困难仍坚持不放弃。
- 有时能独立地控制冲动行为，但在其他时候需要成人的支持。
- 有了许多处理情绪的策略，也许仍然需要成人支持解决强烈的情绪，但是越来越熟练地使用成人建议的策略处理情绪。

（3）交流沟通

- 能用语言完整清晰连贯的表达。
- 能用多种表征记录方式表达自己的想法、发现或结果。
- 能理解别人的想法。
- 与别人讲话时，知道眼睛要看着对方。
- 知道不同的人有不同的想法。

（4）团队合作

- 能认识到合作可以使某些任务完成得更好。
- 合作中愿意接受同伴的意见和建议。
- 会和同伴进行简单的分工。
- 与同伴发生冲突时，能听从成人的劝解，愿意与同伴进行协商。
- 与同伴发生意见分歧或冲突时，能清楚表达自己的观点和意见。

（5）想象与创造

- 能够脱离具体实物与他人讲述进行想象。
- 能够产生新的游戏想法。
- 能吸收不同的资源，灵活、新颖地解决问题。

（6）信息素养

- 能够持续地关注自己感兴趣的信息。
- 能够采用多种方式获取信息。
- 实地参访时，能够通过倾听、提问的方式获取需要的信息。
- 能够比较客观地记录获得的信息。
- 能通过绘画展示、报告、交流等方式表达自己对信息的理解。
- 能初步筛选出对自己有用的信息，并运用信息解决问题。

（7）元认知

- 活动前能够制订计划。
- 遇到困难时，能够调节自己的情绪，坚持完成任务。
- 能够说出自己的任务完成得怎么样。

（8）建构认识

- 能够联系生活经验建构对事物的理解。
- 能说出自己对一个事物的看法/理解，并能自圆其说。
- 能够整合已有信息构建策略或得出结论。
- 能够解决较复杂的问题。
- 能够将已有的感觉、经验和知识应用到新的情境中。

2．中班问题式课程的组织与实施

教师向家长呈现了中班幼儿一日作息时间表，并详细介绍了区域活动、户外活动、问题式学习活动中幼儿的行为及教师的指导策略，帮助家长理解中班课程实施中的一些变化，从而更好地与幼儿园合作支持幼儿的学习。

（1）区域活动

区域活动是幼儿最享受的自由时光之一，幼儿可以按照自己的兴趣和需要自主选择游戏和材料。由于中班幼儿的活动范围变大，并且有同伴交往的需要，因此为中班幼儿设置的区域面积会相对较大。教师会在区域活动中对幼儿进行观察，了解幼儿进区的情况及兴趣点，根据幼儿的兴趣和需要增减材料、调整区域。幼儿区域活动结束后，教师会组织幼儿围坐在一起分享自己的发现和收获，也会聚焦一个问题进行讨论。区域后的分享对幼儿的发展有重要价值：集中进行区域分享时，幼儿之间可以互相启发、互相学习，通过倾听他人的分享获得间接的学习经验、发现新的玩法、获得建议，或者发现问题，产生认知冲突，激发深入探究的动机。

教师会记录幼儿每日选区的情况，了解幼儿在一段时间内的选区偏好。一方面，幼儿的选区偏好反映了区域的受欢迎程度，可以为教师调整区域提供参考；另一方面，选区偏好反映了幼儿的兴趣和个性特点，教师可根据情况进行适当引导。例如，发现幼儿一段时间内经常选择某个区域时，可结合该区域的观察记录，判断幼儿是否在该区域进行持续的探究活动，判断能否支持幼儿在该区域内开展随机问题式学习探究；也可以适当引导幼儿关注其他区域，促进其全面发展。通过选区情况反映出来的幼儿兴趣也会作为我们选择问题式学习活动专题的参考。教师会每天记录幼儿进区情况，包括姓名、时间、主要游戏活动、同伴互动等，每周统计一次全班幼儿进区情况。

同时，教师会对区域内幼儿学习活动进行细致的观察与记录，追踪幼儿学习与解决问题的过程，运用逸事记录法详细客观地记录下来。通过对幼儿解决问题过程的观察，分析幼儿现阶段的学习特点和发展水平，会为制订下一步计划提供依据，如调整区域材料支持幼儿更高水平的探索等。

（2）户外活动

户外活动包括三项内容，即圆圈游戏、民间游戏、自由野趣游戏。圆圈游戏：班级师生共同进行的圆圈游戏可以增强幼儿的集体归属感。民间游戏：幼儿园开展民间体育游戏是对民间体育娱乐文化的认识、利用、开发和继承的学习过程。民间游戏由教师组织与幼儿发起相结合，既鼓励"大带小"的游戏，也支持同龄幼儿开展难度相当的民间游戏。自由野趣游戏：鼓励幼儿利用户外开阔的空间和自然环境开展野趣游戏。幼儿在户外可以尽情奔跑追逐，让自己的心灵和身体获得充分的舒展。此外，户外环境由于它的自然性而充满了变化和挑战，可以持续不断地带给幼儿新鲜感。野趣游戏的这些特点，使得户外野趣游戏环境更能支持幼儿独自探索与合作学习，发现问题与解决问题。

（3）问题式学习活动

由于中班幼儿的认知能力有所提升，能够进行更深入的学习，因此，我们在中班的课程中逐步增加了专题式问题式学习活动，使随机式问题式学习活动与专题式问题式学习活动并行。专题式问题式学习活动要解决的问题更加复杂，包含更多的学习内容，需要持续更长的探究时间。一个完整的专题式问题式学习活动包括启动、核心问题、活动展开、回顾与总结、拓展活动五个阶段。

启动环节教师会通过观察幼儿的游戏、生活，将幼儿兴趣与项目进行联结；或与幼儿一起讨论相关话题，激发幼儿兴趣；或通过实地参访活动相关地点，阅读与活动相关的绘本等方式将幼儿的关注点转移到专题上来，并一起建立一定的共同经验，激发幼儿兴趣和深入探究的动力。

启动之后，教师将引导幼儿聚焦核心问题。核心问题即能够统领提出的所有问题的问题，常常是真实的、有吸引力的、有挑战性的、与幼儿相关的。核心问题是有价值的，解决核心问题的过程中，幼儿能够获得多种关键经验。

活动展开的方式依据核心问题而定。有的活动是全面性问题，几个子问题同时开展，如怎么养小狗；有的活动是步骤性问题，滚动开展，如怎么做蛋糕；有的活动是选择性问题，几个小组分别选一种，最后寻求最优解决方式。

问题成功解决之后，进入回顾与总结环节。幼儿在教师的引导下回顾整个解决问题的过程（包括遇到的问题及采取的解决策略），分享自己在解决问题过程中的不同心情，总结解决问题过程中学到的知识和技能。教师为每位幼儿都能在小组中充分地表达与感受创造条件。回顾与总结可以帮助幼儿强化和综合从问题式学习活动中获得的各种信息。通过回顾与讨论，幼儿可以看到自己的进步，逐步增强解决问题的自信。同时，幼儿反思解决问题的过程中自己的表现，如是否投入，是否积极主动地思考，是否积极贡献策略，这将有利于发展幼儿的元认知能力。

为了帮助幼儿巩固和运用解决问题过程中所获得的经验，让幼儿充分体验学习的成就感，满足幼儿游戏的愿望，我们在问题解决之后，增设了幼儿创想活动，作为问题导学活动的拓展阶段。

## （六）操作练习

教师介绍完中班幼儿发展特点、问题式学习课程重点及支持幼儿人际交往的策略后，请家长完成以下操作任务。

（1）分析幼儿人际交往的长处与不足。

（2）结合幼儿的实际情况与问题式学习课程理念，制订支持幼儿人际交往的计划。

每位家长根据自己孩子的实际情况进行分析和制订计划，教师为每位家长提供纸和马克笔，家长将分析和计划记录在白纸上。

完成后请家长将白纸放在桌面上，大家以参观美术馆的形式观看其他家长的分析与计划，随后教师请个别家长分享。下面是一位家长的分享。

幼儿人际交往的长处与不足

长处：有和同伴一起玩的愿望，能够很大胆地和同伴表达自己的想法。

不足：缺乏交往的技巧，有时候会以攻击的方式达成自己的目的，也有时候不会维护自己的权益，与同伴发生冲突时不会自己解决。

支持计划

每天下午放学后带他到小广场和小朋友玩一段时间再回家。

周末带他去好朋友家玩，或邀请他的好朋友来家里玩。

购买一些人际交往主题的绘本，通过绘本让他学习交往技巧。

和他玩情境游戏，示范人际交往的方法和技巧。

当亲眼看到他与同伴的交往遇到问题时，现场支着儿，鼓励他尝试，如果能够成功就能增加他的信心。

工作坊的最后，教师再次强调，中班幼儿的身心发展已经发生了巨大的变化，幼儿园的课程已经做出了相应的调整，希望能够得到家长的积极配合，家园合作共同促进幼儿在中班一学年各方面取得更大的进步。此外，中班是幼儿发展社会交往能力的关键期，家长要抓住这一关键期，运用所学到的方法和策略帮助幼儿学会与人交往。

## 三、拓展

### （一）下阶段家园共育目标及内容

第一，家长实践支持幼儿人际交往的策略，并将实践的心得分享至家长群，以便大家互相学习。

第二，家长根据家庭居住距离远近结成小组，周末、节假日几个家庭共同出游，增加幼儿的同伴交往机会。

第三，教师在教室投放与友谊相关的绘本，开展与友谊相关的活动，以发展幼儿人际交往能力。

### （二）相关学习资源

[1][美]谢弗，等. 发展心理学. 邹泓，等译. 北京：中国轻工业出版社，2016.

[2][日]黑柳彻子，著，[日]岩崎千弘，图. 窗边的小豆豆. 赵玉皎，译. 海口：南海出版公司，2018.

## 〰 工作坊2：如何协助幼儿解决同伴冲突 〰

## 一、发现问题

同伴交往是幼儿社会性发展的重要内容，良好的同伴关系有利于儿童社会价值的获得、社会能力的培养以及认知和健康人格的发展。不良的同伴关系会使儿童的成长受阻，并且可能会出现学校适应困难，甚至成人以后的社会适应困难。[①]中班幼儿越来越喜欢和同伴一起游戏，中班阶段是幼儿人际交往的关键时期，但是4~5岁幼儿处于前运算阶段，自我中心表现突出，在交往的过程中难以从他人的视角看问题，而且幼儿交往经验不足，难以正确判断同伴行为，经常产生同伴冲突。

### 场景观察实录与分析

教师发现幼儿上中班以来，经常会因为各种事情发生冲突。一次户外活动时间，小朋友在大型滑梯上玩得正开心，一个一个轮流排队向下滑。这时，小飞从旁边跑过来，推开排队的小朋友就爬上滑梯滑了下去，小丽被推了特别生气，扯住小飞的衣服，让他离开滑梯，小飞又推了小丽一把，教师赶紧把两个小朋友分开。

小飞生气地说："老师，她拉我衣服！"

小丽更生气了："老师，他推我！而且不排队！"

小飞："我不管，我爸爸说了，别人打了我，我要打回去。"

小丽："哼，我爸爸也说了，你打我我也要打你。"

教师认可了两位小朋友的情绪，待他们平静之后，了解事情经过，请小朋友自己提出方案解决问题，后来两位小朋友重归于好。教师心里却有了疑惑，两个小朋友都说"爸爸说被打了要打回去"，家长们在教育幼儿解决同伴冲突时都是这样想的吗？带着问题，教师和家长们进行了沟通，询问家长如何对待幼儿的同伴冲突。"老师，孩子不打回去我怕他受欺负。""我不想看到孩子吵架，所以一看到苗头就赶紧扼杀在摇篮里了。""我也试过很多办法，但是感觉都收效甚微。"

教师发现幼儿缺少同伴交往和冲突解决技能，家长在对待幼儿同伴冲突时也经常走入误区。有的家长支持幼儿"以暴制暴"；有的家长替幼儿解决冲突，不给幼儿自己解决

---

[①] 刘少英：《学前幼儿同伴关系发展追踪研究》，博士学位论文，华东师范大学，2009。

冲突的机会。这些都不利于幼儿从冲突中学习，不利于幼儿同伴交往能力的发展。

同伴冲突意味着交往出现问题，在问题式学习课程中，同伴冲突同样是幼儿学习人际交往的机会，幼儿与同伴发生冲突的过程，实际上就是去自我中心化的过程。冲突能够促进幼儿情绪情感的社会化，冲突能够帮助幼儿掌握社会交往技能。幼儿从同伴的反馈中逐渐学会在不同的冲突情境中使用不同社会交往技巧，这样才能更有效地解决冲突。

由此，教师面向中班家长开展了"支持幼儿解决同伴冲突"主题工作坊，共同探讨幼儿为什么会发生同伴冲突，学习支持幼儿自主解决同伴冲突的策略。

此次工作坊将带领家长探究的核心问题是：如何协助幼儿解决同伴冲突？

## 二、开展工作坊

### （一）做好准备

#### 1. 经验准备

开展工作坊前，教师应提前阅读幼儿同伴交往、冲突解决相关的文献资料，了解幼儿社会性发展的线索和特点、幼儿产生同伴冲突的原因、帮助幼儿解决同伴冲突的策略等内容，并收集一些相关的案例，辅助家长理解。

#### 2. 物质准备

（1）为家长准备支持幼儿解决同伴冲突策略相关书籍，如《你不能参加我的生日聚会——学前儿童的冲突解决》，每组一本。

（2）提前拍摄展现幼儿同伴冲突的视频。

（3）白纸、白板、马克笔。

（4）桌椅按照小组方式摆放。

（5）U盘、计算机、话筒、投影、备用便携式耳麦。

### （二）热身：抢椅子

游戏玩法：家长每6人一组，围成一个圈，中间放上5把椅子，教师播放音乐，家长围着椅子转圈圈，音乐停时家长开始抢椅子坐在上面，没有抢到椅子的人淘汰；第二轮减少一把椅子，重复第一轮的游戏；一直到最后只剩两人争夺一把椅子，各组选出最后的冠军。

### 设计意图

抢椅子游戏是一个偏向竞争类的游戏，过程中家长会出现许多肢体碰撞和摩擦，或者两个家长几乎同时坐在一把椅子上，幼儿在做这个游戏的时候也会出现许多的同伴冲突。

### 温馨提示

1. 游戏时间不宜过长，每组人数控制在6个左右即可。
2. 提前制订好规则，如两个人同时抢到一把椅子怎么办。
3. 游戏以娱乐为主，重在参与，提醒家长不要过度争夺第一。

### （三）聚焦问题

请家长观看幼儿在园同伴冲突视频，询问家长：孩子是否遇到过和视频中相似的问题？孩子会因为什么和同伴发生冲突？

家长们表示孩子和好朋友一起玩的时候，经常因为各种原因发生矛盾："和小朋友抢玩具，他最爱的小汽车，别人不能碰，一碰他就生气。""别人不小心碰到了他，他就要打回去。""东西只有一个，两个人抢，都想要。""我家孩子最受不了他觉得丢脸的时候别人笑他，有的时候别人不是在笑他，但他看到别人在笑就生气。"

教师总结家长提到的各种引发幼儿冲突的情况，指出幼儿阶段幼儿冲突的类型主要有四种：资源占有引发的冲突事件、意见分歧或规则维护引发的冲突事件、身体动作引发的冲突事件、语言引发的冲突事件。

随后，教师向家长解释了幼儿发生冲突的原因。四五岁的幼儿自我中心表现明显，对问题的判断往往以自己的喜好或者感受为中心，他们想获得自己想要的东西时，往往倾向于采取争抢或者攻击的方式，而不是通过合作沟通的方式去争取或表达。同时四五岁的幼儿社会认知发展水平较低，社会交往经验不足，他们不能正确判断对方的行为是否有意，所以常常很容易误解他人动作的意图。也许对方只是为了打声招呼，或者动作稍微有些夸张，却被误会成打人或者威胁，导致冲突的发生。此外，还有幼儿为了引起他人的注意、争取和同伴的交往资源而和同伴产生冲突。

随后教师进一步追问：那您觉得同伴冲突有价值吗？

有的家长一听到这个问题，下意识回答："没有没有，每次都又哭又闹，感觉孩子太累了。""感觉发生太多次矛盾，还老打人，不是什么好事。"也有家长表示了不同的观点："我觉得还是有价值的，两个小朋友相处总会吵架的，有的时候吵完了感情更好了。""我觉得孩子面对同伴冲突的时候，如果能学会从别人的角度看问题，那么冲突是有价值的。"

教师指出冲突对幼儿的成长至少有以下三点价值：第一，幼儿与同伴发生冲突的过程，实际上就是去自我中心化的过程，幼儿在发生冲突的时候，他们被迫深入思考自己的需要与他人之间相互抵触之处，意识到他人的观点并不是总是与自己一致，从而慢慢学会站在对方的角度想问题。第二，冲突能够促进幼儿情绪情感的社会化，在与同伴互动中，幼儿可以逐渐察觉自己和他人的情绪，并学会在不同的情境下控制自己的不良情绪。第三，冲突能够帮助幼儿掌握社会交往技能，幼儿与同伴发生冲突的过程，实际上也是获得同伴反馈的过程。幼儿从同伴的反馈中逐渐学会在不同的冲突情境中使用不同社会交往技巧。

在了解了同伴冲突的原因、类型并对冲突的价值达成共识后，教师强调要想实现冲突的价值，家长应该帮助幼儿正确处理同伴冲突，并由此提出本次工作坊的核心问题：幼儿与同伴发生冲突时，家长应该怎么做？

### （四）小组学习与分享

#### 1. 分组学习与讨论

请家长以小组为单位，就上述问题情境展开自主学习与讨论并在白纸上记录下来，每桌选出一名组长、一名记录人、一位发言人，由组长来组织讨论，记录人把各位家长的想法在白纸上记录下来，发言人稍后代表小组进行经验分享，各小组15分钟的学习与讨论时间。

教师为各小组提供相关学习资源：图书《你不能参加我的生日聚会——学前儿童的冲突解决》，供家长自主学习，同时，鼓励家长通过信息检索搜索更多更有效的信息资源。

#### 2. 小组分享

分组讨论结束后，教师请各组代表分享本组其中一两个策略，后面分享的小组不能重复前面的策略。每组3分钟时间来分享自己讨论和学习的成果，家长分享的策略如下。

第一，当孩子发生简单的言语冲突时，家长会在一旁观察，放手让孩子自己解决。

第二，当孩子自己没有办法解决冲突甚至出现攻击性行为时，首先会及时制止，然后安抚孩子的情绪，并了解、分析事情的经过，引导他们通过沟通找出解决方法。

第三，在冲突解决之后，家长会帮助孩子梳理事件，引导孩子将来用正确的方式处理冲突。

### （五）专题讲座

当幼儿与同伴发生冲突时，家长如何更科学、有效地调解冲突呢？在家长学习分享的基础上，教师通过专题讲座帮助家长进一步了解支持幼儿解决同伴冲突的策略。

### 1. 冲突调解的六个步骤①

**（1）冷静地接近，阻止伤害性行为**

当幼儿在伤害别人或者大喊大叫时，家长应该立即做出反应。走向幼儿时，我们要注意自己的身体语言，表达信任和尊重：蹲下来用平静的语调和幼儿交流，通过轻柔的抚摸安慰他们，稳定情绪。

**（2）认可幼儿的感情**

确定幼儿情绪有没有问题。如果出现情绪化，我们就需要花时间让幼儿内心平静下来。家长应该表达自己对幼儿感受的关注，比如，"我知道你现在很难受"。幼儿感受到自己被支持，可以充分表达他们的感受，进而思考解决问题的办法。

**（3）收集信息**

家长要观察幼儿的情绪是否平静，理性思考能力是否恢复。幼儿情绪平静之后，我们就可以收集信息了，询问他们刚刚发生了什么，仔细倾听幼儿说的话。

**（4）复述问题**

家长需要用中立、冷静的方式重复幼儿分享的信息。这样幼儿可以聚焦于一个或两个最相关的细节。

**（5）征求问题解决办法，共同选择一个**

家长表述完问题后，询问幼儿："我们应该怎么做才能解决这个问题呢？"当幼儿提出了一些想法时，我们应该和他进行讨论："这个方法你可以接受吗？"这样幼儿就知道自己是解决冲突的主人，会选择一个大家都能接受的解决办法。

**（6）给予进一步支持**

如果问题解决了，家长可以告诉幼儿："你们一起解决了这个问题。"以此鼓励幼儿。此外，家长还可以继续观察发生冲突的幼儿，看看他们是不是真的解决了冲突，如果没有的话，家长再进一步介入。这一步骤能从冲突过渡到玩耍，可以使用鼓励性的陈述，也可以观察幼儿继续游戏。

### 2. 培养良好的社会性行为

**（1）移情训练**

移情是指对另一个人在某一特殊情境中情绪体验的理解与分享，移情训练就是通过情景模拟、故事、情景表演等形式使幼儿理解和分享别人的情景体验。简单来说，就是让幼儿学会换位思考，使他们在日常生活能够主动地理解他人的情绪。

**（2）言传身教**

对于幼儿来说，家长就像一面镜子，家长的言行举止都会对幼儿产生巨大的影

---

① 参见［美］埃文斯：《你不能参加我的生日聚会——学前儿童的冲突解决》，洪秀敏译，17～23页，北京，教育科学出版社，2012。

响。比如，平时在停车场被人抢了车位，有些家长会与他人发生激烈的冲突，而家长在冲突中表现出来的言行举止都有可能引导幼儿以同样的方式处理与同伴的冲突。所以，家长平时需要以身作则，自己正确、冷静地处理冲突，才能更好地引导幼儿处理与同伴之间的关系。

（3）正面鼓励

斯金纳提出正强化能够使积极的行为更加频繁地发生，而表扬与鼓励就是正强化的典型表现。所以当幼儿能够正确处理与同伴的冲突时，家长一定要及时鼓励与表扬，让这种正确的处理方法得到强化，幼儿意识到自己这种行为是正确的，是受到大家认可的，将来遇到同样的情况时自然而然倾向于使用正确的处理方法。

（4）合作游戏

游戏是幼儿最喜欢的活动之一，幼儿不仅能够在游戏中获得快乐，更重要的是能够在轻松的氛围中了解他人的想法，还可以辨别对错。比如，在角色扮演时，幼儿能够在互动中了解他人的想法，遇到冲突时，也能更好地倾听与接纳他人的观点；在玩棋时，幼儿不能坦然面对输赢，家长可以正确引导他们，让他们在与同伴相处时，能够避免因为输赢产生冲突。

### （六）操作练习

为帮助家长更好地理解、实践支持幼儿解决冲突的策略，教师为家长提供了一个同伴冲突情境，请家长3人一组进行角色扮演，每组2位家长扮演幼儿，1位家长扮演成人，模拟同伴冲突情境，成人运用解决冲突六步骤解决问题。

冲突情境：

小红和小蓝都很喜欢荡秋千，今天两家人一起去公园玩，两个小朋友欢乐地冲向秋千。然而，今天有一个秋千正在维修，只剩一个秋千可以玩了。小红跑得快一些，立马就坐了上去，可是小蓝也很想玩，小红说："不行，这是我先抢到的，我先玩。"小蓝说："不要，我也要玩。"说着就要去推小红下来。如果你是家长，结合解决冲突六步骤，你会怎么做？

各组家长分别进行操作练习，大家轮流扮演家长，运用六步骤帮助幼儿解决同伴冲突：

第一步，要先冷静地走向她们，平静地阻止小蓝的攻击性行为。

第二步，认可小蓝的情绪："我知道你现在有些生气，你不是故意要这么做的。"

第三步，收集信息，询问两个人事情发生的原因和经过。

第四步，复述问题："你们都想玩这个秋千是吗？"

第五步，征求问题解决办法，询问小红和小蓝："我们应该怎么做才能解决这个问题呢?"小红说:"我玩完就给你了，你先去玩其他的。"小蓝说:"我推你，等会你推我。"小红同意了。

第六步，给予进一步支持，告诉小红和小蓝:"你们一起想办法解决了这个问题，你们很棒。"

最后，教师同家长一起回顾工作坊，鼓励家长亲身实践。当幼儿还不具备解决冲突的技能时，需要家长运用策略耐心引导，帮助幼儿养成良好的亲社会行为，同时培养交往技能。

## 三、拓展

### （一）下阶段家园共育的目标与内容

第一，家长在幼儿遇到同伴冲突问题时尝试运用六个步骤的解决策略，并将实践经验分享至班级微信群。

第二，幼儿园开展友谊相关活动，帮助幼儿学习同伴交往，自主解决冲突。

### （二）相关学习资源

[1] [美] 埃文斯. 你不能参加我的生日聚会——学前儿童的冲突解决. 洪秀敏，
　　等译，等北京：教育科学出版社，2018.

[2] [美] 科斯特尔尼克. 0—12岁儿童社会性发展——理论与技巧. 王晓波，译.
　　北京：中国轻工业出版社，2018.

[3] [美] 阿加西. 手不是用来打人的. 陈薇薇，等译. 贵阳：贵州教育出版社，
　　2018.

## ∽ 工作坊3：有效的亲子沟通 ∽

## 一、发现问题

家长是幼儿的第一任老师，家长的言传身教对幼儿的发展影响极大，亲子沟通是家长教育的主要方式之一，亲子沟通的质量对幼儿成长具有极大的影响。家长可以通过沟通向幼儿传递情感和经验，有效的亲子沟通不仅可以让家长和幼儿都更深入地了解对方，使家长与幼儿的关系更为亲密，还可以帮助幼儿解决各种情绪、交往等问

题。亲子沟通的质量直接影响幼儿的心理健康、同伴交往和未来的学业成绩。[①]

### 场景观察实录与分析

在家长会结束之后，几位家长正在讨论自己孩子的情况，有的家长显得十分苦恼，表示自己在日常与孩子相处时感觉很无力。

"为什么我经常问他在幼儿园的情况他总是什么都不说?"

"我们家孩子遇到什么事不顺他的意就开始哭，还经常把'我不要'挂在嘴边，真的不知道怎么办。"

"我们家孩子越让他不要那样做他就越要做，总是要跟你对着干。"

"我们家孩子总是不听话，有几次我都忍不住想揍他。"

还有的家长说自己的工作比较繁忙，平时爷爷奶奶带得多，下班回家想陪陪孩子，孩子却选择一个人游戏；想找些话题跟孩子沟通，孩子却爱答不理，吃了"闭门羹"……

教师发现家长们反馈的很多问题与亲子沟通有关，频繁出现的字眼是幼儿"不听话""不讲道理""和我对着干"。可见家长认为亲子沟通不畅的问题主要出在幼儿身上，希望能够改变幼儿。其实，在教师看来，沟通是双方的事情，亲子沟通不畅很大程度归咎于家长往往站在自己成人的角度与幼儿进行沟通，忽略幼儿的理解能力和感受，走不进幼儿的内心。因此，更应该做出改变的其实是家长。

在问题式学习课程中，我们希望家长可以成为幼儿游戏的伙伴，深度学习的支持者，问题式学习活动的共同探究者。亲子有效沟通是高质量问题式学习课程在家庭中延伸的基础，是家园共育的基石。由此，我们组织了亲子沟通主题工作坊，和家长共同探究以下两个核心问题：为什么亲子沟通不畅? 如何进行有效的亲子沟通?

## 二、开展工作坊

### （一）做好准备

#### 1. 经验准备

开展工作坊前，教师应提前学习亲子沟通主题的相关文献资料，了解亲子沟通问题出现的原因以及有效亲子沟通的策略，形成相对系统的知识体系。

#### 2. 物质准备

（1）为家长准备与亲子沟通主题相关的书籍，如《P.E.T父母效能训练——让亲子

---

①雷雳等：《初中生的亲子沟通及其与家庭环境系统和社会适应关系的研究》，载《应用心理学》，2002（1）。

沟通如此高效而简单》《0—8岁儿童纪律教育——给教师和家长的心理学建议》《如何说孩子才会听，怎么听孩子才肯说》《孩子：挑战》，每组一套。

（2）一块宽阔的场地，如音乐厅。

（3）桌椅提前按照小组方式摆放。

（4）白纸、白板、马克笔、便笺纸等。

## （二）热身：亲子沟通情景体验

正式开始前，教师带领家长进行了一项亲子沟通情景体验的热身活动。分别请五位家长进行角色扮演，其中四位家长根据提示卡扮演不同角色的家长，另一位家长扮演幼儿。四位"家长"分别用不同的语气和表情对"幼儿"说"过来"。

第一位：怒目圆睁，用手指着幼儿，大声而愤怒地说"过来"。

第二位：咬牙切齿，非常厌烦地说"过来"。

第三位：面部放松，声音温暖地说"过来"。

第四位：面无表情，冷漠无情地说"过来"。

**温馨提示**

1. 在扮演中除了提示"过来"的语言，家长可以根据自己的情境进行添加。

2. 本次参加的都是同一个班级的家长，前期家长之间已经有了一定的认识与沟通，比较容易投入扮演。如果参与的家长还不太熟悉，可以先进行一定的破冰游戏，再开展这一扮演活动。

3. 适当给予家长准备的时间，当有家长还不能进入状态时教师可以以一个生活情境帮助家长进入情境当中，如幼儿今天把家里搞得乱七八糟，你正在很烦躁地收拾等情境。

4. 扮演后要及时询问扮演者当时的感受。

5. 该情景体验活动的目的是使家长换位体验亲子沟通中幼儿的感受，从而反思亲子沟通的问题。教师在实施时可以设计其他的情景体验活动。

一轮扮演结束后，教师请参与的家长谈谈自己的感受。扮演"幼儿"的家长说：当面临第一位声音音量大、表情愤怒的"家长"时，自己就有一种心跳加速的感觉，会感到特别的害怕，不想和对方交流；而当看到第三位"妈妈"温柔的表情、听到比较温和的声音时，自己明显感觉到内心的大石头放下了，喜欢这种朋友般平等的感觉。扮演第四位"家长"的妈妈则反馈，自己在扮演中感到很难受，回忆起自己平时下班回家有时候还要处理家务事，每次女儿分享自己的事情还有画的画时都是简单敷衍，可以想象到女儿失落的心理。

亲子沟通是双向沟通的过程，然而家长往往站在自己的角度，不经意地以一种居高临下的姿态与幼儿沟通，较少考虑幼儿的感受。这个简单的情景体验游戏使家长能够站在幼儿的角度，体会面对"家长"的各种语气时的感受和心情。教师引导家长思考：当听到这些语气的话语时，你有什么不同的感受？这些不经意的语气是不是在家庭当中时常会出现？幼儿听到这样语气的话会有什么感受？这个情景体验游戏能够使家长回顾在日常生活中与幼儿沟通的场景，启发家长对日常沟通方式的反思，将家长的思绪牵引到亲子沟通的主题上来。

### （三）聚焦问题

通过情境体验活动使家长关注到亲子沟通问题后，教师向家长提出引导性问题，引发家长的思考：您在与孩子沟通时遇到过哪些问题？

家长将问题写在便笺纸上，并请部分家长进行分享。家长反馈的部分问题如下：

• 每次跟孩子沟通他总是不听，刚答应我的事情后一秒就不记得了。

• 孩子喜欢自己玩玩具，回到家里也不喜欢和我沟通。

• 事先讲好的事情，比如不能做一些危险的动作，在玩的时候多次违反规则，每次提醒他，他就像没听见一样完全忽视，非得逼着我对他发脾气才行。

• 做事情拖拉，吃早餐的时候边吃边聊、边玩，每次跟她说得好好的，应该怎么做，她口头上答应，实际行动却做不到。

家长们对这个话题似乎颇有共鸣，每当一位家长分享时，总能看到不少家长在频频点头，看来大家或多或少都在和孩子沟通的过程中遇到过一些棘手的问题。现场的气氛越来越热烈。教师在认真倾听了家长的"诉苦"后，没有立即做出回复，而是通过又一个问题启发家长更进一步的思考：您觉得亲子沟通不畅是谁的问题，是您还是孩子？

这一问题使现场安静了下来，家长们陷入了思考。经过思考，家长们表达了自己的看法，大致可分为以下几种。

看法1：沟通是两个人的事情，沟通不畅双方都有责任。

看法2：祖辈太溺爱孩子了，导致孩子像现在这样"油盐不进"。

看法3：平时对待孩子太缺乏耐心了。

看法4：可能是我们自己的沟通方式不对，缺乏和小孩子沟通的技巧。

教师对家长的分享进行了总结，指出父母与幼儿之间的沟通是非常重要的，家长可以通过沟通向幼儿传递情感和经验。有效的亲子沟通不仅可以让家长和幼儿都更深入地了解对方，使二者关系更为亲密，还可以帮助幼儿解决各种情绪、交往等问题。无效的亲子沟通则会影响亲子关系，不仅难以发挥亲子沟通的价值，还可能产生很多负面影响。

家长与幼儿的经验和思维方式是不同的。在沟通中会出现这样或那样的问题是正常的现象，家长不必过于焦虑。沟通是两个人的事，当亲子沟通出现问题时，家长不应一味地埋怨幼儿"不懂事""不听话"，而是应该冷静下来，反思自己的行为，从自身找原因。让各方面发展尚不成熟的幼儿适应成人的思维是有难度的，但家长可以试着了解幼儿，改变与幼儿的沟通方式，从而赢得幼儿的合作。

对引导性问题进行澄清后，教师提出本场工作坊要探究的核心问题：为什么亲子沟通不畅？如何有效进行亲子沟通？

### （四）小组学习与分享

#### 1. 分组学习与讨论

提出核心问题后，教师引导家长以小组为单位围绕"为什么亲子沟通不畅""如何有效进行亲子沟通"这两个核心问题展开了自主学习和讨论。教师为每组发放了四本参考书供家长自主学习，分别是《P.E.T父母效能训练——让亲子沟通如此高效而简单》《0—8岁儿童纪律教育——给教师和家长的心理学建议》《如何说孩子才会听，怎么听孩子才肯说》《孩子：挑战》。同时教师鼓励家长拓宽思路，通过多种途径搜集更多可用的信息。

每组要求选出一名记录员，负责在白纸上记录大家的发言；一名发言人，负责在集体面前分享本组讨论的结果；一名计时员，负责提醒大家把握时间。每位组员积极贡献策略，时间限定在15分钟。

小组学习能够激发家长主动学习的积极性，在小组讨论中不同的观点得以交流碰撞，大家相互启发和补充，最终共同合作建构解决问题的策略。

**温馨提示**

家长在分析亲子沟通不畅的原因时可能需要依托具体的问题情境，教师可以引导各组家长自行选择一个有共鸣的问题情境，分析该情境中亲子沟通不畅的原因以及可能有效的沟通策略。在不违背家长主观意愿的前提下，尽可能协调各小组选择不同类型的问题情景，如有关于幼儿任性哭闹场景的，不听家长劝阻的，习惯养成相关的，等等。有具体的问题情境做依托时，家长更容易联系自己的经验做出分析。不同小组分析的问题情境的类型不同，通过分享，家长对问题的认识都会更加全面。

#### 2. 小组分享

经过自主学习和讨论，各组列举了他们针对问题情境归纳的亲子沟通不畅的原因，并针对原因提出了亲子沟通的策略。各组发言人依次分享了本组的学习成果。

有的小组聚焦的问题情境是"家长反复提醒的规则，幼儿就是不遵守，常常和家长'对着干'"。家长们分析，出现这一问题的原因可能是家长在向幼儿提出要求时，缺乏与幼儿的良好沟通，以至于幼儿可能不理解为什么要这样做。针对这一问题，家长们通过自主学习和讨论后提出了可能的解决方案。

- 首先，要在家庭中营造平等沟通的良好氛围，让孩子也有发言权，倾听孩子的想法。
- 其次，家长在与孩子沟通时，要考虑到孩子的理解能力，用他们听得懂的语言和他们沟通，并且要向孩子说明这么做的意义，只有孩子认同了，他们才会照做。
- 此外，家长要求孩子遵守的规则，自己也要带头遵守，为孩子做好榜样。

另一组家长聚焦的问题情境是关于幼儿生活习惯养成的，比如，幼儿不按时吃饭或睡觉、做事情磨磨蹭蹭、不自觉收玩具等。家长们经过分析认为，这类问题的原因比较复杂，需要具体情境具体分析。总体来说，可能有以下几方面的原因。

- 孩子的生理上没有需求，例如，上午吃了零食所以午饭时不饿。
- 他们不理解好习惯对他们的意义，例如，不理解为什么要刷牙，为什么要收好玩具。
- 做事情缺乏动力。

针对这些问题，家长们提出了一些解决方案，包括以下几个。

- 适当控制孩子的饮食和睡眠，帮助他们规律作息。
- 通过绘本、故事、小实验等方式让孩子理解漱口、刷牙、收玩具等好习惯的意义。
- 通过一些奖励措施为孩子提供做事的动力，孩子做到了就可以得到糖果或者贴纸等小奖励，他们就会愿意去做。
- 如果他们没能做到，可以采取一些惩罚措施，比如不收好玩具就不能看电视或不能出去玩了。

教师对家长分享的内容进行了归纳与总结。经过学习，家长已经开始能够客观地分析亲子沟通不畅的原因，能够试着站在幼儿的角度思考问题，体会幼儿的感受，同时也能够反思自己的行为，并积极思考调整的策略。这一观念的转变是非常重要的，只有能够客观地分析原因，并从自身出发调整策略而不是一味地埋怨幼儿，才会发现亲子沟通问题是可以解决的。

在家长分享的策略中，教师发现有部分策略是有争议的，例如，使用奖励激发幼儿做事的积极性，或在幼儿"不听话"时使用惩罚。"为了使幼儿做某事或不做某事而使用奖励或惩罚是适宜的吗?"教师提出这一问题，引导家长进行更深入的探讨。有的家长认为，奖励可以让幼儿有做事的动力，效果立竿见影，应该是可以运用的。

同时，奖励能够让幼儿获取成就感和动力，从而逐渐能够克制自己的行为。也有家长提出，奖励不能经常使用，经常用幼儿有可能会依赖奖励，为了得到奖励而做事，一旦奖励撤销，就可能拒绝做原本应该做的事。关于惩罚，家长们大多认为适当地使用惩罚是可以的，可以让幼儿学会为自己的行为负责，但过多的惩罚会让幼儿产生挫败感，不利于幼儿的心理健康。

教师对家长的分享进行了总结提升：奖励和惩罚都是双刃剑，适度的使用可以起到激励幼儿的作用，但如果使用得过于频繁可能会失去效用，甚至产生不良影响，使幼儿过分依赖外部动机而丧失内部动机。教师特别提醒各位家长，在使用奖励和惩罚时要注意方式方法，尽可能使奖励和惩罚与事件本身有紧密联系，要让幼儿理解为什么获得奖励、为什么会受到惩罚。例如，今天吃饭没有磨磨蹭蹭，节省了时间，那我们可以在公园多玩半个小时；你在广场玩的时候打了小朋友，那我们只能停止游戏回家去了。

## （五）专题讲座

经过自主学习和讨论，家长对亲子沟通问题出现的原因有了一定的认识，提出了很多亲子沟通中的策略。接下来教师通过专题讲座的形式，帮助家长系统了解亲子沟通不畅的原因以及亲子沟通的技巧与方法。

### 1. 亲子沟通不畅的原因

亲子沟通不畅的原因有很多种，如家庭中亲子地位不平等，缺乏民主氛围；家长缺乏与幼儿沟通的耐心；等等。有些原因是家长容易认识到的，也有一些则不然。教师重点选取了可能会被家长忽视的两方面原因进行了分析。

教师指出，亲子沟通不畅的原因中很重要的一项是幼儿的需求没有得到满足。成人习惯用自己成人的角度去看待问题看待幼儿，更加关注幼儿的行为带来的后果，而往往会忽略每个行为背后都有原因，比如幼儿为什么会出现一些成人不理解的行为，那可能是幼儿有一些需要没有得到满足，比如权力的需要、关注的需要、安全感的需要、成功和挑战的需要、爱与接纳的需要、独处的需要等。

幼儿的需要对亲子沟通有什么影响呢？教师举了几个例子帮助家长理解。例如，有些幼儿常常会和家长"对着干"，特别喜欢对家长说"不"。教师请家长思考：幼儿为什么这么喜欢说"不"？教师分析，幼儿有时候说"不"是因为他们真的拒绝做某件事，但也有的时候，他们只是想捍卫自己说"不"的权力。

再如，家长们都希望教自己的幼儿从小学会分享，常常要求幼儿把自己的玩具分给其他小朋友一起玩，很多时候幼儿会表现出不愿分享，甚至强烈拒绝。教师请家长们思考：为什么幼儿不愿分享自己的物品呢？教师指出，3岁以上的幼儿不愿分享，有一种可能是幼儿日常的物品所有权没有得到充分的尊重和保护，比如成人未经同意就拿走幼儿的东西，或私自把幼儿的玩具送给他人后再也没有拿回来，这些经历让幼儿产生了更加强烈地保护自己物品的欲望。相反，如果平时家长有意识地尊重幼儿的物品所有权，让幼儿自己决定自己的东西分享给谁或不分享给谁、分享多长时间、什么时候要回来等，让幼儿体验到自己对物品拥有绝对的决定权，幼儿反而会表现得更加慷慨大方。

幼儿常常会表现出的另一种需要是被关注的需要。例如，幼儿有时会故意做一些调皮捣蛋的事情，干扰正在忙其他事情的家长，通过寻求训斥而达到被关注的目的。当幼儿不断地来找你说话，不断地问你问题，不断地说"爸爸/妈妈你看"时，他们其实是在说"请你关注我"。

除了对幼儿合理需求的忽视之外，教师讲到亲子沟通不畅的另一个不容易被察觉的原因是成人不合理的期待。什么是"不合理的期待"呢？教师做出了解释："不合理的期待"指的是家长常常本着"一切为了孩子好"的宗旨，不断催促幼儿往自己期待的方向发展，却忽视每个幼儿的发展目的在于成为一个具备独特人格的人。比如，让一个5岁的中班幼儿做到注意力集中两个小时（这已经超出了幼儿该有的年龄成熟水平），强迫一个性格内敛的幼儿主动热情地向他人打招呼，强加给幼儿的不想要的兴趣，等等，这些都是成人不顾幼儿个体的客观情况而提出的不合理的期待。这些不合理的期待很难赢得幼儿的合作。

教师请家长反思一下：在日常生活中，您对自己的孩子提出过哪些"不合理的期待"？并请几位家长进行了分享。家长们提到的对幼儿的不合理期待包括：让幼儿安静地坐着等待；让幼儿慢慢走路不许跑；让4岁的幼儿每天背一首唐诗；希望幼儿能够认真地学钢琴；等等。通过教师的讲座，家长们认识到要根据幼儿的年龄和个性特点提出适宜的期望，否则会使幼儿和家长都感到痛苦。

### 2. 亲子沟通的技巧与方法

在分析了亲子沟通问题的原因后，教师向家长介绍了几种亲子沟通的技巧。

（1）学会分析谁处在问题区，应该怎么解决

学会分析谁处在问题区，在不同的情况下采取不同的解决策略。什么是问题区呢？教师解释道："谁感到困扰，谁就在问题区。一般来说，有三种情况：幼儿在问题区；家长在问题区；双方都在问题区。不同情况相应的沟通策略如下。

#### 幼儿在问题区

当幼儿面临问题时，他们无法准确地表述问题是非常常见的一种情况。不能表述问题，可能是因为无法控制自己的情绪，需要适当的发泄，也可能是缺乏语言能力准确描述情况。此时，作为父母最重要的是帮助幼儿平复情绪，整理想法，并用语言表达出来。父母要怀着真诚、接纳、同理的态度积极倾听幼儿的表达。

家长在问题区

此类问题的出现，主要是因为幼儿的行为阻碍了父母满足自己的需求。当父母对幼儿的行为感到生气甚至愤怒时，并不仅仅是因为幼儿做了什么。可以使用发送"我信息"的方法。"我信息"包括"行为影响+感觉"。发送一条完整的"我信息"大概是这样的："我感到XXX（情绪），因为你的YYY（行为），让我不能ZZZ（需求）。"例如，"我感到很烦心，因为你在房间里吵吵闹闹，让我无法专心工作。""我感到很无奈，因为你总是把吃的东西扔地上，可我不想总是擦地。"当家长心平气和地使用"我信息"让幼儿知道他们的行为所造成的影响，而不是直接指责幼儿时，幼儿往往更愿意体谅家长，适当约束自己的行为。

双方都在问题区

当父母和幼儿都在问题区时，教师指出，双方的情绪都比较激动，应该先消除情绪，再解决问题。例如，在商场幼儿因为父母拒绝给他买遥控汽车而哭闹，此时幼儿处在问题区，因为他的愿望没有得到满足；同时家长也处在问题区，因为幼儿在公共场合大哭大闹让他们很烦心。这种情形在生活中很常见，教师请家长们思考：在这种情况下，家长可以怎么做呢？教师指出，当双方都在问题区时，家长应尽可能让自己冷静下来，首先想办法平复幼儿的情绪，因为只有当幼儿情绪平复时，才有可能共同解决问题。家长可以采用共情的方法帮助幼儿平复情绪，如家长可以说"我知道你很想要那个玩具，你很喜欢它，妈妈不给你买，让你很伤心"。当幼儿情绪稍稍平复后，家长再使用发送"我信息"的方法让幼儿理解这样做的理由："妈妈知道你很想要这个玩具，我也想要满足你，可是家里已经有两三辆遥控汽车了，我担心再买回去玩具箱都要装不下了，我们先玩家里的可以吗？"

（2）学会倾听

倾听是沟通的前提。只有倾听幼儿的心里话，知道幼儿想什么，关注什么和需要什么，才能有针对性地给予幼儿关心和帮助，也会使以后的沟通变得更加容易。当幼儿和父母交谈时，父母应该停止手中所做的一切事情。如果父母继续他们在做的事情，幼儿会认为父母对他们所说的事情不在乎。特别是当幼儿向父母述说他们的忧虑、担心和恐惧时，父母不能太快下结论。幼儿有时并不需要听父母的说教和建议，他们只希望向父母发泄一下自己的情绪和感受。

家长可以用下面几句话，表明自己正在认真听幼儿说话。

- 请告诉我，发生什么事了。
- 我知道。
- 哇，这不错！
- 这是很可怕的，你一定很伤心吧。

- 我明白你一定很不开心。

（3）每天抽出时间和幼儿聊天

教师指出，每天抽出时间和幼儿聊聊天也是增进亲子沟通的良好方式。比如，每天餐桌上，大家各自谈论一天的工作和学习情况。让幼儿明白父母对他所说的事情非常有兴趣，并愿意和幼儿一起商讨。在沟通方面家长要有足够的耐心，帮助幼儿慢慢认识，慢慢沟通，长此以往，幼儿才能与家长成为知心朋友。但是教师提醒各位家长，要注意这是我们和幼儿轻松地交谈，并聆听他的感受的时间，而不是对幼儿说教的时间。

（4）以平等的身份和幼儿交流

把自己当成是幼儿的朋友，站在幼儿的立场上来思考。这样就可以帮助家长在和幼儿交流时先思考，再行动。在与幼儿交谈时，父母不能控制谈话的内容。如果幼儿愿意和父母分享自己的感受，而得到的却是父母的责骂或说教，那么幼儿就不会向父母敞开自己的心扉。作为父母，有时我们不得不向幼儿阐明自己的观点。这时，就事论事，而不简单地指责幼儿做出了错误的决定。

（5）记住幼儿感兴趣的话题

记住幼儿感兴趣的话题可以拉近亲子之间的心理距离，从而有利于亲子沟通。比如，知道幼儿喜欢恐龙，就常跟幼儿聊聊关于恐龙的话题，这样幼儿就非常愿意和父母聊天，认为父母是他们的知心朋友。不同的幼儿兴趣点不一，需要家长用心观察才能了解。

（6）尽可能让幼儿做一些选择

教师建议家长在日常生活中多给幼儿一些选择的机会。这样，幼儿会感到父母聆听他的意见，尊重他的选择。沟通、交流应该是双向的，互动的，而不仅仅是我们单向的说教。当幼儿信任父母，有疑难时和我们商量时，我们要让幼儿觉得他得到了父母的肯定与认可。当幼儿来到我们跟前，向我们述说时，我们要认真听，并不时给予他一些鼓励的话语。

（7）多用鼓励的话语

家长平时要多跟幼儿讲鼓励的话语，帮助幼儿建立积极的自我认知。

- 我知道你能把事情做好。
- 我想每一个问题都有解决方法，你一定能找到妥善处理的方法的。
- 想一想，我觉得你一定会想出解决办法来的。
- 我一直会在你的身边来帮助你的。
- 我小时候也碰到过这样的事情。

## （六）操作练习

通过家长的小组讨论和专题讲座，家长已经逐步掌握了一些亲子沟通中的方式方法，为了巩固所学习的内容，能够学以致用，并在日常生活中解决亲子沟通的问题，教师组织家长进行了一个操作练习。

教师向家长提出以下操作任务：

请您运用今天学习的内容，对您在活动开始时在便笺纸上描述的亲子沟通不畅的场景进行分析，并提出可能的解决策略，写在A4纸上。

家长完成操作练习后，将纸放在桌面上，大家走动起来，浏览他人的问题解决方案，互相学习。教师也请个别家长分享介绍自己的问题场景、分析的原因和想到的解决策略。

以下是部分家长分享的问题和他们的分析。

问题1：孩子总喜欢做一些危险的动作，比如爬栏杆，告诉他很多次不要爬，他总是不听。

分析：这是家长处于问题区，因为这件事让家长感到困扰，孩子并不觉得困扰。可以采用老师讲的发送"我信息"的方法。可以对孩子说："我感到很担心，因为你在这里爬栏杆可能会摔下去受伤，这让我很担心你的安全。"同时也可以和孩子聊一聊，问问他为什么喜欢爬栏杆，倾听孩子的真实想法，知道孩子在想什么，提出更多符合孩子兴趣的替代性活动，让孩子进行选择，例如带他去玩广场的单双杠或攀爬梯。

问题2：我们家有两个孩子，弟弟还小。最让我感到头疼的是，哥哥每天早上起床能磨蹭一个小时，有时候我都要强行把他拉到洗漱台，好不容易要出门了，穿个鞋也是要磨蹭半天。有时候我实在忍不了就帮他弄了，虽然也知道应该让他自己的事情自己做；要不就要吼他几声，又担心把弟弟吵醒。

分析：我认为发火肯定是不好的，一般情况下我都是自己化解，有时候看到自己发火孩子吓懵的表情自己也挺不好受的。今天通过学习之后我发现不管是自己化解还是发火都不是最佳的解决办法，我应该要让孩子知道我当时的感受，不说出来孩子也不知道。孩子经常磨蹭的行为是我接受不了的，但是孩子并不觉得难受，我在问题区那我就要把感受表达出来：我感到非常的难过，因为你在刷牙、穿鞋时的磨蹭导致等一下送你上学会迟到，我上班也会迟到。让孩子意识到他给他人带来的困扰，这样孩子可能会容易接受和调整。

请家长分享后，教师进行了最后的总结。通过前面的学习，家长慢慢地发现，很多让我们抓狂的时刻其实都是我们家长本身处在不可以接纳的问题区当中，通过家长们的分享，教师看到了大部分家长掌握了亲子沟通的一些方法和技巧。在这里还需要提醒家长，亲子沟通情况的改善不是一朝一夕就能完成的，需要长期坚持。在日常与幼儿相处的过程中，要有意识地用今天所学到的理念和知识提醒自己，多尊重鼓励幼儿，倾听幼儿的想法，以平等方式与幼儿相处，让亲子关系更加和谐，亲子沟通更加有效。

## 三、拓展

### （一）下阶段家园共育目标及内容

1. 家长结合本次工作坊内容在家进一步学习亲子沟通的技巧与方法，解决亲子沟通中存在的问题。

2. 在家长群中分享在亲子沟通中采用了哪些沟通的技巧，获得了怎样的成效。

### （二）相关学习资源

[1]［美］菲尔茨. 0—8岁儿童纪律教育——给教师和家长的心理学建议. 蔡菡，译. 北京：中国轻工业出版社，2019.

[2]［美］法伯，［美］玛兹丽施. 如何说孩子才会听，怎么听孩子才肯说. 安燕玲，译. 北京：中央编译出版社，2016.

## ∽ 工作坊4：花样玩球 ∽

## 一、发现问题

球是幼儿非常喜欢的运动器材，因其玩法简单，形式多样，对幼儿来说具有很强的趣味性与吸引力。幼儿在玩球的过程中发展了投、拍、赶、踢、滚、抛、击、传、托等基本动作，也发展了灵活性和协调性，还增强了身体素质。同时，有游戏规则的球类竞赛运动也能提升幼儿的反应能力，锻炼幼儿坚毅果敢的意志力[①]，幼儿的团队合作能力、社会交往能力也会在玩球的游戏过程中得到发展。

### 场景观察实录与分析

到了户外自选活动时间了，操场上一群中班的幼儿开始了他们一天中最期待的自由游戏时光。有不少幼儿选择了自己喜欢的球，有的拍球，有的踢球，有的投篮，还有的

---

① 曾令菊：《幼儿篮球运动对幼儿注意力的影响研究》，载《课程教育研究》，2019（48）。

在和同伴一起玩运球游戏。幼儿玩得好开心！玩累了，一些小朋友来到梁老师跟前休息，明明开心地说："老师，好好玩，我最喜欢玩球了。"姗姗说："我也是，可是我妈妈就不跟我一起玩，我在家一个人玩得没有这里开心。"……说者无意，听者有心，这番话让梁老师动了心思。球类游戏是很多幼儿都喜欢的活动，对幼儿的动作发展也非常有益，为什么父母没有利用这个教育幼儿的机会呢？是不是每个父母都像姗姗说的一样呢？

于是，梁老师随机向家长们了解了幼儿平时在家玩球类游戏的情况，有的家长表示幼儿很喜欢玩球，会带着幼儿去广场或公园玩球，有时也会和幼儿一起拍拍球，踢踢球，但玩久了也觉得无聊枯燥，就会让幼儿自己随便玩。有的家长反映幼儿不爱运动，有给幼儿买球但幼儿不玩，不知道怎么激发幼儿运动的兴趣。特别是当问及怎么跟幼儿玩游戏时，能够回应的家长较少。一些父母会认为游戏是幼儿自己的事，并且也不知道怎么陪着幼儿玩。

通过调查梁老师发现，城市生活缩减了幼儿户外活动的场地，信息化、网络化的社会让幼儿待在室内的时间越来越多，而家长与幼儿共同游戏的时间较少，长时间看电视玩手机的情况普遍存在。幼儿在家里的游戏缺乏玩伴，也缺乏有效的指导，幼儿的动作发展和身体素质需要进一步加强，家庭教育没有发挥到促进幼儿身体健康发展的作用。

由此，亲子互动玩球工作坊应运而生，旨在"为家长提供能够促进幼儿身体发展的游戏设计策略，提升家长与幼儿互动的经验和技巧。创设条件让幼儿在游戏中运动，在运动中享受成功的快乐，在快乐中获得身体各项机能的发展"。

此次工作坊将带领家长探究的核心问题是：球类游戏可以有哪些玩法？

## 二、开展工作坊

### （一）做好准备

#### 1. 经验准备

（1）通过各种途径搜集好玩的球类游戏，包括亲子互动球类游戏和团队球类游戏，教师提前试玩，了解游戏的难度与可能出现的问题。

（2）提前学习球类游戏对幼儿发展的价值。

#### 2. 物质准备

（1）选择一块空旷平整的场地，在地面上每隔一米贴一个粉色的圆点以便幼儿站位。

（2）游戏过程中需要音乐，要提前准备音箱设备，最好是场地自带音箱设备，或准备移动式音箱，确保音箱的音量足够覆盖整个场地。

（3）准备游戏所需的道具：音乐U盘、挂耳式麦克风1个，皮球30个，跳圈20个，装球框2个，拱门8个，赶小猪棍4根，即时贴若干，义工服一件。

（4）准备签到台：一张桌子，铺绒布，两张椅子。

### （二）热身运动

正式的体育游戏之前，教师提问："运动前，大家会做热身运动吗？会做些什么热身运动？"全场三分之二的家长举起了手，并回应教师，一般就是慢跑、压压腿等。教师指出，游戏是幼儿的天性，将幼儿的热身运动游戏化，这样能让幼儿更投入其中。接着教师就带领大家进行了丰富又有趣的热身运动，如"爱的抱抱""划小船""爬大树""火箭升空""香口胶"。在这种游戏热身中幼儿不仅收获了快乐，而且活动了膝关节、肩关节、手臂、腰、腿等身体部位，达到了热身的效果。

### 热身游戏玩法

1. 爱的抱抱：家长将幼儿拦腰抱起，抱着幼儿轻轻地转圈圈。

2. 划小船：家长和幼儿相向而坐，手拉手，脚蹬脚，相互拉，轮流向前倾、向后倒。拉伸幼儿手臂和腿的肌肉，活动腰部。

3. 爬大树：家长蹲在地上，身体前倾，幼儿从家长的后面爬到其背上。锻炼幼儿的手臂和腿的力量。

4. 火箭升空：家长双手放在幼儿的腋下，向上将幼儿托起。提醒家长要注意双手稳稳地托住腋下，不能托幼儿上臂，用力不能过猛，以防幼儿脱臼。

5. 香口胶："香口胶，粘哪里？粘屁股，扭一扭；香口胶，粘哪里？粘肩膀，碰一碰；香口胶，粘哪里？粘膝盖，点一点。"说到粘哪里时，家长和幼儿的那个部位就要挨在一起。

热身结束后，教师请家长想一想：每次幼儿进行体育运动前，为什么要先热身？

家长们说到，热身运动可以舒展筋骨，是运动前的预备动作，能使人兴奋起来，等等。教师在家长分享的基础上，再次强调了热身的意义——热身运动是必不可少的，运动开始前进行一些活动量稍小的游戏，可以使浑身的肌肉、关节活动开，使体内器官尤其是心脏进入适应运动的状态。如果没有经过热身就立即开始剧烈活动，有可能造成肌肉拉伤或关节损伤，而且由于心跳加快，还可能引起恶心、呕吐等不适应症状。

### （三）亲子玩球怎么玩

热身运动后，教师向家长介绍了几种亲子玩球游戏，引导家长和幼儿一起进行了亲子玩球体验。拍拍乐、抛接球、"滚雪球"和踢球四个亲子玩球游戏迅速调动了家长与幼儿的积极性，大家玩得不亦乐乎。

每个游戏体验结束后，教师都会请家长思考，这种玩法锻炼了幼儿身体的哪些地方，对于幼儿的成长有哪些益处。

#### 1. 拍拍乐

教师引导大家体验的第一个亲子玩球游戏是拍拍乐。拍拍乐，是以拍球为主的游戏。游戏之初，教师介绍了拍球的动作要领：两脚分开与肩膀同宽，腰弯下一点点，右手五指分开，等到球跳到最高处时再拍，看球的高低调整力量大小。教师提醒幼儿注意拍球时不要手指朝下，以免上弹的球顶到手指。教师讲到，拍球对幼儿来说，是一项非常有益、非常必要的活动，它不仅能促进幼儿手眼动作的协调，增强体质，而且能促进左右脑的平衡，培养幼儿的耐力、坚持性等良好的品质。

一轮体验结束后，教师启发家长思考：拍球还可以怎么玩？家长们纷纷提出自己的想法：可以双手交替拍、单手拍着走、两人互相拍、跑着拍、转圈拍等。教师对家长的想法表示了肯定，在头脑风暴下，家长们想出了这么多拍球的好点子。拍球是一个循序渐进的过程，在游戏时，家长可以根据幼儿的自身发展水平来提高拍球的难度，双手拍—单手拍—两手交替拍—行进式拍球等。

#### 2. 抛接球

教师介绍的第二个亲子玩球游戏是抛接球。教师指出，抛接球有利于锻炼幼儿的反应能力、目测能力、手眼协调能力、躲闪能力，需要幼儿协调运用手臂力量和腿部力量，是一项对幼儿身体发展十分有益的活动。家长在与幼儿玩抛接球的游戏时，要根据幼儿的年龄和能力水平，为幼儿设置适宜的难度，之后逐步提高难度（例如，抛接球的距离先近后远）。同时，家长在与幼儿玩抛接球的游戏时力量不能太大，以免幼儿躲闪不及被撞伤。

#### 3. "滚雪球"

现场体验的第三个亲子游戏是"滚雪球"。家长和幼儿相向而坐，轮流让球滚向对方。滚雪球可以锻炼幼儿手部的控制力（控制球的方向和速度）、手眼协调能力和手臂的力量。在玩这个游戏时，家长可以根据幼儿的水平逐渐增加难度，如增加距离，或换小一点的球。

教师介绍了"滚雪球"的玩法并带家长和幼儿体验后，启发家长思考：除了皮球外，这个游戏还可以用什么物品来替代吗？

有的家长提出，可以用篮球、排球、足球，只要是球就行。有的家长想到用小一点的乒乓球也可以，小球能够使幼儿的注意力更集中。有的家长提出还可以用弹力球，弹力球可以站起来玩，锻炼幼儿的反应能力。

从家长的分享中教师发现大家的思维局限在使用球类上。教师提示大家，如果在我们身边在没有球的情况下，也可以和幼儿自制，比如说用纸或布揉成团等。

### 4. 踢球游戏

亲子体验的第四个游戏是踢球。踢球是幼儿很喜欢的一项活动，现场幼儿玩得不亦乐乎。游戏结束后，教师讲解了踢球对幼儿的发展价值：踢球需要幼儿目测方向和距离，并通过腿部力量将其发射出去。幼儿在一次次的练习中，逐渐能够控制踢球的方向和力度，发展目测能力和腿部力量。在没有球门的情况下，可以家长两腿分开做一个球门，这样更好玩，球门还可以移动，锻炼幼儿的反应能力。那我们的幼儿当然也可以做球门，但家长一定要注意力度，不要误伤了幼儿。有时家长的示弱可以激发幼儿的自信！

### （四）团队玩球怎么玩

在介绍了亲子玩球游戏以后，教师又向大家介绍了一些可以在现场合作玩的团队玩球游戏。团队游戏有利于培养幼儿形成团队合作意识，让幼儿体验团队合作的快乐，并在游戏中培养规则意识，为日后适应社会、发展良好的人际技能打下基础。

### 1. "我是小小搬运工"

教师介绍了这个游戏由易到难的玩法：第一阶段，无障碍。将幼儿分为几个小组，搬运小球。首先一组幼儿排成一队，抱球来回接力赛跑，速度快的小组则为胜利队伍。第二阶段，有障碍。在幼儿比赛的场地设置障碍（雪糕桶等），幼儿抱球接力赛跑，速度快的小组为胜。

### 2. "赶小猪"

每组幼儿排成一队，为首的幼儿把球放在面前的地板上，右手拿根长棍，一声令下就开始用长棍赶着小球跑到终点再赶回到起点，下一位幼儿接着赶球，来回接力，速度快的小组为胜。由于小球是圆的，很容易向两边滚，这个游戏十分考验幼儿手部的控制能力，不仅要控制木棍的用力方向，还要把握推球的力度。

### 3. 抱球跳

每组幼儿排成一队，为首的幼儿双手抱球，抱着球跳进地板上的圈圈以到达终点，再跳圈返回起点，把球传给下一位小朋友，抱球跳圈圈接力赛，速度快的小组为胜。该游戏主要锻炼幼儿双脚连续向前跳，在跳的同时抱球，增加了难度，需要幼儿具备一定的身体协调能力。

### 4. 圆圈传球

全体幼儿及家长围成一个大圆圈，所有人中选一人抱球，从左至右进行传球，传给身边的小朋友或家长，以此类推，向右传递。升级后可加入一个小球在抱球者对角处的人拿着，同样往同一个方向（右边）传递，两个小球追赶；熟练后可以再加入第三个、第四个球，依次传递，小球追赶。这个游戏需要幼儿扭转腰部，有利于锻炼幼儿的专注力和反应力。

### （五）互动环节：发明新游戏

当家长和幼儿体验了教师事先准备的各种玩球游戏后，教师启发现场的家长和幼儿共同思考：亲子玩球，还可以怎么玩？请家长和幼儿现场发明新的玩法，并思考这种玩法对幼儿的发展有什么好处。教师强调每种玩法都要在保障自己和他人安全的前提下进行尝试。

现场的家庭自发组成小组展开了热烈的讨论，教师在组间走动，聆听大家的讨论，并不时给予一些指导和建议。讨论结束后，每个人看起来都胸有成竹。教师请几位家长展示了他们的游戏玩法，并对游戏的价值进行了分析。

昕昕和妈妈分享了"投投乐"游戏：三人进行投球比赛，看谁进球最多谁就获胜。如果没有球篮，可用垃圾篓代替。这一游戏可以发展幼儿的手眼协调能力。

教师指出这个游戏不仅锻炼了手臂肌肉、手眼协调能力、手部控制能力等，还隐含了社会规则意识培养、数学知识的运用等，如可以先和幼儿一起讨论规则，是轮流投还是每人限定投几个，怎么知道谁投的球最多，让幼儿认识简单的数字，等等。

烁烁和爸爸发明了"螃蟹运球"游戏：两个人背对背，把球夹在腰部，把球运送到目的地，中途球不能落地，落了要从出发点重来。这一游戏可以锻炼幼儿的团队合作能力。

教师对"螃蟹运球"游戏进行了分析，指出这个游戏很适合家庭成员较多，或者好朋友在一起的时候玩。但在游戏开始前，一定要提示幼儿注意安全，避免拉伤。在互动中，家长可以根据幼儿的年龄设置适宜的难度，如大班的幼儿设10~15米运送距离，在中途设置2~3个打卡点，运到一个打卡点可以积一个小花，积满多少个可以换运送时间或者抵消一次落球惩罚；一来使游戏变得更有趣，二来还可以让幼儿的手臂放松放松，以防时间太长拉伤肌肉。

### （六）放松律动

教师播放音乐《爱上幼儿园》，带领家长和幼儿一起进行律动活动，大家从热火朝天的玩球游戏慢慢转向轻松的律动，本次亲子玩球工作坊也圆满结束。

## 三、拓展

### （一）下阶段家园共育目标及内容

第一，在家庭中的延伸。教师在班级微信群发布亲子玩球任务，家长们将创新的玩法分享到班级微信群，并分析此种玩法的价值。

第二，在班级的延伸。户外活动开展花样玩球活动，教师和幼儿一起开发球的各种各样的玩法。

### （二）相关学习资源

[1] 柳倩，周念丽，张晔. 学前儿童健康学习与发展核心经验. 南京：南京师范大学出版社，2016.

[2] 宏章家庭教育研究所. 3~6岁儿童学习与发展父母大讲堂：健康与身体动作. 北京：首都师范大学出版社，2013.

## ∽ 工作坊5：矿泉水瓶的多种玩法 ∽

## 一、发现问题

日常生活中有许多材料看似无用，实际上都可以成为幼儿游戏和探索的玩具，如矿泉水瓶、纸盒、旧台历、光碟等，这些生活中随处可见的材料既经济环保又蕴含无穷的创意，如果利用得当，就是幼儿游戏的绝佳玩具。这些材料的特点有别于购买的成品玩具，可以根据幼儿个人意愿进行创意组合、加工改造，而且取之不尽、用之不竭。它们可以满足幼儿动手动脑、反复探索的需要，催生出更多好玩有趣的游戏，使幼儿的想象力、创造力、动手能力等得到有益发展。

### 场景观察实录与分析

中二班小朋友们正在进行"玩具漂流"活动。这样的活动班级或幼儿园会定期举办，活动中幼儿互相分享他们的玩具，并且在交流中了解了同伴的玩具，更多的游戏想法会在这个过程中产生。

果果："我带了艾莎公主娃娃，这里还有很多衣服，可以给她换不同的衣服。"

小白："我从家带来了遥控汽车，它还可以变身呢！"

石头："这是我带来的可以发光的剑，而且还能发出声音！"

萌萌："我家有很多爸爸妈妈买的玩具，等我玩厌了，他们又会给我买新的玩具。"

师："宝贝真不少呀！咱们来玩个玩具商场游戏吧！除了大家带的这些，还可以再做一些。你们猜猜老师带来了哪些宝贝？"

在幼儿好奇的目光中，老师拿出了一些矿泉水瓶、纸盒子等废旧材料，鼓励幼儿自己设计和动手制作想要的玩具。

石头："老师，我可以用矿泉水瓶玩水吗？我有的时候想用矿泉水瓶玩游戏，妈妈不让我玩，她说太脏了。"

昊昊："我用快递的盒子玩汽车游戏，玩了一会儿，妈妈就把盒子扔掉了。"

师："当然可以呀！你们可以用这些材料来做想要的玩具。想做什么就做什么！想做多少就可以做多少！"

……

从幼儿的分享和讨论中教师发现，很多家长喜欢给幼儿买成品玩具，很多成品玩具玩法固定、缺乏灵活性和创新性，刚买的时候幼儿很喜欢，玩了几次就扔在一边了，然后再买、家里的玩具都堆成小山了……如果家长能够了解幼儿的心理特点和真正的需求，就会发现，其实生活中有很多材料是可以比一些成品玩具更有可塑性、更好玩、更环保、更能发挥教育的价值的。

于是，教师决定以矿泉水瓶这一常见的生活材料为例，和家长一起探索常见生活材料的多种玩法。让家长在探究过程中感受到生活材料的教育魅力，了解如何通过日常生活材料和幼儿一起游戏，促进幼儿的学习与发展。

本次工作坊将和家长一起探究的核心问题是：矿泉水瓶这一类常见的生活材料有哪些玩法？对幼儿的学习和发展具有怎样的价值？如何通过生活材料支持幼儿的游戏？

## 二、开展工作坊

### （一）做好准备

#### 1. 经验准备

（1）查阅相关文献，了解生活材料的种类及其教育价值。

（2）自己先进行矿泉水瓶游戏，发现矿泉水瓶的各种玩法，并用文字、图片、视频的形式记录自己创造的各种玩法。

（3）在教室投放矿泉水瓶，和幼儿一起玩矿泉水瓶游戏，通过拍照、摄像记录幼儿的游戏过程和玩法。

### 2. 物质准备

（1）为家长准备幼儿学习与发展特点、生活中的游戏材料相关主题的资料，如书籍《3~6岁儿童学习与发展指南》《幼儿园一物多玩游戏大全》，问题式学习课程学习与发展目标、幼儿学习内容相关资料。

（2）拍摄或搜索表现家长面对幼儿运用生活材料进行游戏的不同教育方式的视频，如视频AB剧《和儿子打电话》。

（3）每组一张桌子、6把椅子、两张白纸、一盒彩色笔、一个胶纸座。

（4）每人2~3个矿泉水瓶。

（5）热身游戏材料：每组吸管20根、水杯一个。

### （二）热身：桌面投壶

玩法：每一桌为一小组，在音乐一分钟的时间内将吸管投掷到桌面上的水杯中，瓶中吸管最多的小组获胜，投掷方式不限。游戏结束后，教师请家长分享：游戏中的感受是怎样的？这个游戏有什么价值？

家长们纷纷表示游戏中很开心，很放松，刚下班本来脑子还有点迷糊，现在很清醒。说到游戏价值，几位发言的家长都提到了身体动作的发展、注意力的发展。

#### 设计意图

热身游戏突出"利用生活中的材料来玩"的主题，利用生活中常见的物品进行游戏，"桌面投壶"游戏一方面可以带动家长先"玩"起来，活跃现场气氛，营造平等、宽松、自由的氛围，拉近活动组织者和参与者的距离，另一方面吸管和水杯是生活中家家户户都有的物品，并不是专门的玩具，用这两种生活物品玩游戏可以帮助家长感受到这些常见物品/材料作为游戏材料的可能，与本次工作坊的主题密切相关。

#### 温馨提示

游戏结束后，教师可以播放一首轻柔的音乐帮助家长从热烈的游戏氛围中平静下来，更好地参与到工作坊中。

### （三）聚焦问题

热身游戏结束后，教师引入话题：刚刚大家在游戏中玩得都很开心，常见的水杯和吸管也可以成为老少皆宜的游戏材料，一个小小的投壶游戏也蕴含着大价值。对幼儿来说，游戏是生活的组成部分，幼儿阶段正是人生中最好玩、最应该玩的时候，幼儿平时在家喜欢玩什么？家里有些什么玩具呢？

说到玩具，家长们打开了话匣子：积木、遥控车、橡皮泥、游戏桌、布娃娃、公仔……很多家长表示家里的玩具都堆成小山了，但是幼儿玩玩具很多时候都是三分钟热度，刚买来的时候玩得很投入，但是过一会儿就不喜欢玩了，所以家里的玩具买了一拨又一拨。

教师顺着家长提到的"幼儿喜新厌旧"的问题引出了工作坊的主题：其实，玩具不一定要买，在我们日常生活中就有很多东西可以成为幼儿的玩具，帮助幼儿获得很多有益的学习经验。例如，刚才桌面投壶的游戏，我们可以把身边常见的一些物品变成玩具，和幼儿一起开发材料的玩法，让幼儿在玩中学。教师就地取材，拿起桌上的矿泉水瓶，提出问题：矿泉水瓶是否可以变成幼儿的玩具？可以怎么玩？这些玩法对幼儿有什么好处？

### （四）小组学习与分享

#### 1. 分组学习与讨论

教师请家长以小组为单位，每组选出一名记录员，负责在白纸上记录大家的发言；选出一名发言人，负责在集体面前分享本组讨论的结果。每位组员积极贡献策略，时间限定在15分钟。

教师将事先准备好的学习资源：《3～6岁儿童学习与发展指南》《幼儿园一物多玩游戏大全》发放到各个小组，供家长自主学习，同时鼓励家长通过网站、微信公众号等多种途径搜集相关学习资源和信息。

家长们的讨论非常热烈，有些边说边做，现场就拿着矿泉水瓶玩了起来。讨论过程中教师巡视各组讨论的情况，引导家长拓宽思路，如一个瓶子可以怎么玩，一堆瓶子可以怎么玩，空瓶子和装满水的瓶子可以怎么玩，不同年龄段的幼儿可以怎么玩等。

#### 2. 小组分享

分组讨论结束后，教师请各组代表分享本组的一两个点子，本组其他家长配合示范操作或游戏，要求后面分享的小组不能重复前面的点子。

家长们的点子充满创意，每一组家长都想出了很多利用矿泉水瓶开展游戏的方法。有的家长提出把矿泉水瓶几个连在一起当竹排，放在水里；有的家长提议在瓶盖上戳几个小洞，用来做水枪；有的家长提出可以用矿泉水瓶做保龄球、传声筒、打击乐器等。在热烈的讨论中，家长们不断迸出创意的火花，并在小组分享的过程中收获了不少有趣的方法。

教师根据家长的分享现场随机互动，请家长站在幼儿的角度从中选择自己最喜欢的游戏，请家长说说通过这些游戏幼儿可以获得哪些学习经验，等等，并结合《3～6岁儿童学习与发展指南》和幼儿园学习与发展目标适当补充，给予家长专业的引领。

如保龄球游戏可以发展幼儿的大肌肉动作和手眼协调性，也可以通过记录每次打倒了几个、探索怎么摆放瓶子能打到更多等丰富幼儿的数学经验，还可以观察瓶子滚动的方向、轨迹，感知"球"抛出的力度，培养科学探索精神。

教师对大家分享的内容进行总结与点评，感谢家长们贡献的智慧。在大家的努力下，一个小小矿泉水瓶就可以玩出这么多花样，而且能帮助幼儿在游戏过程中获得各个领域的学习经验，培养优秀的学习品质。随后教师向家长展示了幼儿在幼儿园玩矿泉水瓶游戏的照片、视频，让家长们感受到幼儿对生活材料的兴趣以及他们无限的创造力。家长们看了幼儿的游戏照片和视频后，纷纷表示迫不及待想要回家和幼儿一起玩矿泉水瓶的游戏了。

### （五）专题讲座

教师向家长介绍了生活中常见的材料及其对幼儿发展的价值以及利用生活材料支持幼儿学习与发展的策略。

#### 1. 日常生活材料的教育价值

教师介绍前，请家长想一想：生活中还有哪些常见的材料可以作为幼儿的游戏材料？

家长们提到了很多材料，如石头、扑克牌、水、纸杯、线、扣子等。教师结合家长提到的材料，将生活中常见材料分为自然物、日用品与废旧品三种类型。自然物有石头、树枝、树叶、贝壳、沙子、水、松果、木片等。日用品有纱巾、吸管、线团、夹子、扑克牌、丝带、扣子、纸杯、纸盘等。废旧品有矿泉水瓶、瓶盖、纸巾筒、布块、纸箱、废弃铁具、玻璃球、PVC（聚氯乙烯）管等。

了解了常见的生活材料后，教师向家长介绍了这些常见的生活材料作为幼儿游戏和探索材料时，对幼儿发展的价值；指出幼儿可以通过多种方式来利用生活材料进行游戏，发现多样化操作产生的结果，理解操作和结果之间复杂、多样和新颖的联系。在这样的过程中，幼儿自由想象、身心投入地参与具有挑战与刺激的活动，创造性思维、批判性思维得以发展，幼儿身体、社会、认知等领域的经验得以不断增长。这些生活材料促进幼儿开展多种多样的自由自主游戏，而且这些材料可以免费获得，具有可持续性和经济可行性。

#### 2. 通过日常生活材料支持幼儿游戏的策略

家长们已经意识到了生活材料的价值。为了帮助家长了解如何通过日常生活材料支持幼儿的游戏，教师首先播放视频短片《和儿子打电话》。视频中幼儿自己用纸杯和线做了简易电话，A剧中的家长敷衍对待幼儿的创造性游戏，当幼儿兴冲冲拿着自己做好的电话和爸爸妈妈玩打电话游戏时，爸爸心不在焉地玩了一会儿就拒绝了幼儿的游戏请求，妈妈则直接告诉幼儿"找你爸爸玩儿去"，幼儿的游戏和探索热情被压制。

B剧中家长肯定了幼儿的"发明创造"，而且真正投入到和幼儿的游戏中，并鼓励幼儿创造"三人电话"，幼儿的深度探索的热情被激发，爸爸妈妈和幼儿三个人最后成功制作出三人电话。看完视频后，教师引导家长思考：怎么才能发挥生活材料的教育价值呢？只是提供这些材料给幼儿就可以了吗？

家长们表示现在家里就有很多材料，但是幼儿并没有玩起来，只是把东西放在幼儿面前，肯定难以发挥这些材料的价值。有家长提到应该鼓励幼儿用这些材料创造和游戏，不能总是因为担心幼儿把家里搞乱就制止幼儿的游戏。还有家长提出一开始家长可以和幼儿一起用这些材料玩游戏，慢慢让幼儿自己创造。

教师结合家长提到的策略，指出在鼓励幼儿利用生活材料开展游戏的过程中，家长要把握以下几个环节：激发环节，这一环节的主要目的是培养幼儿对生活材料的兴趣，驱动幼儿想要游戏和创造的欲望，家长可以自己先用生活材料做一个好玩的东西吸引幼儿，也可以邀请幼儿和自己一起玩，还可以向幼儿展示一些生活材料制作的作品相关的图片、视频。授权环节，是指当幼儿有了兴趣之后进行的自主学习和游戏，家长不能过多干涉幼儿，要放手让幼儿有一段时间的持续探索。促进环节，是指家长通过观察幼儿的表现，了解幼儿的发展水平和障碍，在必要时给予幼儿一些挑战或引导，以促进幼儿的游戏和学习向更高水平发展。激励环节，是指当幼儿通过自己的努力在解决问题的过程中有进展时，家长应及时地给予积极性评价或鼓励。

### （六）操作练习

通过工作坊，家长们已经发现了矿泉水瓶的各种玩法，为了帮助家长进一步扩展其他日常生活材料的玩法，教师请家长们以小组为单位，讨论：还有哪些日常生活中的材料可以成为幼儿的游戏材料？这些材料可以怎么玩？幼儿从中可以获得哪些学习经验？

家长4~6人一组，每组自由选择一两种生活中随手可得的材料，如纸巾筒、包装盒、奶粉桶、易拉罐、树叶、毛巾等，讨论利用这些材料可以开展的游戏或玩法，以及各种玩法对幼儿发展的价值。

有了玩矿泉水瓶的经验，家长们思路得到拓展，迸发出更多的灵感，在讨论各种游戏的价值时会主动查阅手边的工具书和参考资料，思考幼儿可以从中获得哪些有益的经验。教师请各组将想到的游戏点子、教育价值等写在白纸上，并贴在墙上展示，家长可相互浏览、交流。现场，家长们积极参与互动交流，大家的创意被激发，用生活中的材料创造了各种有趣的游戏。

- 奶粉桶：搭建游戏、滚桶比赛、创意绘画、奶粉桶手工……
- 树叶：树叶拼图、拓印、绘画、染色、立体造型……

● 毛巾：拔河比赛、毛巾扎染……

教师总结：生活材料不仅随手可得，而且经济、卫生、安全，是一种非常好的开放性游戏材料。幼儿可以用自己的方式自由游戏与创造，不仅促进幼儿主动学习，促进发散思维和创造性思维，对幼儿身体发展、社会性和情绪发展、认知发展等方面也有重要的促进作用。家长可充分运用这些材料，和幼儿一起设计各种各样的游戏，开展高质量的亲子互动，还可以激发幼儿的探索精神，让幼儿在轻松快乐的氛围中获得各领域的学习经验。

## 三、拓展

### （一）下阶段家园共育目标及内容

第一，班级投放矿泉水瓶等日常生活游戏材料，教师将幼儿的游戏分享给家长。

第二，家长在家与幼儿用矿泉水瓶玩各种游戏，将游戏视频、作品分享至班级微信群。

第三，家长分成几个小组，每组选择一种生活中常见的材料，开发该生活材料的玩法，并将玩法上传至班级微信群。

### （二）相关学习资源

［1］池海. 幼儿园环保手工·变废为宝创意生活DIY. 第3辑. 合肥：安徽美术出版社，2015.

［2］韩玉梅. 幼儿园一物多玩游戏大全. 北京：中国农业出版社，2014.

## ～ 工作坊6：如何促进幼儿语言发展 ～

## 一、发现问题

幼儿的语言能力是表达幼儿需求、加强同他人沟通的重要能力。培养幼儿的语言能力能够有效地开发幼儿智力及提高其逻辑思维的能力，良好的语言能力能够让幼儿得以在日后的生活中充分表达自己的需求，能更好地适应社会生活。[①] 问题式学习课程

---

① 朱平：《浅析培养幼儿语言能力的有效策略》，载《课程教育研究》，2019（48）。

充分重视幼儿的语言发展，交流沟通是幼儿学习与发展目标之一，课程为幼儿提供了大量发展语言的机会，我们希望幼儿们能够大胆、清楚地表达，在交流时理解回应他人，能够在尊重、包容的氛围中建立积极的关系。

### 场景观察实录与分析

午睡起床后，教师给小女孩们梳头发，幼儿喜欢在这个时候和教师聊天。这天，教师在给糖果梳辫子时，糖果跟教师说："老师，今天晚上我要去学说话。"

"为什么要学说话呢？我觉得你现在说话说得很好呀。"

"爸爸说我要学当主持人，还要学会演讲，所以让我去上了主持人和演讲的班。"

"那你想当主持人吗？"

"有的时候喜欢，有的时候不喜欢，小主持人的老师让我一直背古诗的时候，我就不喜欢。"

教师又去问了其他幼儿，发现很多幼儿都在上类似的语言兴趣班，大部分语言兴趣班以机械地训练让幼儿记忆不理解的古诗、绕口令等内容。语言发展确实很重要，但是幼儿的语言发展应该在日常交流中进行，机械的练习不符合幼儿的学习特点。教师在与家长的沟通过程中进一步了解了相关情况，很多家长表示："孩子得会说话呀，要是不会说话，以后很难有机会表现自己。""希望孩子通过训练，语言发展能好一些。"当教师询问在家里是否有意识地促进幼儿语言发展时，很多家长表示："太忙了，一天都很难和孩子说上几句话。""我也不会教，我自己的普通话就不标准，不知道怎么教。"

教师发现家长不太了解幼儿语言发展的内容和特点，对于如何促进幼儿语言发展存在一定的误解。有的家长十分关注幼儿的语言发展，但是认为语言发展就是会主持、会演讲，通过上兴趣班就可以实现；有些家长因为工作繁忙，家庭事务比较繁杂，往往疏于和幼儿进行语言交流与互动。这些都会对幼儿的语言发展产生不利的影响。

发展幼儿语言能力最好的途径是交流，家长是幼儿语言交流最密集的对象之一，家庭是支持幼儿语言发展的理想场所，由此，我们开展了幼儿语言发展主题工作坊，与家长一起了解幼儿语言发展的年龄特点，指导家长通过各种形式支持幼儿的语言发展。

本次工作坊的核心问题是：幼儿语言发展的内涵、特点及目标是什么？在家如何支持幼儿的语言发展？

## 二、开展工作坊

### （一）做好准备

#### 1. 经验准备

（1）提前阅读幼儿语言发展的相关文献资料，学习幼儿语言发展线索与年龄特点，掌握促进幼儿语言发展的方法和策略。

（2）收集一些能够促进幼儿语言发展的小游戏。

#### 2. 物质准备

（1）为家长提供幼儿语言发展相关的书籍，如《学前儿童语言学习与发展核心经验》《〈3～6岁儿童学习与发展指南〉解读》，每组一套。

（2）准备热身游戏需要用到的容器和纸笔。

（3）白纸（每组参与工作坊的家长至少一张）、白板、白板笔（每组一支）。

（4）茶歇点心。

（5）桌椅按照小组的方式摆放。

### （二）热身：成语大丰收

玩法：现场家长分成4组，教师在纸条上写好成语主题，准备一个容器装好小纸条，抽到哪个主题，就说出一个与该主题相关的成语。如描绘四季的成语有哪些？带花的成语有哪些？每轮一个主题，时间为3分钟，看哪组家长说的成语多。

家长们玩得不亦乐乎，第一轮抽到"动物"主题的成语，第二轮抽到"食物"主题的成语，第三轮抽到"语言"主题的成语，每个人都积极贡献自己的智慧，现场俨然成了"成语大会"，气氛十分活跃。

**设计意图**

热身游戏"成语大丰收"是一个有趣的语言游戏。游戏的趣味性和竞争性活跃了现场氛围，拉近了教师与家长以及家长之间的关系，家长们在玩游戏时能体验到通过游戏学习、运用语言的乐趣，可以顺利引出工作坊的主题，为后面介绍游戏促进幼儿语言发展做好铺垫。

### （三）聚焦问题

热身游戏结束后，教师顺势指出刚刚的"成语大丰收"其实是一个语言游戏，我们现在也正在用语言进行交流，幼儿也是如此。随后，教师请家长思考：语言对幼儿发展有什么价值？

家长们都提到了语言的交流功能，指出如果语言能力没有发展，幼儿难以和别人进行交流，难以融入社会；还有家长提到语言是幼儿学习的工具，口头语言和书面语言帮助幼儿学习新知识。

教师指出，语言不仅是重要的交际工具，而且还有一个家长忽视的重要价值，即思维工具。首先，语言能够促进儿童社会性的发展。语言是最重要的交际工具，我们可以通过语言表达自己的感受和需要，也通过语言了解他人的想法，实现快捷、有效的沟通和交流。我们在幼儿园常常会看到有的幼儿想跟其他小朋友玩，但不知道怎样用语言表达，只是用肢体动作碰一下对方，常常都会被对方误解，以为他在打人。其次，语言能够促进思维的发展，尤其是抽象思维的发展。比如我们思考：红球比黄球重，蓝球比黄球轻，请问哪个球最轻？试想一下，如果我们不理解"红球""黄球""蓝球"以及"重"和"轻"分别是什么意思，我们就不能在脑海中想象出这样的画面，也就难以得出推理的结论。

在语言发展的价值方面达成共识后，教师提出以下核心问题请家长分组讨论：幼儿语言发展包含哪些内容？如何促进幼儿的语言发展？

### （四）小组学习与分享

#### 1. 分组学习

教师请家长以小组为单位，每组认领一个问题，要求每组选出一名记录员（负责在白纸上记录大家的发言），一名发言人（负责在集体面前分享本组讨论的结果）。每位组员积极贡献策略，时间限定在15分钟。

教师将事先准备好的学习资源《〈3～6岁儿童学习与发展指南〉解读》发放到各个小组，供家长自主学习，同时鼓励家长拓宽思路，通过多种途径搜集信息。

#### 2. 小组分享

分组讨论结束后，教师请各组家长代表分享本组学习讨论的成果。

借助《〈3～6岁儿童学习与发展指南〉解读》这一学习资源及家长的日常生活经验，各组家长们对幼儿语言学习的内容都达成了共识，认为幼儿的语言学习主要包括听、说、读、写四个部分的内容。

在如何促进幼儿语言发展这一问题上，每个组的思路都有所不同。

第一组的家长从口头语言和书面语言两方面进行了思考，在口头语言的培养上，通过日常生活交流有意地培养幼儿的口头语言，在书面语言的发展上，家长们提出可以通过亲子阅读发展幼儿对书面文字、符号的兴趣和阅读习惯。

第二组的家长提到了可以和幼儿玩语言游戏，比如绕口令、词语接龙、你画我猜等，让幼儿在游戏中体会到语言的魅力，发展语言能力。

第三组的家长侧重于如何在生活中培养幼儿的交流能力，提出了很多具体有帮助的建议：首先要多和幼儿进行交流，一边做动作一边描述自己的行为；例如，"宝宝你看，我磕了一个鸡蛋，然后加了一点盐和料酒，接着我用筷子把鸡蛋搅散。"其次，在和幼儿交流时，对幼儿表达不清楚的地方，可以通过复述的方式帮助幼儿澄清自己的想法。此外，家长应积极鼓励幼儿用语言表达自己的想法、愿望。最后，家长在日常生活中要以身作则，让幼儿逐渐学习礼貌用语的使用，在与他人沟通交流过程中争做礼仪小天使。

### （五）专题讲座

家长分享后，教师请家长注意学前儿童的读写和学龄儿童的读写不同，幼儿园阶段的读写更多的是读写萌发，我们称之为"前阅读"与"前书写"，主要以培养读写兴趣与习惯为主，切不可等同于文字阅读和写作。澄清了相关概念后，教师以专题讲座的形式向家长系统介绍了幼儿语言发展的内容与目标，并从日常交流、早期阅读、语言游戏三方面提供了促进幼儿语言发展的策略。

#### 1. 幼儿语言发展的内容与目标

教师结合《〈3~6岁儿童学习与发展指南〉解读》与幼儿园问题式学习课程中幼儿学习内容，主要包括以下四个方面。

倾听。注意听他人的讲话：愿意倾听，在倾听时不打断他人并有所回应；理解他人的讲话：理解他人说话内容，理解语调语气在不同情境中的不同意思，在听不懂时会提问。

表达。愿意讲话并能清楚表达：愿意表达；会说普通话；说话口齿清晰，讲述连贯；具有文明的语言习惯：积极回应他人；用适宜的声音、语气表达；使用礼貌用语。

前阅读。阅读兴趣与习惯：喜欢阅读和讲故事，对符号和文字感兴趣，爱护图书；了解书本和其他印刷品：认识图片和文字的差异，了解印刷文字的构成、文字的方向性和文字的阅读顺序，了解不同类型的书籍；理解能力：具有理解技巧的幼儿，对你所读的故事书内容会提出意见，或者在游戏中将故事情节演出来。

前书写。书写兴趣与习惯：幼儿愿意借助绘画、文字、书写工具进行"类似"读写活动，愿意就文字进行讨论、思考和想象，能够非正式地描绘、模仿与书面文字相关的符号；理解汉字结构：观察发现汉字的视觉特点，积累对汉字结构的认知和理解，并将这些理解贯彻在前书写的探索中；创意书写：尝试用一些新颖的方式表达自己的意思，如用图形、图画代表某些字词。

随后，教师结合《〈3~6岁儿童学习与发展指南〉解读》，向家长介绍了中班幼儿语言发展目标。

* 在群体中能有意识地听与自己有关的信息。

- 能结合情境感受到不同语气、语调所表达的不同意思。
- 方言地区和少数民族幼儿能基本听懂普通话。
- 愿意与他人交谈，喜欢谈论自己感兴趣的话题。
- 会说本民族或本地区的语言，基本会说普通话。少数民族聚居地区幼儿会用普通话进行日常会话。
- 能基本完整地讲述自己的所见所闻和经历的事情。
- 讲述比较连贯。
- 别人对自己讲话时能回应。
- 能根据场合调节自己说话声音的大小。
- 能主动使用礼貌用语。
- 反复看自己喜欢的图书。
- 喜欢把听过的故事或看过的图书讲给别人听。
- 对生活中常见的标识、符号感兴趣，知道它们表示一定的意义。
- 愿意用图画和符号表达自己的愿望和想法。
- 在成人提醒下，写写画画时姿势正确。

2. 促进幼儿语言发展的策略

教师介绍了三种促进幼儿语言发展的策略：日常交流、早期阅读、语言游戏。三者共同存在，相互配合，不可偏废。游戏是儿童的天性，幼儿在游戏中往往能获得更好的学习效果。重点介绍促进幼儿语言发展的六种语言游戏，详细解释每一种游戏类型，并分别列举一些典型的游戏。

（1）日常交流

日常生活中的语言交流包括幼儿的听说、跟幼儿的谈话、给幼儿讲述、听幼儿讲述等。在日常生活中幼儿会有表达的需要，在交流的过程中语言的输入和输出都将增长幼儿在语言各个方面的积累。这也是为什么话痨的家长带出来的幼儿往往语言发展得也很不错。家长在跟幼儿聊天的时候营造轻松愉快的交谈气氛，这样使幼儿更加积极主动地进行交流，更好地促进幼儿语言的发展。

（2）早期阅读

阅读对幼儿也非常重要。大部分幼儿喜欢读的书就是绘本，绘本用一系列有逻辑关系的图画来讲故事，即使里面有文字，也很简短、通俗。教师向家长介绍了以下几个早期阅读的策略。

首先，家长要保障幼儿每天有固定的阅读时间，这样能帮助幼儿养成阅读的习惯。

其次，要设置适合幼儿阅读的环境，提供一个安静、舒适的阅读空间，有良好的光线，方便幼儿取放图书的书架，对培养幼儿阅读的习惯也非常有益。

最后，选择好适当的读物，要根据幼儿的年龄和兴趣去选择，如对低龄段的幼儿，文字太多的书显然就是不合适的。教师指出家长可以关注国内外图画书大奖中获奖的作品，给幼儿买书的时候可以以这些奖项为关键词去挑选。

（3）语言游戏

语言游戏也称为听说游戏，是一种为幼儿提供游戏情境，让幼儿按照一定规则练习口头语言的游戏。主要有语音游戏、词汇游戏、句子游戏、对话游戏、语言节奏游戏和故事表演游戏。在游戏的过程中可以培养幼儿在口语交往中迅速、灵活地倾听和表达的能力。

语音游戏是指以提高辨音能力和练习正确发音为目的而开展的游戏。包括听音、辨音游戏和发音游戏。听音、辨音游戏，比如，有些幼儿b、p这两个音不分，我们可以挡住自己的嘴巴，让幼儿听听自己说的是波浪的波，还是泼水的泼，类似的还可以去辨n、l，卷舌、平舌音。

我们可以筛选近期幼儿发音中的语音难点，选择适合的发音游戏来帮助幼儿练习。它的内容包括难发音、易错音、方言、儿化音、声调等，这可以帮助幼儿正确发音、矫正口吃，比如念绕口令就是一个典型的发音游戏，幼儿需要连续发出声、韵、调极易混同的音。

词汇游戏是指以丰富词汇、正确理解和运用词汇为目的的游戏。词汇的种类很多：名词、动词、形容词等。我们可以运用词汇游戏来帮助幼儿丰富、理解、运用词汇，比如词语接龙、说反义词、看动作说词语等。

句子游戏是指以培养幼儿按照语法规则正确组词成句，并运用各种句式、句型为目的的游戏。比如，用不同动词、连词来进行造句游戏，与幼儿一起玩转转盘，念儿歌："转转盘，转转盘，拨一拨，转一转，小朋友们认真看，小动物要吃饭。"转盘停止后，幼儿说出小动物的名称，说出小动物喜欢吃的食物，并将手中的食物图片送给小动物，说："小花猫爱吃鱼。"反复玩，直到将图片送完为止。

对话游戏是指一种用有趣而有规律的对话方式，让幼儿了解社会语言交流的习惯和规范的游戏。规范是说在交流的时候，需要一个人说完一段话的时候，再轮到另一个人说。对话游戏可以用来培养正确的社会语言交流习惯。常见的对话游戏有打电话、小小送信员、快递员。

语言节奏游戏是指以培养幼儿按照一定的节奏和韵律说出词语、句子为目的的游戏。这一类游戏相信大家都非常熟悉，如游戏性儿歌，这种儿歌一般都会选择幼儿熟悉的内容，生动形象，语言流畅，有韵律感。可以加上有节奏的身体和手指动作来引导。比如，手指游戏。玩手指游戏的时候有节奏地念儿歌，配上手指的动作来帮助记忆语言和掌握节奏，幼儿能随时随地学做，不受时间、地点和场地的限制。

故事表演游戏是指幼儿在表演故事的过程中，通过对话、动作、表情再现文学作品，有助于理解、体验作品内容，还能够发展自由大胆表达的能力。

### （六）操作练习

小组讨论、专题讲座结束后，教师向家长发布以下操作任务：家长们分成三个组，教师为家长提供三个适合中班幼儿玩的语言游戏，每组家长针对这个语言游戏进行练习，10分钟的练习后各组带领大家一起玩本组的游戏。

#### 1. 捉蜻蜓

玩法：一人扮"网"：手掌伸平，掌心向上；其他人扮"蜻蜓"：伸出食指碰"网"（手掌）；一起念儿歌，儿歌念完，扮"网"的幼儿手掌迅速握紧，扮"蜻蜓"的幼儿手指迅速缩回，被捉住的幼儿扮"网"继续游戏。

儿歌：天灵灵，地灵灵，满天满地捉蜻蜓。捉蜻蜓，捉蜻蜓，捉到一只小蜻蜓。

#### 2. 听话的机器人

玩法：家长扮演科学家发出指令，幼儿模仿机器人完成指定动作。一次发出的指令可以由少到多，不断增加难度。家长可以与幼儿互换角色。

例：请你伸出右手！请你伸出右手够你的左耳朵，摸你的左眼睛，指你的鼻子！

#### 3. 蝴蝶飞飞

玩法："拍拍"——拍两下手；"捶捶"——右手握拳，锤左手手背；"画叉叉"——右手食指在左手手背上画一个"×"；"蝴蝶飞飞飞几下"——双臂张开做翅膀飞舞状；"一只蜘蛛爬上来"——右手手指从左手手背向上爬到肩膀上；"吓得全身起疙瘩"——双手抱双臂。

家长们分组开始练习语言游戏，现场气氛格外热烈，因为待会儿还要当教师带领大家一起玩，每个人都格外认真，练习结束后，所有人都体验了三个语言游戏，教师最后总结，在回顾全场工作坊之余，鼓励家长平时在家和幼儿多玩有趣的语言游戏，可以创新游戏玩法，甚至和幼儿一起自创游戏，通过游戏、生活和图画书促进幼儿的语言发展。

## 三、拓展

### （一）下阶段家园共育目标及内容

第一，家长们在家里实践语言游戏，并将相关视频、经验分享至家长微信群，互相学习与借鉴。

第二，家长分小组搜集能促进幼儿语言发展的图书、游戏、亲子互动策略，并将搜集到的信息资源分享到家长微信群。

　　第三，教师在班级开展语言相关活动，并将活动内容、幼儿行为表现持续与家长分享。

### （二）相关学习资源

[1] 李季湄，冯晓霞.《3～6岁儿童学习与发展指南》解读. 北京：人民教育出版社，2017.

[2] 陈杰琦，周兢. 学前儿童语言学习与发展核心经验. 南京：南京师范大学出版社，2016.

## ～ 工作坊7：培养幼儿注意力 ～

## 一、发现问题

　　"注意"是一切学习的开始，我们只有先注意到一定的事物才有可能进一步去观察、记忆和思考。注意也是一生成功的基础，从小具有良好的注意品质，才有可能在自己感兴趣的事情上坚持不懈地努力，最终获得成功，所以说"天才就是不断的注意"。

### 场景观察与分析

　　家长会后，几位家长找教师想进一步了解幼儿的情况，形形妈妈表达了对幼儿注意力的担心："老师，形形在家总是坐不住，静不下来，是不是注意力有问题啊？"旁边的家长听完后也表示了同样的担心："小雨也这样，看书看几分钟就不看了，搭积木搭一会儿就不想搭了。""我家孩子也是，吃饭的时候想看电视，拼图的时候想出去玩，外面一有风吹草动，他就会停下手头的事情。""老师您看有什么好办法培养孩子的注意力吗？"

　　从家长的困惑中可以看出，家长们关注到了幼儿注意力的问题，但并不清楚影响幼儿注意力的因素有哪些，以及如何培养幼儿的注意力。幼儿注意力的发展受到自身发展水平和教育环境的影响，一方面，中班幼儿的注意以无意注意为主，注意力持续时间普遍不长，容易被干扰，家长们对此缺乏正确的认识，有时会要求幼儿从事较长时间的注意活动，机械地锻炼幼儿的注意力，最终却导致幼儿厌倦；另一方面，家庭教育环境会影响幼儿注意力的发展，在最近一次家庭环境与父母教养方式的调查中，教师发现60%以上的家庭电视总是开着，70%以上的幼儿习惯边吃饭边看电视，常使用各种电子产品玩游戏，50%以上的家长会边做自己的事情边听幼儿讲话，常常会中途打断幼儿游戏，等等。

幼儿注意力发展的影响因素很多，适宜的环境和成人恰当的支持与引导至关重要。我们要尊重幼儿的年龄特点，帮助幼儿排除各种可能干扰注意力的因素，借助各种游戏激发幼儿的兴趣，促进注意力的发展。

由此，教师专门开展了针对中班家长的工作坊，帮助家长理解幼儿注意发展的特点，共同探究如何培养幼儿良好的注意品质。

此次工作坊将带领家长探究的核心问题是：影响幼儿注意力发展的因素有哪些？如何培养幼儿的注意力？

## 二、开展工作坊

### （一）做好准备

#### 1. 经验准备

开展工作坊前，教师应提前学习幼儿注意力培养相关的文献资料，了解幼儿注意力的发展特点、影响因素，以及培养幼儿注意力的方法和策略，形成系统的知识体系。

#### 2. 物质准备

（1）为家长准备幼儿注意力培养相关的学习资源，如《中国儿童早期注意力培养：0~6岁》《注意力曲线：打败分心与焦虑》《让专注成就孩子的一生》，每组一套。

（2）白纸、白板、马克笔。

（3）桌椅按照小组方式摆放。

（4）茶歇点心。

### （二）热身：左抓右逃

游戏玩法：家长先伸出右手大拇指夸夸旁边的朋友很专心，再伸出左手，手心向下放在隔壁朋友的大拇指上，一组家长左右手相连形成一个圈。教师讲一个小笑话，这个笑话里面有很多个"一"，大家只要听到"一"的时候就要迅速把自己右手的大拇指抽走，同时要用左手去抓住隔壁朋友的大拇指。

笑话内容：我儿子四岁的时候，有一天我对他说："妈妈再给你生一个弟弟好不好？"儿子急得直摇头："不行不行，要生你就给我生一个哥哥吧。"

家长们做好准备动作后，集中注意听教师讲笑话，玩得特别开心。

**设计意图**

游戏"左抓右逃"需要家长高度集中注意力，还要配合动作的快速反应，同时能让参加活动的人通过游戏建立轻松愉快的情感联结，有助于吸引家长在自然的状态下进入工作坊的主题。

### （三）聚焦问题

游戏结束后，教师抛出问题：你们走进这个会场第一时间注意到的是什么？有的家长注意到墙上的画，有的家长注意到现场的熟人等。教师由此引入话题：每个人注意到的东西不同，说明注意是有选择性的，一般情况下我们的注意力会集中在我们感兴趣的事情，或者和我们有关的事情上。

教师向家长提出引导性问题，引发家长对幼儿注意力发展的思考，请家长思考并分享自己的观点：注意力的发展对幼儿有什么重要作用？

家长都非常认可注意力的价值："注意力对孩子将来的学习至关重要，注意力不集中将来学习成绩肯定不好。"家长们也表达了自己在培养幼儿注意力上的困惑："注意力很重要，所以每次看到孩子坐不住时就着急上火，又不知道怎么办才好。"

教师指出"注意"是一切学习的开始，只有先注意到一定的事物才有可能进一步去观察、记忆和思考。"注意"是与生俱来的，婴儿一出生的时候就有了注意。但是这个时候的注意是无意注意，是人类生存的本能，也是一种初级的注意形式。我们平时经常说的"注意力集中"是有意注意，它是需要我们用意志去控制的，是有一定目的的，是注意的一种高级形式。一般来说，幼儿从2岁半左右进入到注意的敏感期，从这个时候开始逐步发展有意注意的能力。但是一直要等到7岁的时候，幼儿的大脑额叶部分才基本发育成熟，注意才基本稳定。所以，基本上幼儿都是以无意注意为主，有意注意逐步发展。正因为受到大脑发育水平的局限，所以幼儿注意范围非常小，稳定性很低，很容易受到周围环境的影响，需要得到成人的帮助和支持。幼儿的注意非常容易受到情绪的影响，对自己感兴趣的东西比较容易集中注意力。幼儿的注意要在活动中进行。在玩中学习，在玩的过程中逐步发展有意注意的能力。

教师进一步指出，幼儿注意力发展不稳定，很容易受到各种环境因素的影响。所以在幼儿注意力培养的关键时期，家长的主要任务就是要帮助幼儿克服各种干扰，从幼儿的特点出发，借助幼儿无意注意的优势引导幼儿逐步发展有意注意的能力。家长恰当的支持与引导对培养幼儿良好的注意品质至关重要。教师提出两个问题供家长讨论：影响幼儿注意力的因素有哪些？如何培养幼儿的注意力？

### （四）小组学习与分享

请家长以小组为单位，针对提出的问题"影响幼儿注意力的因素有哪些""如何培养幼儿的注意力"进行学习与分享。要求每组选出一名记录员（负责在白纸上记录大家的发言），一名发言人（负责在集体面前分享本组讨论的结果）。每位组员积极贡献策略，时间限定在15分钟。

教师将事先准备好的家长自主学习资源《培养幼儿注意力的有效策略》发放到各个小组，供家长自主学习，同时鼓励家长拓宽思路，通过多种途径搜集信息。

分组讨论结束后，请每组发言人分享本组学习成果。

家长们在分享时提到影响注意力的因素涉及"先天的因素""环境因素""兴趣爱好"。

- 先天的因素，比如，多动症等。
- 嘈杂的环境会干扰孩子的注意力。
- 旁边的干扰因素太多，如电视等，导致孩子的注意力没法集中。
- 对某件事物不感兴趣。

在培养孩子注意力上，家长们也分享了一些实用的策略。

- 要给孩子安静的环境，大人不要在旁边看电视或者玩手机。
- 可以从孩子感兴趣的事情上入手培养孩子的注意力。
- 借助习惯养成类绘本培养孩子的注意力。
- 和孩子一起做一些需要集中注意力的亲子游戏。

### （五）专题讲座

教师结合家长分享的内容，系统介绍幼儿注意力发展的影响因素及如何促进幼儿注意力发展。

#### 1. 影响幼儿注意力发展的因素有哪些

影响幼儿注意力发展的因素主要分为生理因素与教育因素，具体如下。

（1）生理因素

生理因素包括轻微的脑组织损伤，感觉统合失调，视觉、听觉障碍，等等。另外铅中毒也是影响幼儿注意力发展的一个很重要的因素。因为幼儿排铅能力非常弱，所以家长要注意不要让幼儿接触汽车尾气、油漆、涂料等，少吃或不吃皮蛋、爆米花等高铅食品，避免铅中毒对幼儿的注意力造成伤害。

（2）教育因素

教育因素包括过度的环境刺激、不良的生活习惯，以及家长的一些错误的教养方式。

①过度的环境刺激

影响注意力的第一大教育因素是过度的环境刺激。研究表明，看电视和幼儿的早期注意力缺乏有很大的关系，每天多看一个小时的电视，幼儿在7岁时出现注意力问题的可能性就会增加10%[①]。

②不良的生活习惯

影响注意力的第二大教育因素是我们家长在日常生活中很容易忽视的一些不良的生活习惯。包括饮食不当，也就是说幼儿有偏食、挑食、三餐不定时的习惯，有可能导致幼儿因为营养不良和营养不均衡而影响大脑发育，进而影响到注意力的发展。不良的生活习惯还有一个很重要的影响因素就是睡眠不足，睡眠不足会使大脑疲劳难以恢复。

③教育态度不一致

影响注意力的第三个教育因素是态度不一。例如，妈妈不让幼儿玩手机，爸爸却认为玩一下没关系。有些家长太宠爱幼儿，家里缺少一定的行为规范，幼儿要什么都会得到满足。有的家庭的社交活动太多，常常高朋满座，都可能对幼儿的注意力造成干扰。

④对幼儿的过度干预

教师端来了三瓶颜色不同、水量不同的水，这三瓶水是三个老师倒的，第一位老师倒水的时候有人在旁边不停地批评、指责；第二位倒水的时候有人在旁边一个劲地表扬；第三位倒水的时候其他人远远地站着一声不吭。

请家长猜一猜：水最多的那瓶蓝色的水是第几位老师倒的?

家长们答案不一，很多家长认为是第二位老师，也有家长认为是第三位老师，最后教师揭晓正确答案，是第三位老师倒的水。我们习惯性地会以为表扬对幼儿肯定有促进的作用。但是事实上，在幼儿专心做一件事情的时候，任何表扬和批评都会对他的情绪产生干扰，从而影响他的注意力。当然在幼儿有需要帮助的时候，家长还是要提供及时的支持和鼓励，但不要包办代替，以免影响幼儿自主性的发展。

2. 如何培养幼儿的注意力

培养幼儿注意力首先要建立温馨的家庭氛围，不仅是物质环境，还包括精神氛围。其次是家长要讲究科学的教养方式，如通过制订规则、明确要求、积极暗示等培养幼儿的注意力。另外家长可以通过各种有趣的亲子游戏培养幼儿良好的注意品质。

---

①[英] 萨利·戈达德·布莱斯：《孩子真正的需要：你能给孩子最佳的人生开端》，陆凡译，244页，北京，中国发展出版社，2015。

（1）温馨的家庭氛围

温馨的家庭氛围能给幼儿一种心理安全。家长在布置幼儿房间的时候，大面积的色彩运用不要超过两种，放一些柔软的饰物，给幼儿一种温馨的心理感受。墙上不要贴太多的卡通画，以免对幼儿的视力造成冲击，影响注意力。家里可以放一些绿色的小植物，清新的空气里幼儿更容易集中注意力。家长还要注意给幼儿提供一个属于他自己的小角落，所有的玩具物品分类摆放，让幼儿从小养成自己整理物品、物归原处的好习惯。

（2）科学的教养方式

幼儿就是我们的镜子，我们所做的一切行为都会在不知不觉中影响到幼儿。所以要培养幼儿的注意力，家长要做一个专注的好榜样，当幼儿跟我们说话的时候，要认真地倾听，每天能有固定的时间和幼儿一起坐下来，安静而专心地做事情。

培养幼儿良好的注意品质，我们一定要讲究科学的教养方式。首先，要帮幼儿制订规则形成自律，明确提出要求，给他一定的方法，要进行适时的表扬、积极的暗示。在家里，我们也应该跟幼儿共同制订一些相应的作息制度和行为规范，这些规则是大人也要遵守的。另外，要培养幼儿的广泛兴趣，让幼儿的注意力从电子产品上转移到更多有益的活动中去。

其次，要明确要求，因为幼儿对自己要做的事情有所了解的时候他才能全身心投入，家长在给幼儿提供游戏和玩具的时候可以先和幼儿聊一聊：这是什么？你想怎么玩？还可以怎么玩？鼓励幼儿尝试去发现或者适当地提供一些示范。

在日常生活中，我们还要注意捕捉幼儿的兴趣点，比如，幼儿喜欢画画，我们就可以给他提供各种绘画工具，支持幼儿持续不断地去关注他感兴趣的事情，形成稳定而持久的注意。

（3）有利于培养幼儿注意力的亲子游戏

越小的幼儿越需要父母的陪伴，越是注意力不集中的幼儿越需要得到父母的支持。而父母就是幼儿最好的玩伴，亲子游戏也是训练幼儿注意力的有效方式。有助于培养注意力的游戏包括视觉游戏、听觉游戏和动作游戏。

①视觉游戏

舒尔特表训练法是最普及、最简单的视觉游戏，可以提高注意的广度。一个5×5的方格子，把25个阿拉伯数字随机填进每一个格子，要求玩游戏的人在一定的时间内按顺序迅速地找出并且读出这25个数字。对于小一点的幼儿可以从9个格子开始，也就是说1到9的数字。

一些传统游戏，如筷子滴酒瓶等，也是一种非常好的视觉集中训练，只有注意力高度集中，筷子才能掉到酒瓶里。

平时带幼儿去公园玩的时候，可以让幼儿数一数天上飞过几只鸟，这样幼儿必须在一段时间内留意去看，飞过去一只，过一会儿又飞过去一只，他必须保持一段时间的注意力，这是视觉追踪游戏。

还有妈妈和幼儿常玩的大眼瞪小眼，看谁先眨眼，因为幼儿想在游戏中取胜，他就必须控制自己的注意力不能分散，所以会紧紧地盯着妈妈。

②听觉游戏

最简单的就是趴在妈妈胸前听一听数一数妈妈的心跳声，因为心跳声是非常微弱的，所以必须高度集中注意力。还有听声音拍手，妈妈拿一个小碗放在背后敲三下，让幼儿听听有几下，变换不同的节奏，让幼儿去尝试他能不能听出来。

"听到动物就拍手"，念一串词语，幼儿听到是动物的名称就拍手，看看能拍对多少，如雨伞、桌子、狮子、老鼠、鼠标、小猫、豹子等。

③动作游戏

游戏叠叠高，妈妈和幼儿轮流先把积木按照一定的规则搭起来，再轮流把其中的一小块积木抽出来，其他的积木不能倒。在这个过程中幼儿必须高度集中自己的注意力，控制自己手部的动作。

传统游戏挑棒，家里的筷子、牙签都可以拿来玩，大人幼儿轮流挑，一次挑一根，挑的过程中不能碰到其他的棒子，幼儿必须高度集中注意力，还要判断拿哪根棒子的时候不容易碰到其他的。

多米诺骨牌，家里的麻将牌可以用来做游戏的道具。

脚筑宝塔游戏，也就是用脚搭积木，必须高度集中注意力才能控制脚部动作，保持平衡。

利用各种游戏培养幼儿注意力的关键是家长要有游戏精神，善于在日常生活中捕捉契机，能够根据幼儿的年龄特点，用适宜的方式激励幼儿参加游戏，不断提升幼儿的注意品质。

（六）操作练习

幼儿在注意力方面存在的问题各不相同，家长的教养方式也有很大的区别。为了帮助家长将工作坊内容运用到实际生活中，真正解决育儿问题，发挥工作坊的效果，最后，教师向家长提出操作练习的任务：评估幼儿的注意力发展情况，制订支持幼儿注意力发展的游戏计划。

家长根据幼儿的实际情况，进行注意力发展评估，并结合刚刚提到的游戏，制订游戏计划。家长将自己评估和思考的内容记录在白纸上，大家互相分享学习。教师邀请几位家长发言，分享自己的成果。

家长A：我们平时一般喜欢和小孩一起玩搭积木，还有一些拼图游戏。通过今天的学习，我们知道原来不光是安静的游戏可以培养注意力，很多运动类游戏也有助于发展孩子的注意力，下次我们可以多动起来。

家长B：我们家孩子5岁了，我们一般是阅读，给他讲一个故事，对故事的名字、作者、主人翁都很强调，讲完故事我会提四个问题。第一个问题就问他书的名字叫什么，作者是谁，故事的主人翁叫什么名字。孩子第一次会不记得，就没有答出来，我就不接着讲第二个了。第二天的时候，他知道妈妈会提问，答对了可以再多听一个，就会注意听了。通过学习我们了解到一定要尊重孩子的兴趣，不要给他强加任务引起他的反感，以后我改进自己的提问方式，用游戏的方法来引导他理解故事的内容，培养注意力。

最后教师总结：要培养幼儿的注意力，家长首先要了解幼儿注意力发展的年龄特点，不要提过高的要求；其次要帮助幼儿排除各种可能干扰注意力的因素，要为幼儿营造一个良好的物质环境和精神环境，讲究科学的教养方式，为幼儿提供适宜的玩具，和幼儿一起快乐地游戏。注意的力量是无穷的，家长把注意力投放在哪里，哪里就会有收获；家长关注什么样的品格，幼儿就会成为具有什么样品格的人。

## 三、拓展

### （一）下阶段家园共育目标及内容

第一，家长在家进一步了解支持幼儿注意力发展的学习资源，同时教师持续为家长提供相关资源。

第二，家长分成四组，分别负责视觉、听觉、动作等相关注意力训练游戏的搜集与整理，并在家实践。

第三，在班级和户外投放有助于培养幼儿注意力的游戏材料，教师和幼儿一起玩注意力游戏，每周一个主题。

第四，家长将自己发现的学习资源、整理的游戏分享至家长微信群，教师将幼儿园中幼儿注意力游戏的内容、注意力发展情况持续与家长分享。

### （二）相关学习资源

[1]［美］帕拉迪诺. 注意力曲线：打败分心与焦虑. 苗娜，译. 北京：中国人民大学出版社，2016.

[2]鹿萌. 中国儿童早期注意力培养：0～6岁. 北京：中国妇女出版社，2010.

[3]陈雪梅. 让专注成就孩子的一生. 北京：中国纺织出版社，2011.

[4] 陈帼眉. 学前心理学. 北京：北京师范大学出版社，2015。

[5] 林湘敏. 增进儿童健康的游戏. 北京：人民体育出版社，2005。

## ～ 工作坊8：亲子参访——牙科诊所 ～

### 一、发现问题

实地参访可以为幼儿提供获得一手经验的绝好机会。幼儿有机会到现场研究，他们会更深入地去思考主题，试着为自己特殊的问题找出答案。他们近距离接触参访地点，专心观察各种设备与材料，还访问现场的人员，并把收集到的信息记录下来。在这个过程中，幼儿扮演着相当主动的角色。实地参访让幼儿在个人经验的基础上建构新的知识，而且把在课堂上所学的，与教室外的世界做一联结。尤其当幼儿看得见、听得到、闻得到或能使用适当的感官来体会、获得新经验时，他们会更有兴趣，学得更好。

#### 场景观察实录与分析

在幼儿园定期龋齿检查中，幼儿对牙齿和牙医产生了兴趣，教师跟随幼儿的兴趣开展了"我是小牙医"问题式学习活动。

这一天，教师正在和幼儿讨论关于牙医，了解幼儿关于牙医的已有经验。

可乐："牙医就是给牙齿看病的人，就像兽医就是给动物看病的一样。"

球球："我去看过牙医，牙医说我的牙齿让虫咬了个洞，他帮我把那个洞补好了。"

丁宝："我也去看过牙医，他们可以把牙虫赶跑。"

山竹："牙医是怎么把牙虫赶跑的呢？"

糖豆："是不是用一个长长的镊子把牙虫抓出来？"

洋洋："不对，应该是用一种药，牙虫很不喜欢那种药的味道，它就自己爬出来了。"

丁宝："我也不知道他是怎么把牙虫赶跑的。李老师，你知道吗？"

李老师："你说的这个老师也不太清楚呢。"

艺遥："要是能去看一看就好了，就能知道牙医是怎么赶跑牙虫了。"

小米："我也想去，我想知道给牙齿看病的时候疼不疼。"

李老师："既然你们都这么说，那我们就去看一看吧！不过去之前，我们还有很多准备工作要做。"

教师将幼儿的想法发到家长群，得到了家长们的大力支持，最后决定与牙科诊所联系，开展亲子参访活动。

本次亲子参访将引导家长探究以下核心问题：如何通过亲子参访支持幼儿的问题式学习活动，探究牙医的工作，学习保护牙齿的方法？

## 二、开展工作坊

### （一）做好准备

#### 1. 经验准备

教师应学习了解牙科诊所、牙医工作相关内容，梳理幼儿参访牙科诊所的核心学习经验，学习如何帮助家长在亲子参访中支持幼儿的学习，提前梳理要点。

教师在家长微信群与家长分享了幼儿前期的学习活动，让家长了解幼儿的学习历程，并呈现了本次幼儿需要解决的问题：牙医的工作的是怎样的？如何保护牙齿？并通知家长参访时间、地点、注意事项。

教师与幼儿讨论参访活动，激发幼儿对参访的期待。

#### 2. 物质准备

（1）教师和家长义工联系牙科诊所，与诊所达成合作关系，确认参访当天的活动流程。

（2）记录纸、笔。

（3）照相机。

### （二）专题线上讲座

参访前，教师在家长微信群进行了微型线上讲座，介绍如何通过参访活动实现幼儿学习与发展目标，并向家长介绍本次活动中幼儿要解决的核心问题中蕴含哪些核心经验，教师随后向家长介绍亲子参访的策略与注意事项。

#### 1. 参访学习与发展目标

- 遇到问题时/面对未知，能主动提问，以求进一步了解。
- 针对事物的原因、发展或结果提问。
- 能够提出与问题解决有关的问题，知道要解决问题还缺乏哪些知识。
- 实地参访时，能够通过倾听、提问等方式获取需要的信息。
- 能够比较客观地记录获得的信息。
- 能通过绘画、展示、报告、交流等方式表达自己对信息的理解。
- 活动前能够制订计划。

- 能主动使用礼貌用语。
- 能认真倾听他人讲话，并积极主动地做出回应。
- 能准确理解别人的想法。
- 能用语言完整、清晰、连贯地表达。
- 能够用绘画、口头日记、符号表征记录等多种方式表达自己的想法、发现或成果。

### 2. 参访学习内容

- 正确刷牙的方法。
- 知道五官的功能及特征。
- 知道保护五官和牙齿。
- 了解周围的社会机构，知道更多的社区工作者及他们的工作。
- 了解父母的职业及其他人的职业。
- 感知与了解自己的生活与他人劳动的关系。

### （三）亲子制订参访计划

参访前，家长与幼儿讨论参访活动并一起制订个性化的参访计划，让幼儿对活动有参与感和掌握感。在讨论过程中，家长围绕幼儿在幼儿园提出的问题进行讨论，确定参访时要重点看什么，想问牙医哪些问题，应该怎么问，怎么做记录，等等，并与幼儿一起确定参访的基本规则，如要保持安静，要有礼貌，不能随便乱跑，不经允许不能乱动医生的东西。最后，家长和幼儿讨论如何感谢牙医叔叔和阿姨，并和幼儿一起制作小礼物。

### （四）实地参访

#### 1. 变身"小小牙医"

家长和幼儿到了牙科诊所后，医生热情地欢迎了大家，幼儿在候诊厅排队等领取候定制的医生服装，然后在候诊厅换上了职业制服，俨然成了等待考验的"小小牙医"。

**温馨提示**

（1）幼儿见到牙医时，家长应有意识地提醒幼儿和医生有礼貌地打招呼。

（2）有些幼儿对医院可能会有恐惧、害怕的情绪，家长要注意幼儿的情绪变化并及时进行安抚。

（3）家长在幼儿需要的时候给予支持，并将幼儿换衣服、"小小牙医"的样子拍照记录下来。

### 2. 了解牙医工作

幼儿和家长一起，认真倾听牙医做的口腔知识讲座，学习口腔基础知识，替牙期的乳牙、恒牙辨识及正确刷牙方法，以及龋齿的有效预防与处理，牙齿的保护措施与注意事项等知识。在讲座现场，牙医叔叔还用牙齿模型示范了正确刷牙的方法，并让幼儿亲身实践。

在互动环节，幼儿个个积极举手回答牙科医生的问题。最后，幼儿还就一些问题采访牙医，并用各种方式记录了刚学习的内容，有的幼儿请爸爸妈妈帮忙拍照，有的幼儿说爸爸妈妈记录，有的幼儿和爸爸妈妈一起把刚刚学到的东西画了下来。

**温馨提示**

教师注意提醒家长：

（1）确保幼儿不乱动现场的物品。

（2）观察幼儿是否认真倾听牙医的讲座，如果发现幼儿有走神的情况，及时提醒幼儿。

（3）提醒幼儿记录牙医提到的重要内容。

（4）鼓励幼儿结合之前制订的参访计划对牙医提问，了解更多信息。

### 3. 口腔检查

参观完牙科医疗设备后，口腔诊所为幼儿做了一次全面的口腔检查。幼儿在教师的指示下分成三队，分别在三个检查室轮流躺在治疗椅上，让牙医叔叔和阿姨逐一给大家进行了细致的口腔检查。

**温馨提示**

教师提醒家长：

（1）有些幼儿可能害怕做检查，家长注意观察幼儿的情绪变化，及时安抚，如果幼儿坚决拒绝，家长可以带着幼儿在旁边观察医生是怎么检查口腔的。

（2）检查过程中，家长在旁边陪伴，幼儿如果有不配合的情况，家长要及时介入，鼓励幼儿。

（3）家长要留意牙医检查的步骤，如果幼儿后面不记得流程，家长可以给予支持。

### 4. 体验牙医

在牙医叔叔和阿姨的带领下，"小小牙医"们开始参观牙科诊室，了解牙科设备的工作原理，并在医生的指导下操作设备。为了让幼儿更加充分体验牙医的职业角色，在他们检查完后，由幼儿扮演"小小牙医"为自己的"患者"爸爸妈妈进行牙齿检查。只见他们模仿医生的样子，对着爸爸妈妈张大的嘴巴，上看看，下看看，左看看，右看看，并用专用的器械做些简单的处理。那认真的劲头，真有模有样呢！"小小牙医"们通过考验，成为合格的"牙医"。

小朋友们向牙医叔叔和阿姨表示了感谢，向牙医叔叔和阿姨送上了他们提前准备好的礼物，有的小朋友送了自己画的画，有的小朋友送了自己和爸爸妈妈一起做的手工……最后大家一起拍了合影，参访活动圆满结束。

### 温馨提示

教师提醒家长：

（1）配合幼儿进行口腔检查。

（2）过程中如果幼儿忘记了检查的步骤，家长可以适时提醒幼儿。

（3）注意安全，保障幼儿和自己的安全。

（4）提醒幼儿给牙医送礼物，鼓励幼儿向牙医表示感谢。

（5）提醒幼儿还有哪些信息没有搜集，最后还可以提问、拍照。

## 三、拓展

### （一）下阶段家园共育目标及内容

实地参访回来以后，家长和幼儿记录了整个参访活动的流程，和幼儿分享了自己参访的记录；幼儿发现之前提到的问题得到了解决，于是决定继续扮演小牙医角色，去其他班级宣讲牙齿保护的知识；教师将幼儿的活动持续分享给家长，让家长了解幼儿问题式学习活动的完整历程。

### （二）相关学习资源

［1］［美］赫尔姆，［美］凯兹. 小小探索家——幼儿教育中的项目课程教学. 林育玮，等译. 南京：南京师范大学出版社，2004.

［2］［日］西本康子. 牙虫大搬家. 田秀娟，译. 北京：连环画出版社，2014.

［3］［日］加古里子. 加古里子的牙齿科学绘本. 刘洋，译. 北京：北京科学技术出版社，2016.

［4］［日］室井滋. 我的牙齿亮晶晶. 荀颖，译. 北京：北京科学技术出版社，2016.

# 第三章 大班问题式学习家长工作坊案例

## ∽ 工作坊1：大班第一次家长会 ∽

### 一、发现问题

　　为了更好地发挥幼儿园问题式学习课程支持幼儿深度学习的价值，更有质量地开展幼小衔接工作，大班问题式学习课程不仅在学习与发展目标、学习内容上提出了与幼儿能力相匹配的指标，在组织实施上也进行了课程优化。幼儿园为大班幼儿专门创设了12个问题式学习中心，学习中心由具有相关特长的教师负责，为幼儿学习探究提供充分的材料、空间及师幼互动的支持。家庭是问题式学习课程的发展共同体，这些变化，我们有必要让家长知晓，并了解他们对于课程的意见和态度，以帮助我们做得更好，也让家长能了解大班问题式学习课程的价值。

　　这是幼儿在幼儿园的最后一年。幼儿在体验大班生活的同时，要为即将来临的小学生活做好准备。家长们也十分关注幼儿的幼小衔接问题，他们迫切地希望幼儿能够在大班做好准备，顺利完成幼儿园向小学的过渡。然而当前幼儿园小学化之风愈演愈烈，市场各类辅导机构的宣传使部分家长对幼小衔接工作产生了一些误解。他们以为幼小衔接就是让幼儿学习语文、数学、英语等科目的知识。辅导机构长时间集中授课，机械的背诵、抄写等训练，极大地损害了幼儿对学习的热情，同时也忽视了对幼儿的学习习惯、自我管理等能力的培养。我们有必要在学期之初，让家长们树立正确的幼小衔接观念，减轻家长的焦虑情绪，教师和家长们共同开展高质量的幼小衔接工作，以帮助幼儿顺利完成过渡。

　　由此，我们在大班开学之初举行了家长会，共同探讨以下核心问题：如何科学地进行幼小衔接？大班问题式学习课程的实施重点是怎样的？

## 二、开展工作坊

### （一）做好准备

#### 1. 经验准备

开展工作坊前，教师应阅读大班幼儿年龄特点、大班幼儿学习与发展目标、幼小衔接相关文献资料，了解大班幼儿的年龄特点，课程目标，幼小衔接的内容、策略等内容，形成系统的知识网络。

#### 2. 物质准备

（1）准备大班幼儿发展特点、幼小衔接相关主题书籍，如《3～6岁儿童学习与发展指南》《欢迎来到一年级——幼小衔接家长手册》，每组一套。

（2）白纸、白板、马克笔。

（3）茶歇点心。

（4）桌椅按照小组的方式摆放。

（5）收集幼儿作品、在园照片视频。

（6）细绳2根，作为热身游戏资源。

### （二）热身：两线之间

家长会正式开始前，教室里已经陆陆续续有家长提前到来，为了避免家长无聊等待，有意义地度过这段时间，教师将幼儿的表征作品贴在墙面上，请家长欣赏幼儿的作品。

家长会伊始，教师在教室地上贴了两条细绳，请家长们轮流从一条线到另一条线，但是每个家长的方法都不能重复，例如第一个家长走过去之后，第二个家长就要想其他办法，比如跑过去/单脚跳过去。

家长们一边排着队，一边思考方法，第一位家长十分轻松地走着过去了，第二位家长小跑过去，第三位家长双脚跳，第四位家长单脚跳……越到后面，能想的办法越来越少，家长们的创意也越来越大，每个家长都十分投入，有的家长像螃蟹一样横着走过去了，有家长倒退着走过去，还有家长坐在椅子上走过去，甚至最后两个家长手牵手跳了过去……现场气氛十分热烈，家长们不时为自己想到的新方法而兴奋。

> **设计意图**

该游戏让家长可以全身心地参与，而且充分激发家长的想象力与创造力，让家长可以从工作、生活事务中抽离出来，专注在家长工作坊的氛围中。简单的游戏材料就能激发无数的想法与创意，借此游戏，教师也可以让家长体会游戏对幼儿发展的价值。

### （三）聚焦问题

游戏结束后，待教师向家长介绍班级基本情况，并提出问题请家长思考：您觉得幼儿比起在中小班时，哪些方面的进步最明显？

这个问题引起了家长的热烈回应，每个家长都注意到了孩子从小班到大班两年来的发展，有的家长提到了孩子身体的变化，"我娃长高了，也长胖了"；有的家长提到了孩子语言方面的进步，"小班时说话还不清楚，我们家长都是相处时间多，才能理解他说的话，那时候还很怕老师理解不了宝宝说什么，现在吐字清晰，还是个小话痨，每天说个不停"；还有家长对孩子的社交方面的进步印象深刻，"我家宝宝上了中班还没有朋友，我急得不行。后来她性格越来越外向，朋友也越来越多，现在每天回家都跟我说和谁谁谁玩了什么，和谁谁谁是好朋友"；家长们还提到了孩子在学习品质方面的成长，"小班入园一个月都不敢玩大型滑滑梯，现在胆子越来越大了，什么都敢做"。

教师结合家长们提到的内容，介绍幼儿经过前两年的幼儿园生活后的总体表现，并向家长介绍大班幼儿发展特点，一方面，大班幼儿自我控制能力增强，有一定自我约束能力，能够与同伴之间相互合作，愿意向同伴学习。这是他们进入小学必须适应的。另一方面，他们仍处于幼儿阶段，思维中具体形象思维还占主导地位，学习过程需要与具体活动相伴随。[1] 具体表现在：活动的自主性、主动性提高；活动更加有目的、有计划；自我控制能力提高；好学、好问，喜欢有挑战性的学习内容；同伴互动、合作增多，主动向同伴学习；思维中出现了逻辑思维的萌芽。

与家长分享了大班幼儿的发展特点后，教师指出，幼儿上大班了，还有一年就要结束幼儿园生活进入小学，做好幼小衔接工作对幼儿顺利从幼儿园过渡到小学生活意义重大。教师请家长思考：您在幼小衔接方面存在哪些问题与困惑？

家长们听到这个问题纷纷表达了自己对幼小衔接的疑惑：

"孩子即将进入小学，如何与小学衔接和过渡？""外面的辅导班（如语文、数学、英语）要不要报？如果不报辅导班，到了小学会不会成绩不好？""孩子好像有点排斥小学，我不知道该怎么帮孩子。""幼小衔接应该做些什么呢？"

可见家长们十分关注幼儿的幼小衔接问题，但同时也存在很多需要澄清的问题和需要解答的困惑，由此，教师请家长们思考和讨论：幼小衔接，应该衔接什么？如何帮助幼儿进行幼小衔接？

---

[1] 幼儿园快乐与发展课程编写组：《幼儿园快乐与发展课程教师指导用书（大班）》，18～22页，北京，北京师范大学出版社，2010。

### （四）小组学习与分享

根据本次工作坊的核心问题"幼小衔接，应该衔接什么？如何帮助幼儿进行幼小衔接？"，教师请家长们分组展开学习与分享。

#### 1. 分组学习与讨论

请家长分成六个小组，要求每组选出一名记录员（负责在白纸上记录大家的发言），一名发言人（负责在集体面前分享本组讨论的结果）。每位组员积极贡献策略，每组15分钟的时间。

教师给每组家长分发学习资源《欢迎来到一年级——幼小衔接家长手册》，并鼓励家长通过各种渠道搜集更多的资源与信息，教师在家长讨论的过程中给予一定的引导。

#### 2. 小组分享

分组讨论结束后，教师请各组代表分享本组的一两个观点，要求后面分享的小组不能重复前面的。

关于幼儿幼小衔接的内容，家长们主要提到了三方面的内容：一是文化课的内容，如语文、数学等科目的基础知识；二是学习品质的准备，如专注力、坚持性等；三是要帮助幼儿提前了解小学生活，增进对小学的认识，让幼儿为小学生活做好准备。

而在如何帮助幼儿进行幼小衔接方面，家长们提出了一些实用的建议与策略。

- 多带孩子看书，培养阅读的习惯。
- 带孩子去小学参观。
- 家里有哥哥姐姐的可以让哥哥姐姐讲一讲小学的事情。
- 有意识地培养孩子的注意力。

#### 3. 教师总结

从家长们的分享可以看出，家长们对于幼小衔接还是存在一些误解的，对于什么是幼小衔接也是知其然不知其所以然，因此，教师从幼小衔接的定义、内容等方面帮助家长厘清认识，树立正确的观念。教师还介绍了幼儿园在幼小衔接方面所做的工作，给家长提供一些幼小衔接方面的建议。

教师首先指出，幼小衔接活动注重幼儿任务意识、规则意识、交往能力、学习能力方面的培养，让其建立自信心，能健康、快乐地适应小学阶段的学习生活，保持身心的和谐发展；并向家长介绍了幼儿园的幼小衔接工作安排，安抚家长的焦虑情绪。幼儿园把入学准备贯彻在幼儿园三年教育的全过程，从小班和中班开始注重幼儿习惯的养成、学习品质的提升、理解能力的发展、好奇心和求知欲的增强，为入小学做准备。在全程准备基础上，突出重点时段，调整大班课程，通过12个问题式学习中心的学习，提升幼儿思维能力、学习品质和适应环境的能力，培养幼儿学习习惯。在一日生活中渗透，如在晨谈环节开展"我是小教师"的活动，利用名字卡点名，玩识字游戏、抢答游戏等，让幼儿认识自己及同伴的名字；午睡前诵读经典童话故事，培养幼儿的倾听能力。鼓励幼儿学做图画日记，用图画或简单的文字记录当天的活动内容、有趣的事情或遇到的问题。此外，加强幼儿自我管理、集体意识、责任感、时间观念等方面的培养，如鼓励幼儿自己制订作息时间计划表，学会为自己一天、一周，甚至一个月的安排提前做计划，为小学生活的时间与计划管理做铺垫。通过实地参观小学，了解幼儿园与小学的区别，激发幼儿对小学生活的向往，为幼儿在心理和行为上做好入学准备；举办家长学校，邀请小学校长、教师来园开展幼小衔接专题讲座，为家长们提供科学的入学准备指引。组织拍摄毕业照、举办毕业典礼仪式等活动，让幼儿了解什么是毕业，毕业意味什么，回忆美好的幼儿园生活，展望未来，迎接新的挑战。

随后，教师为家长家庭幼小衔接工作提供了相关的建议。家长在家应注意培养幼儿自主、规律的作息，鼓励幼儿自己的事情自己做。晚上有一个固定的学习时间，每天到了点就关掉电子产品，可以与幼儿一起看书，讲故事，下棋，开展问题式学习相关的学习活动等，培养良好的学习习惯。家长还可以给每位幼儿准备一本日记本，支持幼儿做口述日记，幼儿回家后鼓励幼儿说说当天重要的事情、开心有趣的事情、伤心的事情，家长用文字记录下来，帮助幼儿理解书面语言的重要意义，为以后学习写作打下基础，同时这也有助于形成良好的亲子沟通模式，促进亲子间的相互理解。

### （五）专题讲座：大班问题式学习课程的组织与实施

随后，教师组织了专题讲座"大班问题式学习课程的组织实施"，从科学、专业的角度让家长正确认识大班幼儿的学习与发展目标。幼儿园大班问题式学习课程的组织实施，让家长了解了幼儿在大班一年的生活与学习，减轻了家长对幼小衔接的焦虑。

#### 1. 问题式学习课程下大班幼儿的学习与发展目标

在介绍大班幼儿的学习与发展目标前，教师请家长思考：您期待幼儿在大班获得怎样的学习与发展？请家长将期待写在便笺纸上，写完后贴在白板上。

家长们认真地思考对幼儿发展的期待，不一会儿白板上贴满了家长们的便笺纸。教师认真阅读每一张便笺纸上的内容，发现家长们对幼儿的期待主要分成了以下几部分的内容：有些家长看重幼儿的身心健康发展，希望幼儿在未来一年身体健康，快乐地度过幼儿园的最后一年；有些家长希望幼儿在最后一年能够学习更多的社交技能，交到更多的朋友，学会交流沟通、与人合作；还有家长则希望幼儿在最后一年在品质上能有提升，坚持性更强、注意力更集中；还有家长提到了希望幼儿在最后一年能掌握更多关于世界的知识，增加对世界的认识。

教师结合家长的期待，介绍了大班幼儿的学习与发展目标，结合实例详细阐述大班幼儿在好奇心、问题解决、交流沟通、团队合作、想象创造、信息素养、元认知、建构认识八大学习与发展目标上的期望水平。

（1）好奇心

- 对收集到的物品能够分门别类讲述其特征。
- 对自己感兴趣的问题喜欢追问，直至获得满意的结果。
- 能持续一段时间探索感兴趣的事物，在探索的过程中保持专注。
- 对感兴趣的问题能够自主思考，提出假设并想办法验证获得答案。

（2）问题解决

- 遇到较难的问题也愿意尝试。
- 可以持续地集中于一个项目较长时间。
- 在监督下能在长期的、复杂的项目上坚持下来。可以接续前一天的活动，继续完成任务。使用自言自语和其他策略来帮助完成困难任务和成人安排的作业。
- 在没有援助的情况下，积极思考解决问题的替代方案，尝试各种策略以解决问题。
- 大多数时候，接受由自己的不恰当行为导致的后果。

（3）交流沟通

- 能表达更丰富的内容以及更多的细节。
- 他人不理解时，能主动调整表达方式，以使他人理解。
- 能认真倾听他人讲话并积极主动地做出回应。
- 能够听取与自己不同的想法，不接受时会说明理由。
- 能依据所处情境使用恰当的语言，如在别人难过时会用恰当的语言表示安慰。

（4）团队合作

- 能经常发起或参与合作性的活动。
- 能坚持完成既定目标，遇到困难能一起克服。
- 角色意识明确，能够按照起初的分工采取相应的行为，完成合作任务。
- 遇到问题时，能和同伴讨论商量多种策略，并采用合适的方式解决问题，如做出有条件的让步、猜拳、投票、轮流等。

（5）想象创造

- 能够在再现想象的基础上进行重新组合、加工，在头脑中形成新的形象。
- 经常能提出创造性的观点，产生新的游戏想法。
- 能够主动思考问题的多种解决方案。可以使用不同的、灵活的方法来解决长期的、更抽象的挑战。

（6）信息素养

- 能够根据需要综合运用多种方式获取信息。

- 实地参访前会制订较为详细的计划，并能按照计划有目的地获取信息。

- 能够用多种方式记录所获取的信息。

- 尊重他人的知识成果，在使用他人的知识成果时怀有一颗感激之心。

- 能有目的地筛选信息，并整合所获取的多种信息，拟定策略解决问题。

（7）元认知

- 能用细节具体说明自己的计划。

- 遇到问题时会分析原因，根据原因调整策略。

- 能够客观评价自己在活动中的表现，如是否专心，有没有认真思考，是否勇于接受挑战，是否努力坚持克服了困难等。

- 能够总结成功的方法并迁移到新情境中。

（8）建构认识

- 能够联系生活经验获得对事物或概念更准确更深刻的理解。

- 能够整合已有信息，构建策略和得出结论。

- 能够将已有的感觉经验和知识应用到新的情境中。

- 能反思以往的结论，并将思考的结果运用到当下问题的解决之中。

### 2. 大班问题式学习课程的组织与实施

教师向家长呈现了大班幼儿园一日作息时间表，帮助家长了解幼儿在园一日生活；详细介绍了生活活动、问题式学习中心的学习活动、户外活动中幼儿的行为及教师的指导策略。教师还指出哪些环节和内容有助于幼儿养成良好的任务意识、规则意识、交往能力、学习能力，为幼小衔接甚至幼儿的终身学习做准备。

幼儿进入大班，自我管理和自我评价能力明显提高，规则意识与合作意识进一步增强，学习能力也在不断提升。因此，大班的课程要更多地体现出幼儿的自主性，培养幼儿自我管理能力，支持幼儿主动学习。提高幼儿一日生活与学习的自主性与计划性，帮助大班幼儿逐渐形成独立生活、自主学习的能力，是幼小衔接工作的重要目标。

（1）大班幼儿的自我管理

①大班幼儿自我管理能力培养目标

自我服务能力：能照顾自己的生活，包括吃饭、睡眠、排泄、个人卫生等。能管理好自己经常使用的物品，如书包、玩具、衣服、盥洗用品等。

自我控制能力：能管理自己的情绪和行为，懂得自我保护，不给他人造成伤害。

任务管理能力：做事有目的、有计划、有条不紊，不怕困难，坚持不懈。

利他意识和品德培养：愿意为集体服务，承担值日生工作。与同伴合作互助，乐于分享，为集体贡献智慧。

②大班幼儿自我管理内容

**生活活动**

- 来园：按时来园，主动问候教师、同伴；快速、有序地换鞋，整理个人物品。
- 盥洗：用正确的方法洗手、洗脸、刷牙、漱口；节约用水，注意安全。
- 进餐：自主取餐，使用筷子进餐；饮食定量、均衡，不挑食、偏食、过食。
- 午睡：穿脱衣物动作迅速，会整齐叠放衣物、被褥。
- 离园：整理自己的物品，不遗漏或丢失。

**学习活动**

- 会制订学习计划，并能认真执行，对自己的学习负责任。
- 能自主探索，愿意接受挑战，遇到困难会先自己想办法而不是轻易求助。
- 学习过程中注意力集中，有良好的倾听习惯。
- 能回顾自己一天的活动，对自己做过的事情做出评价。
- 会自主选择户外游戏区域，制订体能锻炼计划。

**值日生工作**

- 愿意承担值日生工作，能认真完成自己的任务。
- 协助教师做餐前准备及餐后整理等工作。
- 协助教师整理教室环境和材料。

（2）专题问题式学习活动

为了更好地发挥幼儿园问题式学习课程支持幼儿深度学习的价值，更有质量地开展幼小衔接工作，幼儿园在前期充分学习、研究、实践的基础上，为大班专门创设12个学习中心，由具有相关特长的教师负责，为幼儿学习探究提供充分的材料、空间及师幼互动的支持。

（3）户外活动

教师指出，户外游戏包括圆圈游戏、民间游戏和自选的户外游戏。民间游戏有跳竹竿、挤油渣、切西瓜、石头剪刀布等，大班鼓励幼儿自行发起和创编游戏，自主设计游戏玩法，合作开展民间游戏。幼儿自选的户外游戏主要是野趣游戏，户外游戏强调为幼儿提供更为自然的人际关系和生态环境，让幼儿在自然的人际生态中获得自主发展。

（4）幼儿学习与发展评价

最后，教师向家长介绍了对幼儿的学习与发展进行评价的方式：建立幼儿学习档案和家长约访制度，记录和反馈幼儿的学习与发展轨迹。

**幼儿学习档案**：幼儿学习档案包括幼儿的基本情况、专题问题式学习故事、幼儿自我管理能力评价、幼儿户外选区情况记录、幼儿学习与发展阶段评价、家长约谈记录表等。

家长约访：教师根据对幼儿的学习与发展情况的阶段性评价，以约访的形式与幼儿家长沟通和反馈。每个幼儿每学期两次，时间在阶段性评价形成后。约访时除了向家长展示幼儿学习档案，向家长介绍幼儿的自我管理、问题式学习专题学习活动、集体教学、体能发展等的全貌以外，还根据对幼儿发展情况的整体分析有重点地跟家长沟通某一方面的问题。

### （六）操作练习

幼儿进入大班，家长最焦虑的就是幼儿的幼小衔接问题。为了使家长正确地帮助幼儿进行幼小衔接，教师请家长以小组为单位，结合专题讲座大班幼儿发展特点、大班问题式学习课程的组织实施以及幼小衔接内容及策略，讨论如下任务。

制订家庭幼小衔接计划：在家如何帮助幼儿进行幼小衔接？

家长根据幼儿的实际情况制订计划，教师请各组将想到的幼小衔接计划写在白纸上，并贴在墙上展示，家长可相互浏览、交流。随后，家长们每人拿上几张便笺纸，离开自己的位置，互相参观学习其他家长的成果，并在自己感兴趣的记录旁用便笺纸留下表扬或建议。家长们回到自己的位置后，根据其他家长的建议调整自己的方案。推荐几位家长上台分享，其他家长可以进行补充或者提出不同看法。

#### 例：一位家长的幼小衔接计划

1. 和孩子一起制订一日作息计划，并严格按照计划执行，做好时间管理。
2. 每日睡前设立阅读时间，全家一起看书。
3. 与孩子讨论小学与幼儿园的区别，带孩子去小学参观。
4. 多陪孩子进行一些培养专注力的活动。
5. 召开家庭会议，统一全家人对于幼小衔接的认识。
6. 培养孩子良好的生活习惯，早睡早起。
7. 培养孩子的任务意识，鼓励孩子自己做计划，自己检查任务完成情况。

工作坊最后，教师对工作坊内容进行总结：本次工作坊分享了大班幼儿学习与发展目标、大班问题式学习课程的组织实施，共同讨论和建构了幼小衔接的策略，制订了家庭幼小衔接计划，希望家长们将这些计划和策略运用到日常生活中，帮助幼儿顺利实现幼儿园到小学的过渡。家长们可以随时在班级微信群分享关于幼小衔接的优秀文章和自己成功的经验，家长有疑问也可以随时在微信群发起讨论，共同交流、共同进步。

## 三、拓展

### （一）下阶段家园共育目标及内容

第一，家长们分成兴趣小组，就幼儿自我管理、幼小衔接，在班级微信群分享入园适应的有益经验。

第二，教师在班级微信群分享幼儿在园的学习与生活情况，与家长保持紧密的联系。

### （二）相关学习资源

［1］陈帼眉. 学前心理学. 北京：北京师范大学出版社，2015.

［2］［美］高普尼克. 园丁与木匠. 刘家杰，等译. 杭州：浙江人民出版社，2019.

［3］卓立. 欢迎来到一年级——幼小衔接家长手册. 北京：化学工业出版社，2017.

## ～ 工作坊2：促进幼儿动作发展 ～

## 一、发现问题

动作发展不仅有利于促进幼儿的生长发育，提高幼儿心肺系统的功能，促进幼儿良好体态的发育，而且对儿童的智力和个性的形成也有很大的影响。幼儿在动作发展的过程中促进了感知觉，特别是本体感觉的发展，同时促进了分析、判断、思维等各方面能力的发展，认知水平和智力水平的提高。幼儿动作的发展还会增强幼儿的自信，促进幼儿自我概念的形成，提升幼儿社会适应能力等。

### 场景观察实录与分析

户外活动就要结束了，教师招呼小朋友们集合准备回教室。小朋友一个个恋恋不舍，有的快速地登上滑梯，想抓紧时间再滑一趟。凯凯央求教师："老师，户外活动真的太好玩了，我们再玩一会儿好吗？"听到凯凯的话，其他小朋友也附和："我们也还想再玩一会儿。""只有在幼儿园才能跑来跑去，有这么多好玩的。"

教师觉得奇怪，问幼儿："你们爸爸妈妈不带你们出去运动吗？"

果果："我不上幼儿园的时候就要上课外班，爸爸说马上要上小学了，要多学知识才行。"

小宁接着果果的话说："我也是，放学之后就要去上课，没有时间做运动，我好想去外面运动，玩游戏。"

若若："妈妈说幼儿园已经玩够了，回家之后要安静一点才好。"

毛毛："妈妈会带我去小广场玩，可是那里地方小，跑起来不好玩，也没有滑滑梯、平衡木、秋千这么多好玩的东西。"

幼儿的话让教师联想到体测时幼儿的表现，尽管幼儿园每天保障了2小时的户外活动时间，幼儿的大肌肉发展还是不尽如人意。为了深入了解情况，教师与家长进行了沟通，发现大部分家长觉得现在是大班，多学点知识才是正事，运动锻炼都只能作为学习之后的奖励；有些家长认为幼儿动作发展随着年龄的增长自然而然就发展了，不用特别关注。还有一些家长为了培养幼儿的特长，给幼儿报了篮球训练班、足球训练班，带幼儿进行一些枯燥的运动训练，比如机械地拍球、跑步等。

可见，家长在幼儿动作发展观念与行为上存在一些问题，家庭教育没有发挥促进幼儿动作发展的作用。幼儿动作发展过程中，成人适宜的支持与引导是非常重要的，我们要遵循儿童的心理特点，让游戏来代替"锻炼"，让幼儿自然而然地在快乐的游戏中获得身体的发展。

由此，教师专门开展了如何促进幼儿动作发展主题工作坊，帮助家长理解幼儿动作发展的内容和特点，和家长一起探究如何通过游戏促进幼儿的动作发展，充分发挥家庭在促进幼儿动作发展方面的重要作用。

本次工作坊将和家长共同探讨的核心问题是：如何促进幼儿的动作发展？

## 二、开展工作坊

### （一）做好准备

#### 1. 经验准备

开展工作坊前，教师应阅读大班幼儿动作发展的相关文献资料，了解大班幼儿动作发展的基本原则、特点、内容，以及促进大班幼儿动作发展的游戏、策略等，形成系统的知识网络。

#### 2. 物质准备

（1）准备大班幼儿动作发展相关主题书籍，如《3~6岁儿童学习与发展指南》《3~6岁儿童学习与发展父母大讲堂：健康与身体动作》，每组一套。

（2）白纸、白板、马克笔。

（3）茶歇点心。

（4）桌椅按照小组的方式摆放。

（5）热身游戏材料：乒乓球、筷子、小桶。

## （二）热身：乒乓球接力

玩法：教室起点和终点分别摆放了4个小桶，起点的4个桶中分别装有4个乒乓球，家长们分成4组，大家需要接力用筷子运输乒乓球，中途乒乓球不能掉落，如果掉落就要从头再来，用时最短的小组胜出。

### 设计意图

乒乓球接力游戏中家长需要用筷子夹乒乓球，涉及精细动作的使用，而在从起点走/跑向终点的过程中，则是大肌肉动作在起作用，与本次工作坊的"动作发展"主题密切相关。同时游戏充满了趣味性，有助于活跃气氛，游戏任务有一定的挑战性，小组竞争的方式会提高家长的参与度，促进家长之间的交流与合作，有助于工作坊的顺利开展。

## （三）聚焦问题

通过游戏引发家长对动作发展的关注后，教师向家长提出引导性问题：幼儿的动作发展重要吗？幼儿的动作技能全靠自然习得吗？引发家长对幼儿动作发展的思考，并请家长思考和分享自己的观点。

大部分家长赞同幼儿的动作发展是非常重要的。但是对于"幼儿的动作技能全靠自然习得吗？"这一问题，家长们却有不同的观点。有的家长认为幼儿的动作发展需要家长的引导，有的家长举自己孩子的例子，认为幼儿的动作技能到了一定阶段就会自然习得，不用家长刻意去教。

教师对家长的分享进行总结，指出动作是幼儿的基本活动能力，是幼儿在日常生活和游戏中所必需的身体运动技能。随着身体动作的发展，幼儿能接受的挑战会越来越复杂，并且会从中培养出处理自身事务的责任感，如穿衣、吃饭。除此之外，动作技能的发展也可以促进社会化和情绪能力的发展，幼儿能控制自己的动作之后，会做的事情越来越多，也更愿意尝试新的挑战。幼儿不会简单地通过非指导性的游戏来学习基础性的身体技能，成人的指导是非常重要的。

对引导性问题进行澄清后，教师提出本场工作坊的核心问题：幼儿的动作发展需要关注哪些方面？如何通过游戏促进幼儿的动作发展？

## （四）小组学习与分享

针对工作坊的核心问题"幼儿的动作发展需要关注哪些方面？如何通过游戏促进

幼儿的动作发展?"，教师请家长们分组展开学习与分享。

　　请家长以小组为单位，要求每组选出一名记录员，负责在白纸上记录大家的发言，一名发言人，负责在集体面前分享本组讨论的结果。每位组员积极贡献策略，时间限定在15分钟。

　　教师将事先准备好的学习资源《3~6岁儿童学习与发展指南》健康领域内容发放到各个小组，供家长自主学习，同时鼓励家长拓宽思路，通过多种途径搜集信息。

　　分组讨论结束后，请每组发言人分享本组学习成果。

　　在幼儿的动作发展内容方面，家长们提到了走、跑、跳、钻、爬、拍球等动作。教师提醒大家除了这些大肌肉动作的发展，幼儿的动作发展还涉及手指等小肌肉动作的发展；随后家长们补充了捏、揉、抓等小肌肉动作发展的内容。

　　关于如何促进幼儿的动作发展，家长们分享了以下观点：首先是要保障幼儿的运动时间，比如每天晚饭后可以和幼儿一起在小区散步，周末可以和幼儿爬山、游泳，带幼儿到公园去踢球、滑草、放风筝等；其次可以通过游戏发展幼儿的动作技能，比如在家陪幼儿做一些亲子游戏，如枕头大战等；最后，生活中也有很多促进幼儿动作发展的机会，比如扣扣子、梳头发、喂饭等活动可以促进幼儿小肌肉动作的发展。

### （五）专题讲座

　　教师对大家分享的内容进行总结与点评，并结合家长分享的内容，系统介绍幼儿动作发展特点及如何通过游戏促进幼儿动作发展。

#### 1. 幼儿动作发展的基本原则、内容、特点与指标

　　教师阐述了幼儿动作发展的三个原则是首尾原则、近远原则、大小原则；解释了幼儿动作发展的内容包括大肌肉运动、精细肌肉动作、平衡能力、协调能力；介绍了《3~6岁儿童学习与发展指南》健康领域中5~6岁幼儿动作发展的各项指标。

　　（1）幼儿动作发展的基本原则

　　幼儿动作发展的方向性和顺序性可以概括为三个原则：①首尾原则：从上至下，先是头，其次是躯干，最后是脚。如婴儿先学会抬头（头部动作），然后会坐（躯干动作），之后才会爬行和走路（腿和脚的动作）。②近远原则：由近及远，动作发展从身体中部开始，而远离身体重心的肢端动作发展较迟。③大小原则：由粗到细，先学会大肌肉、大幅度的粗动作，以后才会学习精细动作。

　　（2）幼儿动作发展的内容

　　大肌肉动作是指有关全身大肌肉活动的动作，比如，抬头、转头、俯撑、翻、坐、爬、站、走、跑、跳、钻、滚、扔、接、撕、拉、拽、打等动作。

　　小肌肉精细动作是指手腕和手指的运动及手眼协调，其内容包括抓、穿、插、

刺、夹、剪、缝、倒、捏、掐、拧、撕、揉、捻、敲、拍、叠、绑等。

平衡能力可分为两种：静态平衡功能，如坐位、站立位等在一定时间范围内对身体姿势平衡的维持；动态平衡功能，如走、跑、跳等运动中身体平衡的维持。

协调能力是指在进行身体运动过程中，调节与综合身体各个部分动作的能力，它是一种综合性的能力，充分反映了中枢神经系统对肌肉活动的支配和调节功能，如手眼协调。

（3）5~6岁幼儿动作发展的指标

- 能在斜坡、荡桥和有一定间隔的物体上较为平稳地行走。
- 能以手脚并用的方式安全地爬攀登架、网等。
- 能连续跳绳。
- 能躲避他人滚过来的球或扔过来的沙包。
- 能连续拍球。
- 能双手抓杠悬空吊起20秒左右。
- 能单手将沙包向前投掷5米左右。
- 能单脚连续向前跳8米左右。
- 能快跑25米左右。
- 能连续行走1.5公里以上（途中可适当停歇）。
- 能根据需要画出图形，线条基本平滑。
- 能熟练使用筷子。
- 能沿轮廓剪出由曲线构成的简单图形，边线吻合且平滑。
- 能使用简单的劳动工具或用具。

### 2. 如何促进幼儿动作发展

教师介绍幼儿动作发展的各个方面相关的游戏。在大肌肉动作方面，介绍促进幼儿走、跑、跳、投掷、拍、滚、爬等粗大动作的游戏；在精细动作方面，介绍穿、捏、夹、撕等精细动作相关的游戏；在平衡协调能力方面，介绍旋转、摇晃、跳跃等游戏。

（1）大肌肉运动

涉及大肌肉的动作包括有走、跑、跳、投掷、拍、滚、爬等，相关的活动如下。

走：矮人走、踮脚尖走、绕障碍走、顶/托物走、动物走……

跑：老鹰捉小鸡、放风筝、追逐跑、揪尾巴……

跳：跳绳、跳格子、青蛙跳、跳跳球、冰冻人……

投掷：扔飞机、抛接球、投篮……

拍：拍各种球（橡皮球、乒乓球、排球……）

**滚**：前翻滚、后翻滚、侧滚、侧手翻……

**爬**：乌龟爬、螃蟹爬、猴子爬……

（2）精细动作

**穿**：提供不同的穿珠材料，设定不同的难度。如提供质地、颜色、大小、形状不同的珠子，或洞眼大小、深浅不一的珠子，此外穿珠所用绳线的软硬、粗细也要注意有所不同，还可以增加有序排列的要求。此外，在穿珠的基础上可增加辅助材料，如让幼儿将材料自由组合穿起来，如吸管和珠子、珠子和纸片、纸片和吸管有规律地排列，穿成类似节节虫的形象。

**捏**：为幼儿提供瓶口粗细不同的饮料瓶，让幼儿用二指捏、三指捏的方法捏起种类、大小不同的豆子放入饮料瓶中。用橡皮泥捏、团、搓、揉、压、揪、卷等，练习各个手指尖的配合度，塑造各种人和物的形象。利用包装电器防震用的带泡泡的塑料膜，让幼儿用手指将鼓起的泡泡捏破。

**夹**：洗衣服时让幼儿帮助把袜子夹到衣架上去。准备一次性餐盘、夹子（餐盘上画出太阳公公或娃娃的脸），让小夹子排成一队，形如太阳公公的光芒或娃娃的头发。坚持使用筷子吃饭，以夹起蔬菜—肉—豆子—面条—米粒为序，逐渐增加难度。用筷子做一些游戏：第一步，夹长条形、有弹性的物体，如虾条、薯条等较粗的长条形材料；第二步，夹大小、形状相同的又滑又薄的水果片，如菠萝片、西瓜片、哈密瓜片；第三步，夹圆的、有硬度的、大小形状均不同的物体，如塑料球、小药丸、黄豆、花生米、豌豆粒等。

**撕**：为幼儿提供不同的纸，如旧挂历、报纸、复印纸、餐巾纸等，让他们感受不同纸的质地、韧度等特性，进行撕纸游戏：撕直线—曲线—简单的图形—选择某一图案或画出动物轮廓后沿着轮廓线撕。

（3）平衡协调能力

**旋转**：旋转圆筒、旋转木马、旋转椅子等。

**摇晃**：采取腹卧位、仰卧位、侧卧位、头脚颠倒等体位进行秋千、吊床等游戏。

**平衡**：走平衡木、平衡板等。

**跳跃性**：蹦床、翻滚、垫上运动等。

**姿势反应性**：进行儿童踏板车、沙坑、草坪、滑梯腹部爬行等游戏。

**温馨提示**

一些不需要借助辅助材料就可以操作的游戏，可以请家长现场跟着教师的示范一起动起来，加强与家长的互动，增加专题讲座的趣味性和家长参与度。

### 3. 幼儿运动注意事项

（1）运动要适量，循序渐进

幼儿心肺系统的发育不够完善，心率较快，呼吸频率高，心肺系统的调节功能较差，所以活动量不宜过大。同时，从静止到比较剧烈的活动中间，应该循序渐进。如果立即开始剧烈活动，有可能造成肌肉拉伤或关节损伤，而且由于心跳加快，还可能引起恶心、呕吐等不适应症状。因此，应做好准备活动，从一些活动量稍小的游戏开始逐渐过渡，使浑身的肌肉、关节活动开，体内器官，尤其是心脏进入适应运动的状态，血液循环和物质代谢得到改善。

（2）避免让幼儿参加憋气的静力性力量活动

什么叫静力性力量活动呢？静力性力量活动一般可分为两类：一类是需要肌肉较长时间处于收缩和紧张状态的身体运动，比如支撑、悬垂等。如果幼儿进行这类活动，一定要注意控制活动的时间，如果时间太长，对幼儿的生长发育反而会产生不利的影响。另一类是需要憋气动作的身体运动，如拔河、掰手腕、举重、拉皮筋或拉力器等。这种憋气的动作很容易使幼儿的心脏瓣膜受损，影响幼儿心脏的正常发育和健康。

（3）激烈的运动之后不要立即停止不动

人体在参加激烈的运动（如快速奔跑、较长距离的连续跳跃动作）时，心输出量剧增，血液主要集中于肌肉组织，如果突然停止身体运动，肌肉的活动也就停止了，这样便会影响肌肉组织中的血液流回心脏，造成暂时性脑贫血，影响人体的健康。而且也不利于心率的逐渐减慢，会使幼儿的心脏负荷过大。所以，在激烈的身体运动之后，不要立即停止不动，而是应该走一走或者是做一些放松、整理身体的动作。

（4）避免在尘土飞扬、空气浑浊的地方进行户外体育活动

幼儿气管、支气管的纤毛运动能力较差，自净能力差。一方面，如果在尘土飞扬、空气浑浊的地方进行活动，就很容易将空气中的病菌吸入体内，而造成呼吸道感染或肺部的炎症。另一方面，幼儿在户外进行身体运动时，需要大量的氧气供给，如果尘土飞扬、空气浑浊，那就很难满足幼儿机体对氧气的需要，这也不利于幼儿身体的健康和生长发育。应该让幼儿在空气较新鲜、较干净的环境里进行身体活动，新鲜的空气里病菌少并且含有较充足的氧气。此外，还应该要求幼儿用鼻子呼吸，并帮助幼儿学会如何在运动中使用鼻吸气、口呼气的交替式呼吸方式。

### （六）操作练习

教师讲座结束后，向家长提出以下两个任务：评估自己幼儿的动作发展情况；制订支持幼儿动作发展的游戏计划。

　　请家长每人根据幼儿的实际情况，进行动作发展评估，并结合刚刚提到的游戏，制订游戏计划。

　　教师请家长将自己评估和思考的内容写在白纸上，并贴在墙上展示，家长可相互浏览、交流。随后，家长们每人拿上几张便笺纸，离开自己的位置，参观学习其他家长的成果，并在自己感兴趣的记录旁用便笺纸留下表扬或建议。家长们回到自己的位置后，根据其他家长的建议调整自己的方案。

　　推荐几位家长上台分享，其他家长可以进行补充或者提出不同看法。

　　"我家孩子的大肌肉动作和平衡能力很好，但是精细动作方面还要加强，我之前没有意识到，以后会注意这方面，比如回家以后多陪他做一些精细动作方面的游戏，比如串珠、学习使用筷子等，每天下班后陪他玩15分钟的精细动作游戏，这些游戏还可以培养他的专注力。"

　　"我家孩子在平衡和协调能力方面比较突出，但也是精细动作还要加强练习。"

　　"我家宝宝在精细动作方面很出色，可能与她从小就喜欢一些精细动作类游戏有关，比如给娃娃穿衣服、扣扣子、喂娃娃吃豆子等。"

　　"我家孩子平衡能力不是很好，可能与她性格谨慎有关，她不喜欢走平衡木这类看似比较危险的游戏，但是我今天了解到平衡不止包括平衡木，还有旋转、摇晃等这些都属于平衡能力，我以后会选一些她愿意做的慢慢练习，逐步提升。"

　　工作坊最后，教师对工作坊内容进行总结，分享了幼儿动作发展的基本原则、内容，讨论了通过游戏促进幼儿动作发展的策略，评估了幼儿的动作发展情况，制订了支持幼儿动作发展的游戏计划。希望各位家长将这些计划付诸实践，用游戏强健幼儿的身体，祝愿每一个幼儿都能健康地成长！

## 三、拓展

### （一）下阶段家园共育目标及内容

　　第一，家长在家进一步了解支持幼儿动作发展的学习资源，同时教师持续为家长提供相关资源。

　　第二，家长分成四组，分别负责大肌肉动作、小肌肉精细动作、平衡能力、协调能力相关动作游戏的搜集与整理，并在家实践。

　　第三，幼儿园户外活动时，教师与幼儿开展相关动作游戏，每周一个主题。

　　第四，家长将自己发现的学习资源、整理的游戏分享至家长微信群，教师将幼儿园中幼儿动作游戏的内容、动作发展情况持续与家长分享。

### （二）相关学习资源

［1］宏章家庭教育研究所. 3~6岁儿童学习与发展父母大讲堂：健康与身体动作.
　　北京：首都师范大学出版社，2012.
［2］刘馨，张首文. 幼儿园健康教育资源：体育活动. 北京：人民教育出版社，
　　2018.

## ～ 工作坊3：支持幼儿自主调节情绪 ～

## 一、发现问题

　　情绪调节能力是指幼儿能正确表达及宣泄自己的情绪，能够适当地调节情绪，大部分情况下保持稳定而积极的情绪状态。情绪调节是一种能力，是需要后天培养的。这是《3~6岁儿童学习与发展指南》中健康领域的一大指标，对幼儿的身体发展、认知、社会性等都具有重要的影响。从幼儿园跨入小学的过程中，幼儿面临着生活环境和学习环境的转变，他们要认识新的教师和同学，适应新的作息和学习，这对幼儿来说是一个挑战，过程中很容易产生情绪问题，因此，关注幼儿的情绪发展，培养幼儿控制、调节自己情绪的能力至关重要。

### 场景观察实录与分析

　　这天下午，菲菲妈妈因为路上堵车，接菲菲离园晚了十分钟。菲菲看到小朋友们一个个都被接走了，越来越焦躁，趴在门口向外张望。看到妈妈后，菲菲突然哭了起来："讨厌妈妈！这么晚才来，我不要跟你回去了！哼！"

　　妈妈看到菲菲的反应，有点不高兴，但还是耐着性子跟菲菲解释："妈妈路上堵车了，所以就晚来了几分钟，别哭了。"

　　菲菲就像没听到妈妈的解释，任凭妈妈怎么拉也不出去。

　　妈妈也生气了，对菲菲说："我辛辛苦苦上班，下班还要赶过来接你，晚了几分钟你就这样，怎么一点都不体谅妈妈，好吧，那你别回了，就待在这里吧！"说完作势就要往外走。

　　教师见状，赶紧先去安慰菲菲，又跟菲菲妈妈说明了菲菲情绪失控的原因，最后菲菲情绪逐渐平静下来，菲菲妈妈也冷静下来，母女俩互相理解了对方，手拉手回家了。

晚上，教师和菲菲妈妈交流此事，菲菲妈妈表示很头疼："只要事情不合她心意，她就大哭大闹，我都不知道该怎么办才好。"

教师发现家长对幼儿情绪失控毫无办法，大多数家长都是这样的吗？教师在家长群里进行了调研，发现很多幼儿在家也都出现了不同程度的情绪问题："只要哭起来就没完没了，说什么话她都听不进去了。""他特别容易生气，有时候因为一点小事就生气，生气了就打人。""太爱哭了，有时候就说了他一句，眼泪就开始打转了，作为一个男孩子，真希望他能学会控制自己的情绪。""我们家孩子相反，有什么情绪都自己憋着，有时候看她不高兴，问她怎么了也不说，有时候真担心她憋出问题来。"……而家长很多时候也不知道该如何处理幼儿的情绪问题："打他的心都有了。""一直哭，真的很心烦。""没办法，最后只能是他想要什么就给什么，好让他能平静下来。""他生气的时候就离他远一点，等他自己平静下来。""不知道怎么样才能让她敞开心扉。"……

幼儿情绪失控，家长束手无策，这些现象背后是幼儿自主调节情绪能力的不足，家长也缺乏支持幼儿自主调节情绪的技巧。情绪调节是一种能力，是需要后天培养的。大班幼儿的情绪调节能力相对而言已经有了一定的发展，但是幼儿的情绪仍不稳定，智力活动和行为很容易受情绪的支配和影响。

由此，教师组织了以支持幼儿自主调节情绪为主题的工作坊，与家长一起探讨以下核心问题：如何支持幼儿自主调节情绪？

## 二、开展工作坊

### （一）做好准备

#### 1. 经验准备

开展工作坊前，教师应阅读幼儿情绪调节的相关文献资料，了解幼儿情绪的类型、产生的原因、如何支持幼儿自主调节情绪等内容，形成系统的知识网络。

#### 2. 物质准备

（1）准备幼儿情绪调节相关主题书籍，如书籍《幼儿情绪管理的方法与策略——给幼儿教师和家长的教育建议》，每组一本。

（2）白纸、白板、马克笔。

（3）茶歇点心。

（4）桌椅按照小组的方式摆放。

（5）热身游戏材料：情绪成语卡片。

### （二）热身：你演我猜

本次家长工作坊以情绪游戏"你演我猜"的游戏开始，请家长表演各种情绪。家长们夸张的肢体动作、惟妙惟肖的现场演绎，营造出一种轻松、愉快的氛围，让家长在放松的心情下进入本次工作坊的主题，更能实现家长的有意义学习。

#### 情绪游戏《你演我猜》

##### 具体玩法

教师提前准备一些与情绪相关的成语卡片，每组抽取一张卡片并表演，其他组的家长来猜。

##### 教师可以提供的情绪卡片

- 欣喜若狂
- 暴跳如雷
- 喜极而泣
- 郁郁寡欢
- 怒气冲冲

**温馨提示**

1. 情绪卡片词语的选择尽可能覆盖常见的情绪类型，同一种情绪只用一张卡片即可。

2. 如果家长参与性不高，如有的家长不喜欢当众表演，或在活动一开始没进入游戏状态，教师可提前对爱好表演的家长有大致的了解，预设好第一个表演者，动作越夸张越好。

3. 在活动开始时，教师要用热情的态度、积极的语言调动家长的参与积极性。

### （三）聚焦问题

轻松的游戏过后，教师向家长提出两个引导性问题引发家长对情绪管理的思考，并请家长分享自己的观点。

**问题一：当幼儿处于什么情绪下，您是最抓狂，最烦恼的？**

家长们表示孩子开心的时候家长也开心，孩子难过的时候家长也很难过，有的时候孩子情绪失控，一直哭闹的时候，家长感觉特别抓狂。"接受不了批评，一批评他就哭。""怎么都哄不好，一个人能哭半个小时。""生气起来又是哭又是闹，还会打人。"

**问题二：幼儿为什么会情绪失控?**

家长们在讨论的过程中提出了一些幼儿会情绪失控的原因，如："孩子在比赛中没有得到第一。""有特殊原因时，限制孩子出去玩。""孩子在学习或游戏过程中遇到困难，不能坚持下去。""不让孩子看电视。"……

教师请家长结合幼儿情绪失控的原因，分组讨论本次工作坊的核心问题：如何支持幼儿自主调节情绪?

### （四）小组学习与分享

教师请家长以小组为单位，就"如何支持幼儿自主调节情绪"展开自主学习与讨论，并在白纸上记录下关键信息。每组选出一名组长、一名记录员、一位发言人，组长负责组织讨论并全程把控讨论内容，记录员把各位家长的想法在白纸上记录下来，发言人代表小组成员分享讨论结果。每组有15分钟的讨论时间。

教师为各小组提供相关学习资源《幼儿情绪管理的方法与策略——给幼儿教师和家长的教育建议》，供家长自主学习，同时鼓励家长通过信息检索搜索更多更有效的信息资源。教师提示家长，在分析策略时可以结合具体的问题情境。

分组讨论结束后，每组发言人上台分享本组合作学习的成果。各组家长积极分享了他们针对不同问题情境建构的解决策略，教师将家长们的策略进行了归纳汇总，大致有以下几种：

1. 接纳孩子的情绪，与孩子共情。例如，抱抱孩子，对孩子的情绪表示理解："妈妈知道你现在很想出去玩，妈妈不让你出去所以你很生气。"

2. 耐心地跟孩子讲道理。例如："这次比赛没拿第一也没关系，只要你自己努力了就是最棒的，下次继续加油。""今天外面很冷，一会儿可能还要下雨，不适合出去玩。"

3. 家长要控制自己的情绪，不能对孩子发脾气。

4. 转移孩子的注意力。

5. 帮助孩子学会解决问题。例如，当孩子因为借玩具被同伴拒绝而伤心时，家长教他可以试一试拿自己的玩具去交换。

6. 和孩子一起制订调节情绪的小目标，如一周内不生气，如果达到了就适当地给予奖励，让孩子有坚持的动力。

7. 家长以身作则，保持积极乐观的情绪，感染孩子。

聆听了家长们的分享后，教师指出，经过小组合作学习，家长们已经学到了一些帮助幼儿调节情绪的有效方法。除了家长提供有效帮助以外，让幼儿学会自主调节情绪也是非常重要的。接下来，教师以专题讲座的形式帮助家长树立系统的科学的育儿观，以便在幼儿出现情绪问题时及时帮助幼儿调节情绪，同时引导幼儿正确认识自己的情绪，学会自我调节。

### （五）专题讲座

#### 1. 肯定情绪的价值

我们都喜欢积极情绪，抗拒消极情绪，其实情绪和性格一样，不分好坏，因为消极情绪也有正面的意义，例如，当你对某一种动物产生恐惧，那么你会下意识地逃跑，躲到一个安全的区域。当你有了愤怒的情绪，你就会有斗争的意识，斗争不完全是坏事，斗争会帮助你更好地保护自己。当你有了羞愧的情绪，你可能更会静下心来反思自己，并痛改前非。情绪是一种能量，你需要处理好它。如果处理不当，情绪会引起一些其他问题。

#### 2. 教幼儿识别情绪的策略

（1）帮助幼儿积累表达感受的词语

父母是幼儿的情感导师，我们可以抓住日常生活中的机会教幼儿掌握一些表达感受的词语，让幼儿懂得如何描述自己的感受。比如，当幼儿被作业难住时，可以对他说："你现在很郁闷吧！这道题好像很难。"当幼儿被别人欺负时，可以对他说："你现在很伤心吧！"当幼儿被误解时，可以对幼儿说："你是不是很委屈啊？"

（2）告诉幼儿一些关于感受的身体反应

我们可以教给幼儿一些基本常识，让幼儿了解当遭遇某种情绪的时候，身体会有什么样的反应。比如，当人们害羞时，脸会变红；当人们愤怒时，会咬牙切齿；当人们沮丧时，会垂头丧气；当人们高兴时，会手舞足蹈；等等。

（3）利用可视化材料来帮助幼儿描述自己的感受

教师结合例子来介绍，幼儿园正在开展"情绪小怪兽"的活动，对于幼儿，很多感受是他们无法用语言表达出来的，比如无人陪伴的孤独害怕，比如被批评时的气愤和忧伤，但通过直观的绘画语言，通过颜色和线条，他们就能够表达出内心的感受，将那些抽象的、看不见的情绪转化为可以看见和感受到的，然后被大人理解，得到大人的帮助。

（4）教幼儿通过观察别人的面部表情或身体语言来识别他人的感受

我们经常会带幼儿出去玩或去超市购物等，在这个过程中可以让幼儿多留意一些场景，观察和识别他人的情绪。比如，很多人一起排队时突然看见有人插队，让幼儿观察被挤到后面的人的反应，了解他人生气的感受。

（5）利用机会让幼儿描述自己的感受

我们既可以利用真实场景，也可以通过玩游戏的方式，来为幼儿创造机会描述自己的情绪。例如："你是不是还在为弟弟搞乱了你的抽屉难过呢？你生气了吗？""如果你的金鱼死了，你会很伤心吗？"

### 3. 尊重幼儿的情绪表达

人的情绪是多种多样的，幼儿的情绪变化更是无常。如果消极情绪一出现，你的心里就萌发出"这孩子怎么这么没素质""这么不懂事"的思想，那么你在处理和帮助幼儿缓解情绪时就会戴上有色眼镜，久而久之幼儿的情绪不但没有缓解和得到帮助，你的这种"态度"，更会让幼儿无法感受到尊重和爱，会更加激发幼儿的逆反心理，促使幼儿的愤怒情绪更加强烈。如果我们想让幼儿从心里接纳我们，愿意和我们沟通，真正地平息心里的愤怒，我们首先要做到：尊重他们。

### 4. 理解幼儿消极情绪产生的原因

在成人的世界里，我们总是说"理解万岁"，对于幼儿也是一样的。我们常常告诉家长，"要教育好幼儿，先要了解幼儿"，这是一句永远经得起推敲的教育箴言。在处理消极情绪之前，先让我们了解一下幼儿产生消极情绪的原因。比如：要求得不到满足，心理不平衡，对成人行为的不理解，与小伙伴之间的矛盾，缺乏社会交往经验，等等。另外，还有一些幼儿自身的原因，如身体上的不适，幼儿本身的气质类型，家庭环境，等等。我们要认真分析幼儿愤怒的原因，采取相应的对策。

### 5. 帮助幼儿区分感受与行为

让幼儿了解虽然这些感受是真实的，但是有些行为是不恰当、危险以及有害的。当幼儿想不出其他的方法时，为幼儿提供一些可以恰当地向其他幼儿表达他们感受的替代方法。

### 6. 支持幼儿调节情绪

对于中班、大班的幼儿而言，我们可以采取积极引导的方法，引导他们理解成人的行为，理解同伴的行为。"想想看，他为什么会跟你动手？如果别人抢了你的玩具，你心里会怎么样？"当幼儿理解了别人的行为，心中愤怒的情绪就会消失大半。这种引导，适合于稍大点的幼儿。当幼儿学会换位思考了，学会冷静处理了，我们的情绪管理就离成功不远了。

有时，单靠转移注意和劝导无法平息幼儿的怒气，而压制的方法虽然一时有效，但对幼儿的身心会产生不利的影响。幼儿的愤怒有时需要发泄。发泄情绪的方法有许多种，重要的是引导幼儿用文明的方法来发泄，比如可以通过画画的方法来表现自己的愤怒。这种方法对学前幼儿的作用非常明显，对大班幼儿来说，通过画画来表现心中的愤怒，幼儿的情绪管理和表现能力都有不同程度的提高。另外，可以在表演区引导幼儿通过情境再现的形式宣泄自己心中的愤怒。

### （六）操作练习

教师提供一个生活中常见的情境，请家长们以小组为单位，运用工作坊提到的策略解决问题。请每组一个家长扮演小孩，一个家长扮演大人，体验幼儿当时的心理情绪，通过角色扮演的形式呈现各组解决问题的策略。

情境：你带着幼儿去商场玩，幼儿看到货架有个非常喜爱的玩具："妈妈，我要那个玩具。"你说："我们家已经有好多玩具了，下回来再给你买。"幼儿听了就不乐意了，又哭又闹地缠着你买，后来干脆赖在地上打滚，引来众人注目，你颇为尴尬。如果你是这位妈妈，你会怎么做？

家长们对这个问题进行了讨论，最后各组进行角色扮演向大家展示了应对策略。家长们纷纷表示，如果是以前，很可能为了让幼儿停止哭闹，就顺着幼儿的要求买玩具了。虽然都知道要坚持，但是看到幼儿哭得伤心，又觉得买点玩具自己也负担得起，何况让幼儿在公共场合吵闹也不好，可能就会满足幼儿的要求。但是，家长没有原则的妥协最终会导致幼儿将哭闹作为武器，造成恶性循环。家长们在角色扮演过程中运用了以下策略。

• 态度温和而坚定，当看到孩子哭闹时，不高声批评孩子，而是温和地蹲下来，先给孩子一个拥抱，随后运用支持孩子自主调节情绪的策略。

• 帮助孩子识别情绪："你现在很伤心是吗？"

• 理解孩子产生情绪的原因："是因为想要玩具，但是妈妈没有给你买，所以你很伤心是吗？"

• 帮助孩子区分感受与行为："伤心是很正常的，但是如果你一直在地上打滚的话，地上很脏，而且会影响别人，我在旁边等你安静下来，我们再来商量玩具的事情，你可以深呼吸帮助自己。"待孩子情绪平静后，家长再和孩子就玩具问题进行协商。

• 回家之后，请孩子将自己在商场的情绪画下来，写情绪图画日记。

最后，教师对整场工作坊进行了总结，幼儿的喜怒哀乐牵动着家长的心，家长们都希望幼儿每天开开心心，可是幼儿时常被消极情绪困扰。本次支持幼儿自主调节情绪主题工作坊讨论和分享了幼儿情绪失控的原因，家长如何支持幼儿自主调节情绪的方法。希望各位家长们将这些计划付诸实践，用自己的智慧，支持幼儿自主调节情绪。

## 三、拓展

### （一）下阶段家园共育目标及内容

第一，家长分组收集情绪绘本、情绪调节游戏、情绪调节策略，并将收集到的学习资源分享至班级群。

第二，幼儿园在班级继续开展"情绪小怪兽"的活动，并将活动内容在班级群与家长分享。

第三，家长在家实践支持幼儿自主调节情绪的策略，并将实践体会（成功的经验、改进的建议）分享至微信群。

### （二）相关学习资源

［1］［西］耶纳斯. 我的情绪小怪兽. 叶淑吟，译. 济南：明天出版社，2016.

［2］莫源秋. 幼儿情绪管理的方法与策略：给幼儿教师和家长的教育建议. 北京：中国轻工业出版社，2018.

## ～ 工作坊4：幼儿丢三落四怎么办 ～

## 一、发现问题

幼儿自我管理是指幼儿自己在一日活动中进行自我安排和规划，树立一定的规则意识，并进行行为内化，从而进行正确的自我评价，管理自己的生活、学习、游戏等各环节，以使各项活动都能自主、有序开展。自我管理能力是幼儿良好生活习惯、生活能力的重要方面，幼儿能够自己管理自己，自己的事情自己做，自己的事情自己做主，这对培养幼儿责任感、独立生活能力、独立思考能力具有重要意义。幼儿在管理自己的过程中逐渐学会为自己的行为负责，学习如何遵守社会行为规范并内化为自己的信念与价值观。

### 场景观察实录与分析

运动会前夕，教师放学前发给小朋友一份安全责任书，请小朋友带回家让爸爸妈妈签字。第二天早晨入园时，小艾的妈妈过来找到教师："听其他家长说要签字，可是我翻遍了小艾的书包，也没有找到安全责任书，老师你还有没有多的？我现在签。"这已经是小艾第N次弄丢老师让带回家的东西了。签完字后，妈妈接着说："老师，你有没有看见小艾的衣服？红色带条纹的，还有两条汗巾，上面都绣了名字。"教师让小艾和妈妈一起去失物招领处找一找，小艾妈妈摆摆手说："他就不用去了，这点小事，我来找就行。"雯雯妈妈也在旁边说："是啊，让孩子待在教室吧，我和小艾妈妈一起去找找，正好雯雯衣服也找不到了。"

　　每个家长都很关心幼儿，也很愿意为了幼儿付出，但是似乎家长们并没有意识到自我管理对于幼儿的重要性，这是一个普遍的现象吗？经过观察、交流之后，教师发现很多家长因为幼儿丢三落四的习惯头痛不已："有的时候上幼儿园连书包都忘了背。""每次都要我提醒才会记得收玩具""说了很多遍了，但是就是会忘记。""整理书包和玩具的事情每次都让我来负责。"

　　幼儿丢三落四的行为背后，是自我管理能力的缺失。而家长的包办代替、只看重知识不看重习惯，导致幼儿的自我管理能力并不乐观。问题式学习课程中，我们十分重视幼儿自我管理能力的发展，幼儿在进行问题式学习活动中，要自己做计划，自主拟定学习议题，自主选择自己想要探究的问题并通过自主学习解决问题，这些都对幼儿自我管理能力提出了要求。

　　幼儿即将进入小学，培养自我管理能力至关重要。在小学，很多事情都要孩子自己处理。幼儿要学会根据课程的安排，准备不同学科的教科书、作业与材料，教师会发放各种通知、作业，这些都需要幼儿自己记住并独立完成。

　　由此，教师面向大班家长开展自我管理主题工作坊，帮助家长理解幼儿自我管理的重要性，共同建构培养幼儿自我管理能力的策略。此次工作坊将带领家长探究的核心问题是：如何提高幼儿的自我管理能力？

## 二、开展工作坊

### （一）做好准备

#### 1. 经验准备

开展工作坊前，教师应阅读幼儿自我管理的相关文献资料，了解幼儿自我管理能力弱的原因、如何帮助幼儿提高自我管理能力等内容，形成系统的知识网络。

#### 2. 物质准备

（1）准备幼儿自我管理能力相关主题书籍，如《培养有责任感的孩子》，每组一本。

（2）白纸、白板、马克笔。

（3）茶歇点心。

（4）桌椅按照小组的方式摆放。

### （二）热身：我说你做

游戏玩法：教师在投影仪上出示指令，每个指令有五秒的记忆时间。五秒后教师隐去指令，家长根据记忆的指令做动作。

指令1：双手举高，左脚和右脚并拢跳三下。

指令2：先把左手举高，抬起右脚，同时放下，双手拍五下，原地转两圈。

指令3：原地转三圈，抬起左脚放下，举起左手放下，拍右边肩膀四下，先举起右手然后举起左手，先放左手再放右手，最后双手拍三下。

### 设计意图

"我说你做"游戏指令由易到难，开始时简单指令家长们都完成得比较好，可是，后面越来越复杂的指令就让家长们显得手忙脚乱了。在教师的引导下，家长们意识到，成年人面对复杂的任务也会手足无措，对幼儿来说，要管理好五花八门的物品或者完成复杂的任务更是一种不小的挑战。

### 温馨提示

1．指令难度由易到难，由简单到复杂。

2．游戏的时间不宜过长，指令动作可以设置在三个左右。

### （三）聚焦问题

游戏结束后，教师通过照片、视频给家长展示一些常见的情境。

（1）每天小朋友都要用自己的水杯喝水，小明没带。教师询问原因，他不假思索地告诉教师："爸爸忘记给我带来了。"

（2）每天幼儿吃完饭后，有些小朋友总是忘记收拾自己的餐碟，直接跑出去玩桌面游戏去了。

（3）户外活动回来，教师提醒后，还是会有幼儿忘记拿衣服、水杯。

看完视频和照片后，教师请家长思考：您的孩子有丢三落四的行为吗？请举例说明。

很多家长表示自己孩子也经常丢三落四，忘带东西、丢东西是常事，忘记家长的叮嘱的事情也时有发生。

"我们家孩子老忘记带水壶回家。"

"我们家孩子的汗巾总是忘记带回来。"

"出去玩的时候，经常会把小东西落在外面。"

听完家长的分享，教师请家长继续思考：幼儿为什么总是丢三落四呢？

家长们听到这个问题，安静了下来，开始思考幼儿丢三落四背后的原因，有家长认为"可能是记性不好，如果记性好的话，就不会忘记了"，还有家长觉得是"责任心不强，平时习惯了大人帮忙"。

　　教师小结：幼儿丢三落四背后是幼儿自我管理能力的问题，自我管理能力对幼儿的小学甚至今后的发展都会产生巨大的影响；家庭是培养幼儿自我管理能力的重要场域，家长需要了解相关策略，帮助幼儿提高他们的自我管理能力，只有真正帮助幼儿提升自我管理能力，幼儿才能自己解决"丢三落四"的问题。随后教师提出本场工作坊的核心问题：幼儿自我管理能力弱的原因是什么？如何提高幼儿的自我管理能力？

### （四）小组学习与分享

　　教师针对本次工作坊的核心问题："幼儿自我管理能力弱的原因是什么？如何提高幼儿的自我管理能力？"请家长分组进行学习与分享。

#### 1. 分组学习与讨论

　　教师请家长以小组为单位，就上述问题情境展开自主学习与讨论，并在白纸上记录下关键信息。每组选出一名组长、一名记录员、一位发言人，组长负责组织讨论并全程把控讨论内容，记录员把各位家长的想法在白纸上记录下来，发言人代表小组成员分享讨论结果。每组有15分钟的讨论时间。教师为各小组提供相关学习资源《幼儿自我管理的有效策略》，供家长自主学习，同时鼓励家长通过信息检索搜索更多更有效的信息资源。

#### 2. 小组分享

　　分组讨论结束后，每组发言人上台分享本组合作学习的结果。家长们在分享的过程中提出了一些幼儿自我管理能力弱的原因，涉及家庭和幼儿两方面的因素：幼儿自身的一些特质会影响幼儿的自我管理能力，比如性格和注意力，导致幼儿对自己的事情不上心，做事情粗心大意；另外更多的是家庭环境与教育方面的原因，很多家庭祖辈溺爱幼儿，帮幼儿做好所有的事情，导致幼儿责任感意识弱，认为很多事情都不是自己要做的事情，而且养成幼儿懒散的性格和习惯；此外，还有家长在这方面没有掌握正确的方法，总是一味地指责、催促，使幼儿产生逆反心理，适得其反。

　　分析原因后，家长们也提出了很多提高幼儿自我管理能力的实用策略，有的小组提到了减少包办代替，让幼儿自己的事情自己做，家长可以和幼儿一起规划时间，让幼儿参与制订计划，培养幼儿的责任感和主人翁意识；有的小组提到家长可以使用自然后果法，让幼儿自己承担责任，同时家长也要做好榜样，以身作则；还有小组指出家长可以和幼儿一起阅读相关的绘本，帮幼儿养成良好的习惯。

### （五）专题讲座

　　教师发现家长们对于幼儿自我管理能力不理想的原因分析已经很全面了，为了帮助家长更好地支持幼儿自我管理能力的发展，教师通过专题讲座的形式向家长分享了幼儿园提高幼儿自我管理能力的策略，并为家长如何在家提升幼儿自我管理能力提供了实用的策略。

### 1. 幼儿园如何帮助幼儿提高自我管理能力

教师首先向家长展示了幼儿园提高幼儿自我管理能力的策略，帮助家长缓解焦虑情绪。

（1）给幼儿固定放物品的地方。每位幼儿都有一个书包柜，幼儿每天整理好物品后放回自己的书包，还有专门放水杯、水果盒和漱口杯的地方，这些都能帮幼儿养成一个好的习惯，管理好自己的物品。

（2）稳定的一日活动安排。幼儿的一日作息科学有序，让幼儿适应并熟悉每个环节，知道自己接下来做什么，逐步形成一个好的行为习惯。

（3）活动前后的温馨提示。每次活动前都会和幼儿讨论规则，比如进行区域活动时，先用眼睛给材料"拍照"，看清楚每份材料的摆放位置，自己收材料时也要这么摆好。比如户外活动时，先请幼儿看看自己带出去的物品有什么，回来前检查带回来了没有，不见的东西让幼儿亲自去找回来，教师可以陪同，但是不能帮他找。

（4）离园前的整理。离园前让幼儿整理自己的物品，一件一件放进书包，检查自己的物品是否齐全。

（5）班级值日生。班级值日生的主要职责包括餐后的清扫，照顾室内植物和小动物，检查区域游戏材料是否摆放整齐等。这些小事虽不复杂，但是需要幼儿每天坚持去完成，关注细节，培养动手能力。幼儿把值日生工作看得很重要，当他们主动完成自己在集体中应做的事情后，会获得极大的满足感，觉得自己对大家有帮助，从而增强自信心，提升责任感。

### 2. 家长如何提高幼儿自我管理能力

随后，教师指出幼儿自我管理能力的培养需要幼儿园和家庭的共同努力，并介绍了一些家长在家培养幼儿自我管理能力的方法。

（1）固定的程序。固定的程序可以加深记忆，最终成为自己的习惯。比如每天晚上都有固定的学习时间，学习完成以后，整理好自己的作品、文具、书包等。

（2）列清单提醒幼儿。在幼儿经常可以看到的地方，给幼儿贴一个清晰明了的清单，在清单上面写明每天要用的东西。也可以在家门口贴一个清单，让幼儿在出门之前思考一下，是不是把所有的东西都带齐了。

（3）给物品固定位置。把东西分门别类地放好，把同一种物品放入相同的位置，整理好。也可以购买一些有标签的盒子来放东西，按照标签的说明，放入对应的东西。这样拿的时候也会比较方便，不容易漏掉。

（4）丢物品承担责任。让幼儿适当承担丢东西的后果。比方说，如果幼儿忘记带东西回家的话，要让他自己去拿；如果玩具不见了，让幼儿自己攒零花钱买新的。家长不要总是急于补救幼儿的过错，要给幼儿自己改正的机会。

（5）家长保持情绪冷静。幼儿总是丢三落四，这时候家长要保持冷静，因为大人也会丢东西，所以错误是在所难免的。在幼儿成长的过程中，训斥只会让他觉得难过。与其这样，不如做好预防措施，让幼儿养成一个好的习惯，这样做事情也会更加有条理。

（6）让幼儿参与劳动。幼儿参与做家务可以让他感到自己是家里的一分子，增加对家庭的归属感。家长要让幼儿有参与做家务的机会，并多给予鼓励、赞美，使幼儿从做家务中得到成就感及自信心，肯定自己的能力，并从做家务中培养责任感及积极的人格。幼儿与家长一起做家务，不仅可以培养其参与感及成就感，从合力完成家务的过程中，家长将有更多时间与幼儿相处，增进亲子感情，幼儿也会从中体会、了解家长的辛劳。

## （六）操作练习

幼儿在自我管理方面存在的问题各不相同，家长的教养方式也有很大的区别，为了帮助家长将工作坊内容运用到实际生活中，真正解决育儿问题，发挥工作坊的效果，教师请家长运用所学经验进行操作练习：结合幼儿和家庭实际情况，制订培养幼儿自我管理能力的计划。

家长们结合工作坊所学内容，每个人都认真地开始制订个性化的培养幼儿自我管理能力的支持计划，过程中教师对家长的计划进行指导。教师请家长将自己思考的计划写在白纸上，并贴在墙上展示，家长可相互浏览、交流。最后，所有家长完成计划后，请大家将计划放在桌面，大家起身了解其他人的计划，给自己更多的启发。最后，教师请个别家长分享自己制订的计划。

### 例：某位家长制订的计划

我对照今天工作坊的内容反思了自己在培养幼儿自我管理能力方面存在的问题，确实发现了一些问题，针对问题，我制订的计划如下。

1. 问题：我的想法和孩子爷爷奶奶的想法不一样，爷爷奶奶喜欢所有事情都替孩子做了，我虽然平时会说，但是并没有特别重视。

计划：回去之后召开全家的家庭会议，向爷爷奶奶介绍孩子自我管理能力的重要性，让全家人在这个问题上达成共识。

2. 问题：以前面对孩子丢三落四的情况，我的教育方式比较单一，很多时候是催促、提醒，有时甚至会不耐烦地批评，导致孩子自我管理能力没有实质的提升。

计划：转变自己的教育方式，在面对孩子丢三落四的情况时，保持心平气和，而不是大呼小叫；在生活中有意识地培养孩子的责任感，很多事情和孩子一起做计划，列清单，一起讨论有什么办法可以做得更好，倾听孩子的声音，让孩子意识到自己的事情要自己负责；如果孩子出现了丢三落四的情况，在不涉及安全问题的前提下，让孩子自己承担后果，思考补救的办法，逐步培养孩子的责任心。

最后，教师和家长一起回顾工作坊的活动和内容，并总结指出正确引导和及时纠正是打败丢三落四的利器，加强幼儿自我管理能力才是制胜法宝。自我管理能力是一个不断形成和积累的过程，要尊重幼儿的主体性，调动和发挥幼儿的积极主动性，引导幼儿自己解决问题，逐步提高自我管理能力。

## 三、拓展

### （一）下阶段家园共育目标及内容

第一，工作坊结束后，教师在班级微信群发布了"我能管好我自己"亲子任务，家长运用工作坊中建构的策略，和幼儿一起记录每天自我管理情况，家长在班级微信群分享经实践验证的有效策略。

第二，教师在晨谈和离园前的环节和幼儿一起讨论每天要做的事项，幼儿在下午图画日记中记录自己的完成情况；在图书区投放相关绘本，幼儿可以通过绘本阅读了解自我管理的重要性；将幼儿的表现持续与家长分享。

### （二）相关学习资源

[1]寿长华. 66个细节教出负责任的孩子. 北京：中国华侨出版社，2015.

[2]张健. 培养有责任感的孩子. 北京：清华大学出版社，2014.

## 〜 工作坊5：家有"小磨叽"怎么办 〜

## 一、发现问题

时间管理是指幼儿能够合理安排时间，学会珍惜时间，做时间的小主人。幼儿建立时间概念是一个缓慢的、渐进的过程，需要在生活中感受时间，积累与时间相关的经验。进入大班后，幼儿已经有了时间概念，也能认识时钟，知道什么时间该做什么事情。良好的时间管理能力不仅能让幼儿的一天过得井井有条，而且充分发挥了幼儿的自主性，幼儿不用在大人的催促下做事情，对幼儿独立人格和自我责任感的培养意义重大。

### 场景观察与实录分析

　　大三班的家长们喜欢在微信群交流育儿方面的经验与困惑，教师也会在群里对家长们提到的问题提出自己的建议。这天，铭铭妈妈提到了幼儿的拖延问题："我家孩子真的太能拖了，每天早上起床就要赖床半个小时，吃早饭也要一直催促，其实很早就醒了，但是每次都迟到，这怎么办呢？"一石激起千层浪，铭铭妈妈的话引起了家长们的共鸣。

　　"你别说，我家孩子也是，到了吃饭的时候不吃饭，到了睡觉的时候不睡觉，如果我不提醒，她就一直拖着。"

　　"是啊是啊，孩子有时候吃饭能吃一小时，把你的耐心彻底耗尽。"

　　教师在群里询问家长："大家面对孩子的拖延，是怎么做的呢？"

　　"没有有效的办法，只能一遍遍地催了。"

　　"有的时候实在赶时间，就只能帮他做了。"

　　"耐心耗尽的时候，真的想打人。"

　　"老师您有什么好办法吗？以后上小学了，还这么一直拖可怎么办？"

　　教师发现家长们对于幼儿的拖延问题都很头痛，而家长教育方式是影响幼儿时间管理能力发展的重要原因。如果总是"头痛医头，脚痛医脚"，为了省时间替幼儿完成很多事情，面对幼儿拖延时一遍遍催促，幼儿拖延、磨叽的情况就得不到有效的改善。

　　大班幼儿即将进入小学，幼儿要从幼儿园灵活、自主、游戏为中心的学前生活进入到按时上下课、按时完成作业的小学生活，这些变化对幼儿的时间管理提出了要求。因此，教师面向大班家长开展了时间管理主题工作坊，与家长共同探究幼儿做事拖拉背后的原因，学习用科学的教养方式培养幼儿时间管理能力。此次工作坊的核心问题为：幼儿为什么会拖延？如何培养幼儿自主时间管理能力？

## 二、开展工作坊

### （一）做好准备

#### 1. 经验准备

（1）开展工作坊前，教师应阅读幼儿时间管理的相关文献资料，了解幼儿时间管理的内涵、价值及支持策略等内容，形成系统的知识网络。

（2）工作坊开始前，教师发放了时间管理调查问卷，了解幼儿在家是否有拖延情况，拖延的频率及具体的拖延情境。

（3）收集或者创编一个幼儿拖延相关的故事情境，主要讲一个爱磨蹭的小朋友的故事。

### 2. 物质准备

（1）准备幼儿自我管理能力相关主题书籍，如《儿童时间管理效能手册：30天让孩子的学习更主动》，每组一本。

（2）白纸、白板、马克笔。

（3）茶歇点心。

（4）桌椅按照小组的方式摆放。

### （二）热身：挑战一分钟

工作坊伊始，教师请家长思考：一分钟的时间短吗？

家长们都表示一分钟的时间很短，很快就过去了。随后教师进一步提问：短短的一分钟，可以做什么呢？

家长们畅所欲言："一分钟心跳60下。""我可以一分钟跳绳100下。""我可以一分钟跑300米。""一分钟的时间可以叠好被子。""一分钟的时间可以用电脑打100个字。"

随后，教师请家长猜测："那么，大家觉得一分钟可以鼓掌多少次？"

家长们的答案五花八门，有的比较保守，认为一分钟鼓掌不超过100次，有的则认为一分钟在100～200次，少数家长认为一分钟可以鼓掌200次以上。为了验证猜想，教师请家长每组4人，在一分钟内接力鼓掌，看看一分钟之内可以鼓掌多少次。家长们兴致勃勃地开始实验，最后结果出乎意料，有的组一分钟鼓掌超过300次，大部分组鼓掌在150～300次，大家都很惊讶。

教师总结：看似短短的一分钟，其实能做的事情很多，现在，请大家闭上眼睛，静静地感受一分钟的长度。

### 设计意图

"挑战一分钟"游戏和时间有关，当我们认真讨论平常被人忽视的一分钟时，家长们发现一分钟的时间其实可以做很多事情，然而现实生活中，很多人的拖延损失了无数个一分钟，由此顺利联结工作坊的时间管理主题。鼓掌游戏让家长们在游戏的过程中感受时间的长度，分组的形式促进家长之间的交流，同时也不至于一个人持续鼓掌一分钟。最后静默感受一分钟既是感受时间，也可以帮助家长从活跃的游戏氛围中平静下来，进入下一阶段的活动中。

### （三）聚焦问题

大屏幕上呈现小磨叽小明的漫画，教师通过生动的故事讲述配合动画的播放吸引家长，由此引发大家的共鸣。

### 小明的故事

我的名字叫小明，但是爸爸妈妈总是叫我"小磨叽"，因为他们总是嫌我太慢，总是催我快一点。每天早晨，我都是在妈妈的催促声中惊醒，被妈妈拉出被窝的。伴随着妈妈的吼叫声我走进洗手间，拿起牙刷，哇，今天的泡泡好多呀，我感觉自己变成了刮胡子的爸爸，又变成了白胡子的圣诞老人，真好玩，好想再多玩一会儿。可是妈妈的吼叫声再一次响起："你怎么还在刷牙？都已经7点了，快点出来！"我擦掉这些可爱的泡泡，走出洗手间，妈妈说衣服已经帮我找好了，穿好就可以出门了，今天是新衣服哦，还有扣子呢，可是扣子有点多。当妈妈从洗手间出来，看我依旧坐在床上还没穿好时她大吼道："还在这里磨蹭，穿个衣服要这么久！"说着妈妈把衣服一下子就套在了我的身上，三两下就扣好了，说道："赶紧穿鞋去，马上要迟到了。"我走到鞋柜旁，看见那么多的鞋子，真是不知道穿哪一双比较好，终于选好了一双有鞋带的运动鞋，可是它穿着有点费劲，我都急出汗了，坐下来休息一下。这时妈妈拿着书包急匆匆地大步走过来说道："让你穿个鞋都这么费劲，能不能快一点？"然后又对着旁边的爸爸说："还有你，就不能过来帮一下忙，每天都是我跟打仗一样帮他收拾，上班都要小跑着去！"这个时候我感觉到妈妈的头发都要竖起来了，好像一只狮子，说着妈妈帮我把鞋子套好，一把拉起我走出了门。可是为什么妈妈要这么生气这么着急呢？她发火的样子让我觉得好害怕。

讲完故事后，教师请家长思考：当从幼儿的角度来看拖延问题时，您有什么不一样的感受吗？

大家在啼笑皆非和感慨中都联想起自己家宝贝的日常，纷纷畅谈自己的感受。似乎这些场景都似曾相识，在声声的催促中感受到了幼儿的焦虑、委屈，也看到了控制不住却又不知如何是好的自己。

教师顺着家长的感慨总结：幼儿的想法和视角与我们成人是不同的，作为家长，我们需要改变自己的教育方式，努力地倾听、理解幼儿，分析幼儿拖延背后的原因，对症下药，不能总是催促和包办代替，不然只会陷入恶性循环，而且影响亲子关系。达成共识后，教师提出了本次工作坊要探究的核心问题：幼儿做事拖延背后的原因是什么？面对幼儿的拖延，家长可以怎么做？

### （四）小组学习与分享

#### 1. 分组学习与讨论

请家长以小组为单位，就上述问题展开自主学习与讨论并在白纸上记录下来。每组选出一名组长、一名记录人、一位发言人，由组长来组织讨论，记录人把各位家长的想法在白纸上记录下来，发言人稍后代表小组进行经验分享。各小组15分钟的讨论时间。

教师为各小组提供相关学习资源《儿童时间管理效能手册：30天让孩子的学习更主动》《儿童时间管理效能手册：30天让孩子的学习更高效》等，供家长自主学习，鼓励家长通过信息检索搜索更多更有效的信息资源。

#### 2. 小组分享

分组学习讨论结束后，请各组将他们的白纸展示在前台的展示板上，每组选一名发言人来分享本组学习讨论的成果。在分析幼儿拖延背后的原因时，各组家长从幼儿自身、所做的事情及家庭教育出发，认真分析了幼儿拖延的原因，总结起来有以下几点。

- 孩子先天的性格原因，动作很慢。
- 孩子还没有形成时间观念。
- 孩子专注力不够，造成做事情的时间总是不够。
- 孩子对当下的事情没有兴趣，不愿意去做。
- 外界环境的干扰，比如，孩子在看书，家长在一旁看电视而且声音很大。
- 家长缺乏对孩子的耐心，总是用成人的时间和要求去要求孩子。
- 孩子正在进行的事情还没有完成，比如，玩具拼了一半，书看了一半等。
- 孩子做这件事情的能力还没有达到，成人提出的目标超出了孩子当前的水平。
- 随着年龄的增长，孩子的心智逐渐成熟，慢慢开始有了自己的想法和主见，不愿意总是听从家长的安排，家长的不停催促与呵斥造成孩子的逆反心理。
- 家长对很多事情的包办代替，导致孩子有了依赖心理。
- 给予孩子的选择性太多，导致孩子犹豫不决，不知从何下手。

分析了幼儿拖延的原因后，各组家长也提出了很多有价值的应对策略。

- 做事情之前做好充分的准备工作，协助孩子进行时间规划、提前计划。
- 家长学会"闭嘴"，少唠叨，多给予时间。
- 加强亲子之间的沟通，了解孩子的发展特点，知道孩子内心的想法，更真切深入地了解孩子。
- 制订适合幼儿的时间表、计划表并共同执行完成。

- 发现问题与孩子共同协商，提出解决办法。
- 建立时间观念，如绘本学习、设立时间表、沙漏计时等方法。

## （五）专题讲座

教师对家长分享的内容进行总结与梳理，并结合家长分享的内容提炼和总结幼儿拖延背后的原因以及相应的支持策略。

### 1. 幼儿拖延的原因

教师指出，幼儿拖延的原因可以总结为两个方面。一是幼儿年龄特点，幼儿的动作、认知、自我控制能力等方面在不断发展的过程中，有时候一些动作和事情对他来说还很难，小肌肉的发展不是很完善，自然就会慢些。同时幼儿5岁左右刚刚建立时间观念，分不清时间和空间的关系，造成幼儿缺乏时间观念。而与生俱来的气质类型也是影响幼儿发展的一个因素。另一方面就是教育环境的影响，比如：我们需要分清楚幼儿拖延背后真正原因，是能力没达到，还是不感兴趣，而不是一味地催促和指责。同时家长焦躁的情绪也会影响幼儿。还有就是家长的包办代替遏制了幼儿成长发育的空间，导致幼儿对不会做、拖延表现得无所谓。

### 2. 面对幼儿的拖延，家长可以怎么做

了解了幼儿拖延的原因，那么，面对幼儿的拖延，家长应该怎么做呢？教师建议家长从以下两方面入手做出改变：一是调整家长自身的一些行为方式；二是帮助幼儿建立时间观念。

（1）转变教育观念与行为

家长要转变自身的教育观念和行为，尊重幼儿身心发展特点，用适宜幼儿的方法来帮助幼儿改善拖延。

①替代催促：用幼儿喜欢的方式提醒他

"快点！""该吃饭了！""马上要出门了！""怎么还没做完！"这些话是家长在幼儿拖拉的时候用得最多的，家长的催促带着不满的情绪，幼儿真的会听吗？不如用幼儿喜欢的方式来提醒他该做什么了，也可以帮助他更好地理解时间。如沙漏闹钟：用游戏的方式告诉幼儿，看看你和沙漏谁更快，在沙漏漏完之前你能不能把饭吃完；音乐：一首歌的时间，我们穿好衣服，看看你能不能做到。

②让幼儿自己管理时间，给幼儿选择的权利

幼儿为什么拖延？一个重要的原因是所有的事情都是家长安排的，他不是自己时间的主人，反正这件事做完了还有下一件事等着他，当然不愿意做了。

一方面，和幼儿一起制订计划，让幼儿自己管理自己的时间，用计划表、任务清单的形式呈现；另一方面，给幼儿选择的机会，时间不要总是安排得满满的，适当留

白，告诉幼儿这段时间是他自己的，如果他做完了这些事情，可以做自己想做的事情。

③保持相对稳定的作息和生活安排

变化的作息和时间安排给幼儿带来不安全感，幼儿不知道下一步该做什么，只能等着大人来催促，很容易养成拖延习惯，但是如果作息是相对稳定的，幼儿就会知道每个时间段该做什么，他自己心中有数，也就更不容易拖延。

④自己的事情自己做

家长不要因为快到时间了，就帮幼儿做这做那，那幼儿就会知道只要他不做，总有人帮他做，人都是有惰性的。如果不是特别紧急的事情，坚持让幼儿自己的事情自己做，穿衣穿鞋收拾东西都要自己完成，只有这样他才会知道拖延是没有用的。

（2）帮助幼儿建立时间观念

教师指出，家长要通过多种方式帮助幼儿建立时间观念，主要是让幼儿理解时间，用适合他们的方式进行时间管理。

①看见时间——让时间可视化

父母们可以准备一个计量时间的"沙漏"，让幼儿能够"看见"时间，有助于幼儿对时间的直观感觉。比如，幼儿早上吃早餐时，可以鼓励幼儿启用"漏斗"，父母还可以跟幼儿做这样的规定："沙子漏完后，就是15分钟，你的早餐也要在15分钟吃完呀。"

②听见时间——让时间听得见

音乐可以推进幼儿对时间的管理能力。如：选择节奏感较强的音乐，一边放音乐，一边让幼儿随着音乐做技能动作（如扣扣子），当音乐突然停止时，幼儿的动作需要马上停止，并保持停止时做的动作，坚持到音乐再次响起为止，这样反复进行操练，时间不超过3分钟。通过这种方式来提高幼儿对时间的把握和控制力。给要完成的事情用闹钟设定时间，比如，吃饭、玩玩具设定闹钟40分钟，闹钟响起时就要停下来不可以再进行，需要收拾了。

③预见时间——让时间可预知

我们调整了自己的状态、方式，也帮助幼儿去理解了时间，接下来就需要让幼儿学会管理时间，预见未来的时间。第一，帮助幼儿养成良好的作息，比如在家中做一个作息时间表，几点到几点干什么，每做完一项打个钩，同时需要让幼儿为他的"慢"行为负责，比如，本来晚上7：00—7：30是吃饭时间，但幼儿拖拉到7：50，后面玩玩具的时间就相对少了20分钟。第二，幼儿自己设置任务计划表，设定一些小任务，自己要去挑战。第三，制订周计划、月计划。每周有1~2个重点计划需要去执行，让幼儿能够对自己的生活有计划与准备，家长们可以根据幼儿的情况找到一些适合的方式来进行。

### （六）操作练习

专题讲座结束后，为了帮助家长将支持幼儿自主管理时间的策略应用到育儿实践中，教师向家长提出了具体的操作练习的任务。

请家长4~6人一组，针对前期问卷调查中提到的幼儿拖延的高频情境（吃饭、睡觉、起床、收玩具），结合本次工作坊内容，分析幼儿在这些情境下拖延的原因以及支持幼儿在这些情境下自主管理时间的策略。

每组认领了一个情境后，大家运用刚刚学习的内容开始认真地分析和制订计划，每组一位记录员、一位发言人、一位计时员，记录员将本组讨论的内容记录在白纸上，10分钟的讨论结束后，各组将自己的白纸贴在墙上，大家用3分钟的时间浏览其他组的成果，最后，教师请各组发言人分享本组的讨论成果。

经历了前期的讨论、分享和专题讲座后，大家在分析原因时更为系统，每个组都从幼儿自身、家庭教育两方面进行了分析，在制订教育策略时，大家针对原因制订了详细、可操作的策略。过程中教师对各组的分享内容进行了补充。

#### 例：吃饭情境的原因与对策分析

#### 1. 原因分析

（1）孩子自身的原因

- 吃饭前吃了很多零食，不饿。
- 对饭菜不感兴趣。
- 还不能熟练地使用勺子、筷子。
- 给孩子盛的饭量太多，吃不完。

（2）家庭环境和教育的原因

- 吃饭的时候在放电视节目，或者有其他的事情干扰。
- 家长喜欢给孩子喂饭。
- 到了洗碗的时间，孩子没吃完家长就会收碗，不让孩子继续吃了。
- 家长喜欢催促孩子，总让孩子"快点吃"。

#### 2. 策略

- 吃饭的时候关电视。
- 饭前少吃零食。
- 鼓励孩子自己进餐，练习使用筷子和勺子。
- 不催促孩子，让孩子自己吃饭，允许孩子吃饭比家长慢。
- 根据孩子的身体情况，提供适量的饭菜，可以试着让孩子自己添饭，少量多次。

- 如果孩子一直拖延，就减少后面游戏的时间，必须吃完饭才可以去玩，不能一到时间家长就顺着孩子的意愿不让孩子吃饭了。
- 吃饭的时候在饭桌上放一个沙漏，让孩子在沙漏漏完之前吃完饭。

最后，教师与大家共同回顾了整个工作坊的流程，并希望大家之后真正将工作坊所学运用到家庭教育中，将在家庭中的实践与教师和其他家长分享，大家互相学习，最终促进幼儿学会自主时间管理，不做"小磨叽"。

## 三、拓展

### （一）下阶段家园共育目标及内容

第一，每位家长在家中实践支持幼儿自主管理时间的策略，在班级群中分享经验。

第二，在班级开展时间管理活动，如"我不迟到"等，通过一系列的活动帮助幼儿养成良好的时间意识。

### （二）相关学习资源

[1] 王宏，钟思嘉. 儿童时间管理效能手册：30天让孩子的学习更主动. 北京：清华大学出版社，2018.

[2] 钟思嘉. 儿童时间管理训练手册：30天让孩子的学习更高效. 北京：清华大学出版社，2015.

[3] [法]格里韦，著，[法]克尔巴，绘. 一秒一分一世纪. 戴磊，译. 北京：北京科学技术出版社，2018.

[4] [韩]李奈英，著，[韩]尹贞珠，绘. 时间商店. 金银銮，译. 北京：北京少年儿童出版社，2015.

## 〜 工作坊6：好玩的棍子——支持幼儿数学学习 〜

## 一、发现问题

《〈3~6岁儿童学习与发展指南〉解读》中指出，要让幼儿在运用数学解决实际生活问题的过程中初步感知数学的有用和有趣，能够激发和保持幼儿对数学学习的持久动机和兴趣，喜欢数学，愿意学习数学，并具有运用数学解决实际问题的意识和能力。幼儿数学学习应该突出做中学、生活中学和游戏中学。

### 场景观察实录与分析

大一班的方老师发现班里很多家长在朋友圈"炫耀"幼儿的数学能力："真棒，孩子已经能做百以内的加减法了。""孩子已经会背九九乘法表了。"方老师觉得奇怪：幼儿园并没有要求幼儿学习这些内容，幼儿是在哪里学会的呢？教师私下问了几个幼儿。

"每天妈妈都让我做数学题，不做完不能玩游戏。"

"我一点都不喜欢做计算题，可是爸爸说一定要做。"

"我星期二、星期四晚上要学数学，上完课还会布置很多作业。"

"我不喜欢学数学，我觉得很难，很无聊。"

幼儿的回答让教师很担心。数学知识是一种高度抽象化的逻辑知识，数学知识的逻辑性，决定了幼儿学习数学知识不是一个简单记忆的过程，而是一个逻辑的思考的过程。儿童学习数学，是从他们生活中熟悉的具体事物入手，逐步开始数学的抽象过程。

家长们现在这么做无异于揠苗助长。方老师随机和家长沟通了一下，发现家长们都能认识到数学学习的重要性，但是很多家长将数学学习等同于数数、做计算题，幼儿可以机械地数到100，但是对于数字的实际含义并不了解，幼儿无法体验到数学的有用与有趣，对于他们今后在小学的数学学习弊大于利。

幼儿进入小学后，数学学科是幼儿要学习的"主科"，在幼小衔接过程中，我们要激发幼儿对数学学习的兴趣，帮助幼儿掌握基础的数学概念，但是幼儿数学学习有其独特的特点，家长们需要了解正确的方法。由此，教师决定面向大班家长开展"好玩的棍子——支持幼儿数学学习"主题工作坊，通过棍子游戏帮助家长了解学前儿童数学学习的内容，体验、掌握在游戏和生活中学习数学的方法和策略。

此次工作坊的核心问题师是：幼儿数学学习的核心经验有哪些？如何在生活和游戏中支持幼儿的数学学习？

## 二、开展工作坊

### （一）做好准备

本次工作坊分成亲子游戏和讨论两部分，第一部分需要8组家长和幼儿一起参加，其他家长观察；第二部分家长参与讨论，幼儿由其他教师带去户外游戏。教师提前邀请参与亲子游戏的家庭，并确定由班级另外2位教师负责幼儿的安全和游戏，以确保工作坊顺利进行。

### 1. 经验准备

教师应阅读幼儿数学学习的相关文献资料，了解幼儿数学学习的内容、幼儿数学学习的特点，支持幼儿数学学习的策略等内容，形成系统的知识网络。

### 2. 物质准备

（1）准备幼儿数学学习相关主题书籍，如《3～6岁儿童学习与发展指南》《幼儿数学核心概念：教什么？怎么教？》，每组一套。

（2）白纸、白板、马克笔。

（3）茶歇点心。

（4）桌椅按照小组的方式摆放。

（5）亲子棍子游戏材料：彩色棍子8筒，8捆不同长度的小木棍，每捆4支，橡皮泥8罐。

## （二）亲子棍子游戏

活动伊始，教师邀请了8组家长和幼儿进行3个有趣的亲子棍子游戏，并让在场的其他家长观察游戏，思考游戏中蕴含了哪些数学学习内容。

### 1. "挑棍子"游戏

教师提供一小把小木棍，让家长与幼儿首先决定撒棍子以及挑棍子的一方。胜利的一方开始挑棍子，在取棍子的过程中不能碰动别的棍子。游戏结束后，统计各自的棍子数量，数量多的一方胜出。游戏结束后，幼儿点数自己手中的棍子数量，教师用表格统计结果，并引导幼儿简单地分析表格，介绍每组获胜的情况。

### 2. "比长短"游戏

家长手握着4根长短不一的棍子，让幼儿猜测哪根最长，哪根最短，最后家长让幼儿验证猜测的结果，引导他们将4根棍子进行排序。虽然游戏规则很简单，但是家长与幼儿都乐在其中。

### 3. 搭建立体造型

教师为每组家庭提供棍子和橡皮泥，他们可以使用这些材料共同搭建不同的立体造型。家长与幼儿完全投入到游戏当中，他们一起商量造型的主题，并共同努力制作计划的立体造型。有的家长和幼儿一起搭建了一个空心魔方，有的搭建了一栋高楼，还有一组家长和幼儿搭出了一个机器人，每个人都很专注很投入。

### （三）小组学习与分享

#### 1. 提出问题

亲子游戏结束后，教师向幼儿表示了感谢，随后另外2位教师带领幼儿去户外游戏，教师和家长们对现场桌椅进行了调整，入座后，教师请家长分析：刚刚的棍子游戏中涉及了哪些数学学习经验？

家长们提到了比较、数数、形状、空间、统计等数学学习内容。教师指出这3个游戏中涉及数数、比较、形状这几个数学经验，并具体分析了每个游戏所蕴含的数学教育价值：第一个游戏中，幼儿可以通过点数了解棍子的数量，并学习通过图表来记录与统计数据；在第二个游戏中，幼儿能尝试比较物体的长度，并根据高矮长短进行排序，涉及测量与比较的学习，即能用生活中的物体作为工具进行简单的测量，如用手掌等作为量具测量桌子的长度；在第三个游戏中，幼儿可以将立体的物体形体视觉化，画出或拼搭出该物体的造型，并在搭建的过程中感知空间关系，提高空间表象能力。

随后，教师请大家分组讨论并思考以下两个问题：幼儿数学学习的核心经验有哪些？如何在生活和游戏中促进幼儿的数学学习？

#### 2. 分组学习与讨论

每组选出一名记录员，负责在白纸上记录大家的发言，一名发言人，负责在集体面前分享本组讨论的结果。每位组员积极贡献策略，每组讨论的时间限定在15分钟。

教师将事先准备好的学习资源《3~6岁儿童学习与发展指南》等发放到各个小组，供家长自主学习，同时鼓励家长拓宽思路，通过多种途径搜集信息。

#### 3. 小组分享

分组讨论结束后，请各组派一位代表分享他们的讨论成果。

借助《3~6岁儿童学习与发展指南》、问题式学习课程幼儿学习内容相关学习资源，家长们对于幼儿的数学学习达成了一致的意见，指出幼儿的数学学习包括：数概念、运算、集合、模式、测量、时间、几何等核心经验。

家长就日常生活和游戏中的数学活动展开热烈的讨论，并分享了许多具体可操作的点子。例如，让幼儿观察时钟了解时间的概念；引导幼儿为他人分发食物，让他们在这个过程中学习如何点数；幼儿自己记录在家的刷牙情况，并引导幼儿统计一周的刷牙次数。

### （四）专题讲座

家长分享后，教师结合家长分享的内容，通过专题讲座的形式系统向大家介绍了幼儿数学学习的核心经验以及在生活和游戏中支持幼儿数学学习的策略。

#### 1. 幼儿数学学习的核心经验

教师向大家介绍3~6岁幼儿数学学习内容，主要包括集合与分类、模式与关系、数概念与运算、几何与空间概念、测量与比较、时间六大要素。

　　为了帮助大家体验数学学习各要素的内涵，教师请家长玩了一个数学游戏，请所有的家长站起来，听教师的指令行动。

- 穿裙子的家长排成一排，穿裤子的排成另一排——集合与分类
- 穿裙子的家长有多少人？穿裤子的有多少人？哪个多？多多少？——数概念与运算
- 哪位家长最高？有多高？——比较与测量
- 按照裙子—裤子—裙子—裤子排列——模式与关系
- 穿裙子的家长在里面摆一个三角形，穿裤子的家长在外面摆一个圆形——集合与空间概念
- 刚刚游戏玩了多长时间？——时间

　　家长们玩完游戏后纷纷表示对幼儿数学学习的内容有了更深的理解，教师又借助实例向家长介绍了5~6岁幼儿数学能力的典型表现。

　　（1）能发现事物简单的排列规律，并尝试创造新的排列规律。

　　（2）能发现生活中许多问题都可以用数学的方法来解决，体验解决问题的乐趣。

　　（3）初步理解量的相对性。

　　（4）借助实际情境和操作（如合并或拿取）理解"加"和"减"的实际意义。

　　（5）能通过实物操作或其他方法进行10以内的加减运算。

　　（6）能用简单的记录表、统计图等表示简单的数量关系。

　　（7）能用常见的几何形体有创意地拼搭和画出物体的造型。

　　（8）能按语言指示或根据简单示意图正确取放物品。

　　（9）能辨别自己的左右。

### 2. 家长如何在生活和游戏中支持幼儿的数学学习

　　教师指出，《3~6岁儿童学习与发展指南》中特别指出幼儿数学认知的第一个目标，便是让幼儿能初步感知生活中数学的有用和有趣，数学学习取决于幼儿能够有表达和探索事物间关系的机会，而他们关于数学的知识和理解是建立在主动操作基础上的，在这种操作过程中，他们利用感知觉，建立起关于数量及运算、规律、代数、几何、测量、比较的知识。当幼儿真正理解了上述这些知识并掌握了基本的技能以后，他们才能进行今后的数学学习，操作是重要的数学学习手段。

　　教师首先向家长介绍了幼儿园如何将数学学习渗透在生活中，如晨谈点名是学习点数、计算与统计的好机会；让幼儿分发水果可以使其从中了解等分的概念；游戏材料用完及时归位有助于幼儿建立分类的概念；观察收集的落叶可以了解形状、大小、对称等概念。这些日常生活中常见的活动都是幼儿重要的学习方式。

　　随后，教师又为家长在家支持幼儿的数学学习提供了以下实用的建议。

（1）和幼儿一起感受数学在生活中的价值，比如超市里商品的标价，打电话时的电话号码，比赛时的排名，辨别左右、时间，不同形状的物品有不同的用途（如圆形的汽车轮子等）。

（2）家庭生活中，抓住促进幼儿数学发展的"可教时刻"，如家里来客人，请幼儿准备数量相同的碗筷；收拾玩具时按照不同的标准进行分类，如形状、颜色、大小、类别。公园游玩、参观游览时，可以有意识地和幼儿讨论路途中所见事物的形状、大小、数量，可以和幼儿一起比赛发现更多的形状、图案，和幼儿一起讨论各种类别，如动物、植物、交通工具、家具。

（3）在体育、音乐、绘画等活动中有意识地渗透数学学习的内容，比如，画出来的房子是什么形状的；识别儿歌节奏中的模式；拍球投篮时的方位概念。

（4）阅读数学相关的绘本，如《奇妙的数字旅行》《蜘蛛和糖果店》《我家漂亮的尺子》等。

（5）和幼儿玩一些和数学有关的游戏，除了刚刚大家一起玩的棍子游戏，还有搭积木、大富翁、迷宫、拼图、卡牌游戏、棋类游戏等。除此之外还可以和幼儿一起自创有趣的数学游戏，更能激发幼儿对数学的探究兴趣。

### （五）操作练习

请家长们以小组为单位，每组负责一个数学学习的内容（集合与分类、模式与关系、数概念与运算、几何与空间概念、测量与比较、时间），头脑风暴并制订在生活和游戏中渗透数学学习的方案，各组进行讨论，并将讨论的成果记录在白纸上。每组选择一位代表介绍本组的讨论成果。

各组家长认真理解每个要素的内涵及各要素下的具体学习内容，充分发挥自己的创造力设计了许多有趣的数学游戏，并提到了许多可以融入数学学习的生活情境。

**集合与分类小组**：收玩具时，请孩子按照一定的标准分类，如形状、颜色；让孩子观察家庭成员，按照性别进行分类。

**模式与关系小组**：音乐游戏拍手拍脚；观察生活中的模式，如衣服上图案的排列；孩子做手工时，请孩子自己创造模式，如穿珠时按照红—黄—红—黄排列。

**数概念与运算小组**：大富翁游戏；带孩子一起去购物，购物时认识商品标价，计算少量物品的价格总和；让孩子数一数家庭成员的总数，当有人外出时，请孩子计算家里还有多少人。

**几何与空间概念小组**：有意识地引导孩子观察生活常见物品的形状特征，比如小汽车的车轮、火车车厢、钟表盘、房子等；和孩子一起玩积木搭建游戏；孩子穿衣服、穿鞋过程中渗透左右的概念，如"请把你的左手伸出来"。

　　**测量与比较小组**：比一比家里谁最高、谁最重；用各种生活材料、尺子量一量家中各种物品的长度。

　　**时间小组**：老狼老狼几点钟游戏；请孩子扮演播报员，播报时间、天气；请孩子每天写日记，记录时间。

　　最后，教师和家长们一起回顾了整场工作坊，从亲子棍子游戏的乐趣到学习讨论促进幼儿数学学习的认真与热情，到最后操作练习的迁移运用，大家在工作坊中收获了对幼儿数学学习更深的认识。教师希望家长们在工作坊结束后能够将所学运用到和幼儿的互动中，消除对幼儿数学学习的焦虑，真正用适合幼儿的方法支持幼儿的数学学习。

## 三、拓展

### （一）下阶段家园共育目标与内容

　　第一，家长分成6个小组，分别搜集数概念与运算、模式与关系、集合与分类、几何与空间概念、测量与比较、时间6个要素的相关数学游戏，生活中学习的策略，并将学习资源分享至微信群，在家实践数学游戏，并分享至班级群。

　　第二，班级投放相应的开放性材料，教师和幼儿用开放性材料玩数学游戏。

### （二）相关学习资源

1. ［美］美国埃里克森儿童发展研究生院早期数学教育项目. 幼儿数学核心概念：教什么？怎么教？张银娜，等译. 南京：南京师范大学出版社，2015.
2. ［美］史密斯. 早期儿童数学教育. 郭琼，等译. 南京：南京师范大学出版社，2013.

## ～ 工作坊7：幼儿阅读习惯和阅读能力的培养 ～

## 一、发现问题

　　学前期是培养幼儿阅读能力的关键时期，早期阅读可以通过丰富的色彩、生动的画面、简练的文字，带领幼儿认识多彩斑斓的世界，发展幼儿对世界的好奇和对学习的热爱。早期阅读可以提高幼儿对书籍和文字符号的兴趣，帮助幼儿掌握丰富的词汇，从而更准确地表达思想。在书籍的陶冶下，幼儿的情感更加细腻，性格品质也逐渐形成。对大班幼儿而言，阅读准备对其适应小学学习有重要意义，上小学后，不仅语文科目要面对大量的阅读任务，其他科目的学习也需要阅读能力的支持，如果幼儿没有做好早期阅读准备，不仅对幼儿上学后的成绩有不良影响，还会影响幼儿的自信心和学习积极性。

### 场景观察实录与分析

餐前自由阅读时间，大三班的幼儿纷纷从书包里拿出了自己从家里带来的图书。每位幼儿从家里带两本书来园，利用餐前时间进行图书漂流和分享阅读，这已经成为大三班的班级惯例。通过漂流共享图书，每个幼儿都可以看到更多的图书。

安安今天带来的是《揭秘机场》和《DK幼儿百科》，他已经连续一周带科普类图书来园了，每次他带来的书都很受欢迎，今天也不例外，刚拿出来就被浩然和小宇抢先借走了。嘉瑞带来的是厚厚一本的《淘气包马小跳》，里面虽有插图，但文字更多，只有认字比较多的涵涵借来看了片刻。茜茜带来了两本习惯养成绘本《我会刷牙》和《我爱洗澡》，绘本很薄，不一会儿就看完了，她找桐桐交换，桐桐却说："我不想看你的书，你的书都是给小宝宝看的。"

杜老师发现幼儿带的书各有不同，其背后可能反映了家长对于幼儿阅读持有不同的理念。于是，杜老师私下访谈了几位家长，了解到有的家长不知道怎么选书，有时候刚好看到就买回来；有的家长认为只要喜欢看书就好，看什么类型的书都可以。当问及家长是如何支持幼儿阅读能力的发展时，大部分家长们提到的是给幼儿买绘本，睡前和幼儿一起看绘本。

从每位幼儿或多或少拥有一些图画书，并且家长会有意识地与幼儿共读绘本来看，家长们还是比较重视幼儿的早期阅读的。但是家长普遍缺乏方法，在为幼儿选择图书方面有一定的盲目性，且支持和促进幼儿阅读能力提升的方法比较单一。

因此，教师决定组织开展以"幼儿阅读习惯和阅读能力的培养"为主题的家长工作坊，和家长共同探讨如何为幼儿挑选适宜的书籍，以及如何培养幼儿的阅读习惯和阅读能力，为幼儿进入小学及未来的学习与生活做好积极的准备。

此次工作坊将要探究以下两个核心问题：如何为幼儿选择适宜的图书？如何培养幼儿的阅读习惯和阅读能力？

## 二、开展工作坊

### （一）做好准备

#### 1. 经验准备

开展工作坊前，教师应阅读幼儿早期阅读的相关文献资料，了解幼儿早期阅读的价值、内容、图画书的选择原则、培养策略等内容，形成系统的知识网络。

2. 物质准备

（1）准备早期阅读相关主题书籍，如《给3—6岁孩子的60本图画书》《如何给孩子读绘本》，每组一套。

（2）白纸、白板、马克笔。

（3）茶歇点心。

（4）桌椅按照小组的方式摆放。

（5）提前通知报名工作坊的家长带两本幼儿图书到现场。

（二）热身：故事接龙

教师以故事接龙游戏作为开场。游戏规则：教师先讲一个故事的开始部分，然后家长们依次接龙续讲故事，每人三句话，最后形成一个完整的故事。

温馨提示

1. 教师提供的故事开头应具有较强的开放性，使得故事有多种可能性。

2. 每个人的续讲都要遵循前面故事的逻辑。

3. 鼓励家长尽情地发挥想象力。

家长体验后，教师分析了该游戏的价值：故事接龙是一种语言逻辑游戏，它能够锻炼、培养人的语言能力、逻辑思维能力、想象能力；运用生活经验及学习经验创编故事情节，这需要有一定的阅读经验、生活经验以及语言表达能力，才能够顺利完成这个游戏。

这一游戏使家长的注意力迅速集中起来，调动了家长参与活动的积极性，营造了轻松快乐的学习氛围，同时还能让家长感觉到阅读的重要性，为工作坊的顺利开展开了个好头。

（三）聚焦问题

通过热身游戏，教师成功将家长的注意力牵引到对阅读的关注上来。教师适时引入，进行了现场的调查：您家孩子有阅读习惯吗？您家孩子的书有多少？都有哪些类型的书？

简单的几个问题，打开了家长的话匣子，有的家长说自己家孩子从出生到现在的书有四五百本了；有的家长说自己家孩子阅读兴趣广泛，家里有各种类型的书，从恐龙到建筑，从故事类到科普类，都有所涉及；有的家长则表示自己家孩子很喜欢看动画和游戏相关的书，如《海底小纵队》《植物大战僵尸》；有的家长说孩子不怎么喜欢看书，给他买的书都不怎么看，后面也就比较少给他买书了。

家长们在听到别的家庭如何给幼儿买书、选书的情况后，教师趁机抛出了引导性问题：关于幼儿的阅读，您有哪些问题和困惑？

这一问题的提出正中家长下怀，大家纷纷举手表达自己的困惑。

- 买书的时候爸爸妈妈看中的和孩子看中的不一样，选书到底听谁的？
- 不知道大班的孩子看什么书比较适合？
- 孩子看书时不专注，总是坐不住怎么办？
- 孩子对看书没有兴趣怎么办？
- 孩子看不懂，不认字，怎么办？
- 孩子在阅读时问的问题家长回答不了怎么办？
- 孩子只喜欢看图画故事，不喜欢看有字的书，马上要升一年级了，这可怎么办？

家长们争先恐后地提出了各种各样的问题，可见已被这些问题困扰许久。教师请助教老师在白板上记录了家长们提出的问题和困惑，并对问题进行了分析和归纳。教师指出，家长提出的关于幼儿阅读的问题可以归为两个核心问题：如何为大班幼儿选择适宜的图书？如何培养幼儿的阅读习惯和阅读能力？

家长们所提的问题都可以归为这两大核心问题下的子问题。接下来，家长们将围绕这两大核心问题展开学习。

## （四）小组学习与分享

教师请家长以小组为单位，围绕两个核心问题展开自主学习与讨论。各组可以从两个核心问题下的子问题中选择最想要解决的问题进行深入探究。每组推选一名组长、一名记录员、一名发言人。各组分工明确，组长组织讨论，记录员负责记录，家长们群策群力，为本组的问题出谋划策，每组有15分钟讨论时间。

教师将事先准备好的学习资源——《绘本阅读百问百答》《给3—6岁孩子的60本图书》《如何给孩子读绘本》发放到各个小组，供家长自主学习，同时鼓励家长拓宽思路，通过多种途径搜集信息。

讨论结束后，教师请各组家长派一名代表分享本组合作学习的成果。

关于如何为幼儿选择适宜的图书，有的小组认为，幼儿图书的选择应该由幼儿说了算，家长可以提出自己的建议，但最终要获得幼儿的理解和认同，不宜将家长的喜好强加给幼儿。有的小组认为，选书时应该综合幼儿的意见和家长的意见，考虑到市面上的图书内容良莠不齐，幼儿判断力不足，家长要起到帮助幼儿筛选图书的作用。家长们还提到，选择图书时要考虑到幼儿的年龄特点和兴趣爱好，大班的幼儿可以适当读一些故事更为复杂、文字较多的图书，为幼小衔接打下基础。

在支持幼儿阅读能力培养方面，有的小组从整体上给出了一些建议。例如，给幼儿创造安静、温馨、不受干扰的阅读环境；设立家庭每日阅读时间；家长以身作则，陪幼儿一起阅读；与幼儿讨论阅读的内容；等等。有的小组则聚焦其中一个或几个子问题开展了学习与讨论，给出了针对子问题的具体建议，如针对"孩子在阅读时问的问题家长回答不了怎么办？"家长们认为，首先可以实事求是地告诉幼儿自己不会回答，让幼儿认识到爸爸妈妈也会有不认识，然后可以跟幼儿一起想办法解决问题。针对"孩子看书时不专注，总是坐不住怎么办？"家长们提出，这是幼儿没有养成阅读习惯的表现，家长可以陪幼儿共读，和幼儿一起发现图书中有趣的内容，示范正确的阅读方法，坚持下去，帮助幼儿养成阅读习惯，再逐步过渡到让幼儿自主阅读。

### （五）专题讲座

教师对家长积极的合作学习、思考和分享表示肯定，接下来将通过专题讲座的形式对核心问题的解决方案进行系统的介绍。

#### 1. 如何为幼儿选择适宜的图书

教师首先请家长思考：您认为对幼儿来说适宜的好书应该是怎样的？允许家长和小组成员讨论3分钟。接着请几位家长分享一下自己的看法，其他家长可以做补充。

经过分享和补充，家长们认为适合幼儿的好书应该具备以下特征。

- 材质无毒无害，不掉色，没有刺激性气味。
- 符合幼儿年龄特点，不能太难也不能太简单。
- 能教给幼儿某些知识。
- 图画和内容吸引幼儿，幼儿看过一遍还想再看。
- 故事内容有趣，有想象力。

教师首先肯定了家长的积极思考，接着介绍了书籍选择的方法和原则：要考虑到幼儿的年龄特点；看幼儿是否喜欢；要看是否有印刷、常识或逻辑上的错误；要仔细看看书的内容；选择书是"少而精"胜于"多而滥"。

教师需要提醒家长，有些图画书是不适合给幼儿阅读的：一是图画书的角色定位不清，读者无法判断图中的动物是什么或者人物从事什么职业；二是角色设计粗制滥造，一个表情可以套用在任何角色中，包括动物和人物；三是画面残缺，有些图画书的画面只有线稿，没有上色；四是画面有歧义，读者不能通过画面清晰、明确地理解作者表达的意思。

那怎样的图书才算是优秀的呢？教师指出，优秀的图书有以下特点：主题源于或接近儿童的日常生活；情节引人入胜，想象力丰富；语言文字基于幼儿口语经验，与幼儿口语发展水平相适应；版面设计能够做到图文对应。

### 2. 如何培养幼儿的阅读习惯和阅读能力

为了促进幼儿的语言能力发展，书籍是必不可少的，没有书籍就谈不上阅读，所以家长需要在家里准备各种各样的书籍让幼儿能够自由地进行阅读。除了图书的选择以外，培养幼儿的阅读习惯也很重要。家长在家里可以设置固定的阅读时间，从15分钟做起。幼儿洗完澡到睡觉前那段时间最适合进行安静的阅读。温馨的阅读氛围也很重要，营造这种氛围最主要是家长与幼儿要进行分享式的亲子共读。但是家长在阅读时需要注意的是，当幼儿不能很好地回答问题时，家长不能一味地责备他们，而是支持与鼓励他们。

（1）每天至少和幼儿共读一本书。设定一个特定的时间（如放学后或睡觉前），并且选一个舒适的环境，这将有助于习惯的养成。让幼儿选择他想要看的书。亲子共读时，要和幼儿展开有效的交流。家长可以引导幼儿观察图画，然后通过提问，引导幼儿猜测或者预测故事的发展走向，让幼儿自由、充分、深入表达对书本的理解和想法。看完图画书之后，家长还可以鼓励幼儿表达对故事的感受；带着幼儿进行故事复述、故事表演、图书制作活动。

（2）教幼儿正确阅读图画书的方法和习惯。首先，家长可以让幼儿认识图画书的结构，即封面、扉页、正文、封底和页码。让幼儿对图画书的结构有一个基本的认识。其次，家长还可以教给幼儿一些阅读规则，例如，教他们在阅读图画书的时候要从左往右，一页一页地翻，而不是从图书的中间翻阅。

（3）经常鼓励和支持幼儿。有些幼儿可能一开始不太喜欢看书，家长应该鼓励他们，从简单的书开始看，然后再慢慢过渡到复杂的书。当幼儿喜欢阅读的时候，家长要支持他们，例如，为他们挑选更多符合他们年龄特点的优秀绘本，与幼儿进行亲子共读等。

（4）将书放在家中不同的地方，好让幼儿很容易就可以取到书。

（5）以身作则，为幼儿树立榜样。父母自身也要养成爱读书的习惯，为幼儿树立良好的榜样。

除了上面提到的以读书促进幼儿阅读能力的提升以外，教师指出，幼儿阅读能力的提升还可以在生活中进行，例如，和幼儿在家附近散步时，一起看看路标、车牌号码、街名以及车子的种类；鼓励幼儿看家中的照片，可以像玩游戏一样，谈谈照片中的人和所在的地方，这个过程可以鼓励幼儿在看书中图片时做类似的分析；让幼儿看看你的购物单，鼓励幼儿用一些产品的图片来创作一张购物单，特别是那些幼儿使用的东西；读各种包装上的说明、朋友写的信或是报纸上有趣的文章给幼儿听。

### （六）操作练习

为了帮助家长学以致用，教师向每位家长发放了"幼儿图画书选择的原则"参考资料，让家长们对照评估自己带来的两本儿童图书。

家长对照讲义和讲座内容，对自己带来的书籍进行评估，并分享。下面列举一位家长对自己带来的《鼠小弟的小背心》所做的评估。

《鼠小弟的小背心》这本书讲了鼠小弟有一件新的小背心，动物朋友们都想穿上试一试，可是随着要试穿的动物体型越来越大，背心也被撑得越来越大，最后当大象穿上小背心时，小背心破了。

在内容方面，这本书的故事内容简单又富有童趣，孩子很喜欢看。故事遵循一定的逻辑性——动物越来越大，可以帮助孩子认识小和大。在图文方面，这本书文字很少，画面简洁，除主角外没有多余的事物，不会分散孩子的注意力；主角的形象清晰，表情动作生动，孩子单看画面就能明白整个故事。这本书是一本好书，但是对于大班来说故事情节、画面和文字都过于简单，因此更适合小班孩子看。

在家长尝试运用图画书选择原则对图书进行评估后，教师请每位家长结合自己的家庭情况，制订幼儿早期阅读能力培养计划，并将自己的计划写在白纸上。家长将自己的计划摆在桌面上，大家互相分享学习。随后，教师邀请几位家长发言，分享自己的计划。

### 一位家长的计划

- 设立每晚8：30–9：30为家庭阅读时间，父母和孩子共同读书。
- 周末带孩子去书城看书、选书。
- 抽出时间和孩子共读绘本，提一些问题引导孩子的思考，引导孩子捕捉画面信息。
- 请孩子复述读过的绘本故事。
- 同一本绘本多读几遍，在了解故事内容的基础上让孩子指读，学认汉字。
- 对于孩子在阅读过程中产生的问题，和她一起探究。

家长分享了自己的计划后，此次工作坊圆满结束。教师引用了高尔基的名言"书籍是人类进步的阶梯"，勉励家长重视幼儿阅读能力的培养，为幼儿今后的学习打下良好的基础。

## 三、拓展

### （一）下阶段家园共育目标及内容

家长对家中的幼儿图书进行评估，选出适宜的图书，并分享至家长微信群。家长在家中实践支持幼儿读写能力发展的策略，并将有益经验与教师和其他家长分享。

（二）相关学习资源

［1］周兢. 给3—6岁孩子的60本图画书. 深圳：海天出版社，2017.

［2］常晓武. 绘本阅读百问百答. 武汉：长江少年儿童出版社，2019.

［3］［日］松居直. 如何给孩子读绘本. 林静，译. 北京：北京联合出版公司，2017.

## ∽ 工作坊8：亲子参访——植物园 ∽

## 一、发现问题

生活中小朋友们常会见到各种各样的植物种子，在户外活动时经常有小朋友跑来问教师："这是什么种子？""这个种子长大后是什么样的？"自从幼儿园开辟种植园地之后，每个幼儿都能体验当小农夫的乐趣，幼儿想探究种子的愿望更加浓烈，教师借助幼儿对种子的兴趣，引入"种子的旅行"专题问题式学习活动。教师和幼儿一起讨论选择想种的种子，幼儿每天照顾他们种植的青菜和植物，在种植的过程中，幼儿对于植物的知识经验不断丰富，对生命的意义与生长的过程会有更多的理解。

### 场景观察实录与分析

这天，小朋友们正在讨论他们种下去的种子：

"我的种子已经种了很久了，还没有发芽。"

"我的种子已经发芽了，长得很慢。"

"我的种子长得很快，长得比你的高。"

"我想看看不同的种子长出来的植物都是什么样的。"

"幼儿园有很多植物呀。"

"那些我们都看过了。"

"我小时候，妈妈带我去过植物园，那里有很多植物。"

"那我们可以去植物园看看！"

幼儿的种子种下已经有一段时间了，但等待发芽对幼儿来说是一个漫长的过程。他们已经把幼儿园的植物都观察了一遍，但是幼儿还想了解更多的植物，想了解植物的生长过程，同时教师发现幼儿在观察植物过程中，喜欢说"我的比你的高""我的长高了一点"，联系到大班幼儿数学学习内容中测量相关概念，何不趁着幼儿有强烈的学习动机时满足他们的愿望，顺便借机渗透测量经验的学习呢？

亲子参访活动可以帮助家长更深入地了解幼儿的学习特点，体验问题式学习中幼儿各种形式的学习活动，了解问题式学习课程的理念，同时也对家长以后和幼儿参观公园、景点、博物馆等公共设施提供好的方法和建议。

教师与家长商量后，决定开展一次亲子参访活动，家长和幼儿一起去植物园参访，亲子一起探究种子和植物的秘密，并在参访活动中引入测量相关活动，帮助家长学习如何在生活中发展幼儿的数学概念。

此次亲子参访要引导家长探究的核心问题是：如何通过亲子参访支持幼儿的问题式学习活动，探究不同植物的外形特征与生长环境，测量不同的植物？

## 二、开展工作坊

### （一）做好准备

#### 1. 经验准备

（1）教师提前查阅了解植物园参访注意事项，学习梳理幼儿参访植物园核心学习经验，针对参访各个环节拟定家长支持要点，帮助家长更好地支持幼儿的学习。

（2）教师发放亲子参访活动计划，帮助家长了解活动具体流程，通知家长参访时间、地点、注意事项。

（3）教师与幼儿讨论参访活动，了解幼儿对参访的期待。

#### 2. 物质准备

（1）确定参访场地，与植物园相关工作人员进行沟通，确认相关注意事项和安全问题，并在参访前一周与家长义工提前踩点。

（2）准备记录板、白纸、笔、亲子观察记录表，请家长和幼儿在观察植物过程中记录植物的形状、颜色、触感、气味、大小等信息。

（3）医药包，驱蚊水，野餐垫（围坐分享时用）。

（4）相机。

### （二）专题线上讲座

教师首先与家长分享了幼儿前期的学习活动，让家长了解幼儿的学习历程，并呈现了本次幼儿需要解决的问题。教师介绍了此次参访的任务内容，提出在观察前先选中想要观察的植物名称，有利于我们有针对性地观察和了解植物的组成部分，还可以对植物的高度、株距、叶子等进行测量，比较不同植物之间的异同，了解植物的种子在哪里，它是怎么发芽成长的。

教师向家长介绍幼儿第二天参访植物园可能会涉及的生命科学的内容，数学学习中测量相关概念，以及如何支持幼儿进行观察记录，随后教师向家长介绍亲子参访的策略和注意事项，并就家长的疑问进行了解答。

### 1. 参访学习与发展目标

- 能够根据需要综合运用多种方式获取信息。
- 实地参访前会制订较为详细的计划，并能按照计划有目的地获取信息。
- 能够用多种方式（如拍照、录音、图画、符号及简单的文字等）记录所获取的信息。
- 能够将已获得的信息进行整理，并准确地表达出来。
- 能有目的地观察事物的细节。
- 能专心探索感兴趣的事物，不受外界干扰。

### 2. 参访学习内容

（1）数学学习内容

- 按照量的差异对10个以内的物体进行排序。
- 感知量的守恒。
- 在操作和比较的基础上感知量的相对性、传递性。
- 体验自然测量并表达测量的结果。
- 感知测量单位与测量结果之间的关系。

（2）生命科学学习内容

- 能理解生物的结构和功能之间的关系（如植物的根的作用）。
- 比较两种或者更多种生物的相似性与不同点。
- 知道有些需求对所有的动植物来说都是基本的。
- 理解各种植物和动物满足其基本需求的不同方法。
- 感知不同生命体的周期长短和细节是不同的。
- 根据观察，感知和描述植物与动物的生命周期。
- 根据生物的相似性和差异性将其分类。
- 感受不同植物和动物的多样性和变化（例如，不同植物的叶子有不同的形状）。
- 观察和了解同一种生物也具有细微的差别（例如，同一棵树的两片叶子不是完全相同的）。
- 初步感知和理解动植物的外形特征、习性与生存环境是相互适应的。
- 感知和体验人类的生存依赖于自然环境。

### （三）亲子制订参访计划

参访前，家长和幼儿一起讨论制订个性化的参访计划，准备观察植物、测量需要用到的工具材料，围绕植物、种子、测量进行讨论，确定如何观察、采访、记录，并与幼儿一起确定参访的基本规则，如不能大吵大闹，不能随便乱跑。家长将与幼儿共同制订的参访计划与教师和其他家长分享。

### （四）实地参访

#### 1. 热身：植物拼贴

家长和幼儿来到了植物园，大家找到了一块空地，围坐一圈，教师请家长和幼儿一起，用掉落在地上的树叶、树枝、花朵来创作一幅作品。

有的家长和幼儿一边收集一边构思要拼什么样的作品，有的家长和幼儿则是先讨论拼贴的作品之后再去收集植物。一开始所有的家庭都去收集植物枝叶，后来大家开始商量分工，很多家庭由幼儿进行拼贴，家长收集植物。

拼贴完成后，大家像漫步美术馆一样欣赏所有人的作品，每组家庭的作品都充满创意与美感：茗茗和爸爸用黄色的落叶拼出了小船；俊俊和妈妈创作了一大一小两棵树，一棵树上满是花瓣，一棵树上满是绿叶；小宁和爸爸用木棉花絮作为白云，白云下面用绿色的叶子拼了一个小女孩，小女孩头上用花朵进行了装饰；还有家庭拼了汽车、房子……大家沉浸在用自然创造的美好之中，家长们和幼儿一起拍照记录了作品和这一美好瞬间。

> **温馨提示**
>
> 教师注意提醒家长：
> （1）倾听幼儿的想法，鼓励幼儿收集植物进行拼贴。
> （2）避免伤害植物，只收集掉在地上的植物枝叶、花朵。
> （3）如果幼儿一时半会儿想不到要拼贴什么，家长可以适当地提一些建议，激发幼儿的已有经验。
> （4）鼓励幼儿欣赏其他家庭的作品之美，感受植物之美、自然之美。

#### 2. 观察植物

随后是幼儿和家长自由观察植物。在观察前，教师提出了要求：家长要引导幼儿动用全身的多种感官进行观察，看一看、摸一摸、闻一闻，甚至听一听，并且把感受到的信息以文字或图画的方式记录下来。教师还提出了一个游戏建议：幼儿扮演"照相机"，家长扮演拍照的人，家长用手遮住幼儿的眼睛，带幼儿走到一株植物面前，放开手，请幼儿睁开眼睛仔细观察眼前的植物，给植物"拍照"，稍后将"拍到"的植物形象说出来或画下来。还可以鼓励幼儿给自己观察的植物起一个独一无二的名字。

　　在观察植物的过程中，最初每个家庭选择了一种植物进行观察，他们一起画出了植物的外形，闻了闻植物的味道，用手感受了植物的触感，幼儿将自己观察的内容画了下来，家长在旁边进行文字解释。后来幼儿不满足于对一种植物的观察，和家长一起比较了不同植物的外形特征并进行了记录。

**温馨提示**

　　教师注意提醒家长：

　　（1）植物园的自然环境较为复杂，家长要注意幼儿的安全问题。部分植物带刺，要提醒幼儿留意，不要被刺伤。

　　（2）不要将植物放入口中品尝。

　　（3）路面不平，在蒙眼走路时小心不要摔跤。

　　（4）避免在观察过程中伤害植物。

　　（5）提醒幼儿还有哪些信息没有收集、记录。

### 3. 测量植物

　　随后，幼儿用各种方法测量观察的植物，有的家庭带了皮尺，家长和幼儿一起测量了大树的周长，有的幼儿用手指头测量了树叶的长度，有的幼儿用笔作为测量工具，量了树枝的长度，还有的家长和幼儿一起合作，用幼儿的身高测量了一棵小树的高度。教师来回走动观察，时不时给予幼儿和家长一定的指导。

**温馨提示**

　　（1）大班幼儿在测量时可能出现的问题

　　①把尺子随便放在物体上，不知道要将尺子的一端与物体的一端对齐。

　　②把尺子倾斜摆放。

　　③用手指等做自然测量时，不知道要首尾相接。

　　（2）教师注意提醒家长的事项

　　①注意幼儿测量中的问题，在一对一的支持中引导幼儿学习科学的测量方法。

　　②要以幼儿为主，倾听幼儿的想法，幼儿尝试在先，家长指导在后，不可直接包办代替，剥夺幼儿学习的机会。

### 4. 分享

　　测量之后，教师把家长和幼儿召集到一起，幼儿在家长的帮助下，分享了他们的观察记录。幼儿发现了各种各样的植物，并且基本上都介绍了植物的干、枝、叶、花朵的样子。有的小朋友给自己的树取名"哪吒"，因为树的叶子是红色的，有的小朋友给自己的树取名"小可爱"，因为是一棵小小的树。

> **温馨提示**
>
> 教师注意提醒家长：
>
> （1）鼓励幼儿向大家分享自己的发现。
>
> （2）在幼儿表达过程中给予支持，如幼儿突然想不起来植物的名称，没有说清楚的时候家长可以补充。
>
> （3）以幼儿为主，不要替幼儿分享。
>
> （4）提醒幼儿注意倾听其他人的发言，发现其他人分享内容的精彩之处，当幼儿走神时提醒幼儿。
>
> （5）确保幼儿不乱跑，保障幼儿的安全。

### 5. 图画日记

参访结束后，家长和幼儿在家里把参访的过程记录了下来，幼儿用笔画下来，家长在旁边写下幼儿画中描述的内容，可以帮助幼儿回忆当天参访的内容，适时地给幼儿支持，并和幼儿一起回顾参访计划，对比检查计划是否实现。

## 三、拓展

### （一）下阶段家园共育目标与内容

回到幼儿园后，教师请每位幼儿分享了自己的记录，幼儿把作品展示在班级作品展示区，幼儿对植物有了更深入的了解，又继续照顾自己种的植物，最后幼儿的青菜收获之后，带回去和爸爸妈妈一起制作青菜汤，和家人一起分享了丰收的喜悦。

### （二）相关学习资源

[1] 刘令燕，潘美芳，张继忠. 小小园丁：幼儿园种植活动. 南京：南京师范大学出版社，2014.

[2] 童心. 种子长大了. 北京：化学工业出版社，2017.

[3]［美］古德曼，文，［美］提德斯，图. 植物生长的秘密. 白天惠，译. 海口：南方出版社，2019.

　　人生百年，立于幼学。今年是我在幼儿园工作的第三十四年。从内陆到沿海，从教师到园长，我始终奋斗在学前教育一线，见证了中国学前教育的发展，努力探索着学前素质教育的改革之路。我的心中始终坚守着一个朴素的信念，学前期的幼儿应该拥有一个快乐而幸福的童年，不能在束缚和呵斥中长大。我一直认为，传统教学着眼于知识传授，以填鸭式呈现给幼儿无法理解的概念和知识，幼儿被动接受并机械记忆成人认为重要的知识，这种死记硬背的学习严重脱离了幼儿生活，远离童年应有的游戏世界，失去了童年的快乐。传统教学无法培育幼儿适应未来社会所需要的各种能力与素养，同样，我们也无法用过去的知识和教学方法教现在的孩子去适应未来的生活，教育亟需对此做出回应，而且这种回应必须从学前教育开始。

　　在长期的教育实践研究中，我发现，聚焦于问题的学习活动对幼儿有着强大的吸引力。问题式的学习活动能够激活幼儿的思维，使幼儿在动手动脑、讨论交流中不断生发创造性的想法，幼儿学习的专注力和坚持性都非常好。在以幼儿为中心的问题式学习活动中，幼儿的眼睛是闪亮的，思维非常活跃。他们积极与同伴交流，共同创造作品，在问题解决中不断获得成就感，自信心也越来越强。这使我对问题式学习的研究产生了浓厚的兴趣。

　　随着研究的不断深入，我接触到医学教育领域中的基于问题学习（Problem-Based Learning，PBL）的教学模式。它强调学习者在问题情境中主动建构知识来解决实际问题，被认为是最符合时代需要的教学模式之一。[1] 问题式学习强调把学习设置到复杂的、有意义的问题情境中，通过让学习者合作解决真实问题，主动地学习隐含于问题背后的科学知识，并将其灵活应用于问题解决中，形成解决问题的技能和主动学习的态度。这种教学模式和我的教育理念不谋而合，它就像是一颗定心丸，坚定了我探索支持幼儿通过问题进行学习的想法。自此以后，我带领深圳市第十一幼儿园团队对幼儿园问题式学习的应用研究与实践进行了持续、深入的探索，开展了以问题式学习为核心的系列研究，逐步构建了问题式学习的完整方案、课程体系及支持系统。

---

[1] Duffy J. "Problem Based Learning: An Instructional Model and Its Constructivist Framework". *Educational Technology*, 35（1995）.

现在看来，问题式学习不仅符合学前教育的政策和改革需求，也适应了当代社会的发展需要。人类正在步入智能时代，人工智能、量子计算等各种高科技正在逐渐取代人的工作，对人的合作、知识更新和应用知识解决实际问题等能力培养提出了新要求。应该说，问题式学习越来越具有生命力。为此，我尝试从研究和实践中梳理成果，以问题式学习课程丛书的形式与大家分享。

回首走过的道路，无尽的感谢涌上心头。课程研究历经十多年，我们得到了深圳市教育局各级领导的关切和支持，也得到了许多对幼教事业有着无限热爱的专业人士的帮助。因此，首先要向在研究过程中给予了我们大力支持和帮助的专家团队表示感谢。感谢南京师范大学博士生导师虞永平教授，一直鼓励着我们坚持探索、在面对难题无助之时总是耐心解答，雪中送炭，专业的引领使我们的研究不断向新的高度攀升。虞教授不计任何报酬的无私帮助时常令我感到愧疚，我理解这是因为大家都有一个共同的情怀，就是要拼力打造属于我们中国本土的优质课程，可我感到还是做得不够好，无以回报虞教授对我们的支持和信任。感谢深圳市教育科学研究院博士后潘希武副院长，利用周末休息时间带领我们的研究生团队开展了问题类型的深入研究，大大提高了课程研究的深度，提升了课程研究的质量，让我们获益非浅。感谢深圳大学师范教育学院费广洪教授，百忙之中多次来园指导课程目标的研究，指导我们建立了系统的课程目标及指标体系，帮助团队一起攻克难关。我们还邀请了深圳大学师范学院刘国艳教授，华南师范大学郑福明教授，华东师范大学学前教育系钱雨教授、徐韵教授，浙江师范大学杭州幼儿师范学院刘宝根教授对课程理论和目标的研究进行了指导，得到了很大的帮助。在长期的实践研究中，学前教育专家蔡伟忠博士、时萍教授，深圳市教科院的刘华教授、马灵雁老师等，也为我们的课程研究给予了持续的帮助和支持。在此，还要感谢北京师范大学出版社给予我们的宽容和理解，交稿时间虽一拖再拖，却仍是满满的鼓励和支持，使我们的梦想最终得以实现。

此外，我很庆幸有一群与我同样执着于问题式学习研究的小伙伴们，他们无畏艰难、不计得失，为着专业梦想勇攀高峰，他们对这套丛书的贡献非常大。研究生团队包括姜丽云、刘露、李佳欣、余悦粤、贺旭雅、陈易萍、俞思慧、陈炯姗、刘颖、史文超、王佳韵、卢李鸽等硕士研究生，她们参与了问题式学习课程理论的研究与写作；骨干园长和教师团队包括王煦、周丽霞、谭甜、宋媛、方越丽、梁茜、朱细欢、谭碧莹、杨耀君、房少萍、侯茂林、李玥、谢林利、林弋婕、黄青棠、陈淑青、陈小玲、吴蓉、陈燕君、温知仪、杜小玲、朱素雪、张华倩、何春华、阮晶、曹琼等优秀园长和教师，她们参与了问题式学习课程实践研究与案例写作；保障团队包括李捷夏、张凤、罗旖、许钟灼、黄鹤、朱慧群、戴茂生、康美兴、秦晓望、陈秋珍、唐后芳、郭宝贵、杨秀芬、李润凤、罗丽婵、彭招兰、温美芳、方龙波、邹伟导、吕光东、杨永华、杨晓红、谭静云等技术人员，为丛书写作提供了很多技术支持和后勤服务。

在历时十多年的研究中，我们的研究团队从一个个案例的研磨到开发出一套系统完整的课程理论与实践方案，期间历经的艰辛无法用言语描述。我不能忘记，每个周末大家都不舍得休息聚集在一起研讨的情景，不能忘记寒冷的假期我们仍在静静的园中研究思考，不能忘记为了一个难题大家争得面红耳赤的场景……好在不管怎样艰难，我们都坚持下来了。我们创造了一个崭新的课程，它能够为孩子们带来快乐、能够使孩子们获得更好的发展，我们为此而感到骄傲。因此，特别要向和我一直奋斗着的同事们说一声："谢谢！大家很棒！"向扛起重担的研究生团队以及不断迎接挑战的一线教师团队表达衷心的感谢！

愿大家的帮助和支持终能化做一股强大的力量，让问题式学习课程和实施团队借着这股力量，为更多的孩子们缔造出幸福和有意义的童年，为我们祖国的学前教育事业增砖添瓦。

池丽萍

2022年5月